2012年第一季度

Quarter One, 2012

中国货币政策执行报告

CHINA MONETARY POLICY REPORT

中国人民银行货币政策分析小组

Monetary Policy Analysis Group of the People's Bank of China

中国金融出版社

China Financial Publishing House

责任编辑：吕冠华
责任校对：刘 明
责任印制：裴 刚

图书在版编目(CIP)数据

2012年第一季度中国货币政策执行报告(2012 nian Diyi Jidu Zhongguo Huobi Zhengce Zhixing Baogao)/中国人民银行货币政策分析小组编.—北京：中国金融出版社，2012.8

ISBN 978-7-5049-6514-1

I.①2… II.①中… III.①货币政策－研究报告－中国－2012 IV.①F822.0

中国版本图书馆CIP数据核字(2012)第170016号

出版
发行 中国金融出版社

社址 北京市丰台区益泽路2号
市场开发部 (010)63266347，63805472，63439533 (传真)
网 上 书 店 http://www.chinafph.com
(010)63286832，63365686 (传真)
读者服务部 (010)66070833，62568380
邮编 100071
经销 新华书店
印刷 北京侨友印刷有限公司
尺寸 210毫米×285毫米
印张 10.25
字数 240千
版次 2012年8月第1版
印次 2012年8月第1次印刷
定价 98.00元
ISBN 978-7-5049-6514-1/F. 6074
如出现印装错误本社负责调换 联系电话 (010)63263947

本书执笔人

总　　纂：张晓慧　纪志宏

审　　稿：李　波　霍颖励　宣昌能　盛松成　朱　隽　王　宇
　　　　　刘　薇

统　　稿：张　蓓　管　化

执　　笔：

第一部分：谢光启　宋晓梅　曾冬青　陈文豉

第二部分：赵　婷　李　超　穆争社　田　拓

第三部分：王立元　刘　婷　薛丽娜

第四部分：钟子明　向晓岚　雷　曜　蹇　娜

第五部分：李　斌　潘宏胜

附录整理：林振辉　付竞卉等

提供材料的还有：张翠微　邱潮斌　陈婷婷　张双长　薛宇博
　　　　　　　　程艳芬　段　炼　曾园园　刘　琨　曹红钢
　　　　　　　　戴　赜　徐荟竹　庞　博　许　玥　陈　敏
　　　　　　　　岳　栋　丁　康　纪　敏　陈　俊　杨　娉

英文总纂：宋湘燕

英文统稿：曹志鸿

英文翻译：曹志鸿　刘文中　马　辉　滕　锐　齐　喆　王蓓婕

英文审校：Nancy Hearst（美国哈佛大学费正清东亚研究中心）

Contributors to This Report

CHIEF EDITORS:

ZHANG Xiaohui JI Zhihong

READERS:

LI Bo HUO Yingli XUAN Changneng SHENG Songcheng ZHU Jun
WANG Yu LIU Wei

EDITORS:

ZHANG Bei GUAN Hua

AUTHORS:

PART ONE: XIE Guangqi SONG Xiaomei ZENG Dongqing CHEN Wentao

PART TWO: ZHAO Ting LI Chao MU Zhengshe TIAN Tuo

PART THREE: WANG Liyuan LIU Ting XIE Lina

PART FOUR: ZHONG Ziming XIANG Xiaolan LEI Yao JIAN Na

PART FIVE: LI Bin PAN Hongsheng

APPENDIX: LIN Zhenhui FU Jinghui et al.

OTHER CONTRIBUTORS: ZHANG Cuiwei QIU Chaobin CHEN Tingting
ZHANG Shuangchang XUE Yubo CHEN Yanfen
DUAN Lian ZENG Yuanyuan LIU Kun
CAO Honggang DAI Ze XU Huizhu PANG Bo
XU Yue CHEN Min YUE Dong DING Kang
JI Min CHEN Jun YANG Ping

ENGLISH EDITION

CHIEF EDITOR: SONG Xiangyan

EDITOR: CAO Zhihong

TRANSLATORS: CAO Zhihong LIU Wenzhong MA Hui TENG Rui QI Zhe
WANG Beijie

PROOFREADER:

Nancy Hearst (Fairbank Center for East Asian Research, Harvard University)

内容摘要

2012年第一季度，中国经济运行总体开局稳健。农业生产形势较好，工业生产运行平稳，居民收入增长较快,物价形势相对比较稳定。3月工业生产、社会消费品零售等主要指标均比前两个月有所回升。第一季度，实现国内生产总值（GDP）10.8万亿元，同比增长8.1%，环比增长1.8%；居民消费价格同比上涨3.8%；贸易顺差6.7亿美元。

2012年以来，中国人民银行按照中央经济工作会议精神和国务院统一部署，继续处理好速度、结构、物价三者关系，实施稳健的货币政策，根据形势变化适时适度进行预调微调。综合运用多种货币政策工具，引导货币信贷适度增长，保持合理的社会融资规模。根据流动性供需状况特别是2012年春节期间现金需求的变化，灵活开展公开市场操作，再次下调存款准备金率0.5个百分点。继续健全宏观审慎政策框架，适当调整差别准备金动态调整机制有关参数，以更好地发挥逆周期调节作用。对粮食主产区和西部地区安排增加支农再贷款额度600亿元，促进信贷政策与产业政策的协调配合，引导金融机构优化信贷结构，加大对小型微型企业、“三农”和国家重点在建续建项目的信贷支持。继续稳步推进金融企业改革，完善人民币汇率形成机制，银行间即期外汇市场人民币兑美元交易价浮动幅度由0.5%扩大至1%。

货币信贷总量平稳适度增长，对经济发展的支持力度较强。2012年3月末，广义货币供应量M2余额为89.6万亿元，同比增长13.4%。人民币贷款余额同比增长15.7%，比年初增加2.46万亿元，同比多增2 170亿元。第一季度，社会融资规模为3.88万亿元。金融机构贷款利率总体有所下行，3月非金融企业及其他部门贷款加权平均利率为7.61%，比年初下降0.40个百分点。3月末，人民币对美元汇率中间价为6.2943元，比上年年末升值0.1%。

当前，支撑中国经济平稳较快发展的有利条件和积极因素仍然较多，中国经济长期保持平稳较快发展的基本面没有发生变化。2012年以来宏观政策继续采取了一系列预调微调措施，有利于维护经济稳定增长的基本态势。但也要看到，国际、国内经济形势仍然极为复杂和严峻。欧洲主权债务问题尚未得到根本解决，国际经济复苏的不确定性依然存在。中国经济发展中不平衡、不协调、不可持续的矛盾和问题仍然突出，需求结构转换短期内可能对增长产生影响，物价形势仍存在一定的不确定性。

下一阶段，中国人民银行将全面落实中央经济工作会议、全国金融工作会议和政府工作报告的各项部署，坚持科学发展主题和加快转变经济发展方式的主线，把握好“稳中求进”的工作总基调，继续实施稳健的货币政策，密切监测国内外经济金融形势发展变化，增强调控的针对性、灵活性和前瞻性，适时适度进行预调微调。综合运用多种货币政策工具组合，继续发挥宏观审慎政策的逆周期调节作用，按照总量适度、审慎灵活的要求，继续引导货币信贷平稳适度增长，保持合理的社会融资规模，着力优化信贷资源配置，更好地满足实体经济发展的合理资金需求，支持国民经济实现平稳较快发展。稳步推进利率市场化改革，进一步完善人民币汇率形成机制，增强人民币汇率双向浮动弹性。推动金融市场规范发展，深化金融机构改革。有效防范系统性金融风险，维护金融体系稳定。

Executive Summary

Overall, in Q1 2012, the performance of the Chinese economy was sound. The outlook for the agricultural harvest was good; output of the industrial sector was stable; and household income increased fairly rapidly while prices remained relatively stable. By March, the major indicators, including industrial output and total retail sales, were increasing month by month. In Q1, GDP increased 8.1 percent year on year and 1.8 percent quarter on quarter, reaching RMB10.8 trillion yuan; the consumer price index was up 3.8 percent year on year; and the trade surplus posted USD670 million.

Since the beginning of 2012, the PBC has followed the overall arrangements of the Central Economic Work Conference and the State Council, continuing to strike a balance among promoting economic growth, facilitating economic restructuring, and maintaining price stability, and has implemented a prudent monetary policy and carried out fine-tunings and pre-emptive adjustments in view of the changes in economic conditions. A mix of monetary policy instruments was used to guide the reasonable growth of money and credit and to keep all-system financing at a proper volume. Responding to the supply and demand of liquidity, especially the changes in cash demand in the run-up to and during the Spring Festival, open market operations were conducted in a flexible manner and the deposit reserve requirement ratio was again cut by 0.5 percentage point. The macro-prudential policy framework was further improved and the relevant parameters were readjusted to dynamically adjust the differentiated deposit reserve requirement mechanism to enhance the counter-cyclical effects. The quota for agro-supporting central bank lending was increased by RMB60 billion yuan for the western regions and the major crop regions to promote coordination between credit and industrial policies, guide financial institutions to optimize the credit structure, and boost credit support to small- and micro-sized enterprises, the agricultural, the rural areas, farmers, and on-going national key projects and their follow-up projects. The reform of financial institutions continued to make progress, and the reform of the RMB exchange-rate regime was furthered as the floating range of spot trading of the RMB against the US dollar on the interbank market was widened from ±0.5 percent to ±1 percent.

The reasonable and stable growth of money and credit aggregates provided strong support for economic development. By end-March 2012, the outstanding balance of broad money M2 had increased 13.4 percent year on year to RMB89.6 trillion yuan; the outstanding balance of RMB loans was up 15.7 percent year on year and registered an increase of RMB2.46 trillion yuan from the beginning of 2012, RMB217 billion yuan more than the growth in Q1 2011. In Q1 2012, all-system financing aggregate posted RMB3.88 trillion yuan. The lending interest rates of financial institutions declined. In March, the weighted average lending rate offered to non-financial enterprises and other sectors posted 7.61 percent, a reduction of 0.40 percentage point from the beginning of 2011. At end-March, the central parity of the RMB against the US dollar was RMB6.2943 yuan for one US dollar, up 0.1 percent over end-2011.

At the current stage, many favorable factors and conditions are available to support steady and fairly rapid economic growth in China. The fundamentals remain unchanged to accommodate steady and fairly rapid growth in the long term. Since the beginning of 2012, a series of fine-tunings and pre-emptive measures have been adopted to preserve the basic stance for stable growth. Nevertheless, we should acknowledge that both the global and the domestic economic situations are complicated and grim. With the sovereign debt problems yet to be resolved, a global recovery is still uncertain. As the unbalanced, uncoordinated and unsustainable problems in the Chinese economy remain acute, adjustment of demand structure may have an impact on growth in the short run and there are still uncertainties in terms of price development.

During the next period, the PBC will continue to implement the overall arrangements of the Central Economic Work Conference, the National Financial Work Conference, and the Report on the Work of the Government, continue to follow the theme of sustainable development, transforming growth model, and the principle of seeking progress while maintaining stability, continue the prudent monetary policy, closely monitor developments in the performance of the economic and financial sectors , make the macroeconomic management measures more targeted, flexible, and forward-looking, and, when necessary, adopt fine-tunings and pre-emptive adjustment measures. A mix of monetary policy instruments will be employed, and the macro-prudential policy will continue to play a counter-cyclical adjustment role to guide the stable and reasonable growth of money and credit in line with the objective of reasonable aggregates through prudent and flexible adjustments, to keep the all-system financing aggregate at a reasonable volume, to optimize the allocation of credit resources, and to support stable and fairly rapid economic growth. The market-based interest rate reform and the reform of the RMB exchange-rate regime will be advanced and the flexibility of the RMB exchange rate will be enhanced in both directions. Measures will be taken to facilitate the sound development of financial markets and to deepen the reform of financial institutions. Effective measures will be adopted to prevent systemic financial risks and to maintain stability in the financial system.

目 录

①数据来源：中国人民银行、国家统计局、商务部、海关总署、国家外汇管理局、世界银行、国际货币基金组织、世界贸易组织、联合国贸易和发展会议等。

②数据来源：相关中央银行、国家统计机构、世界银行、国际货币基金组织等。

Contents

Figures

1. Source: The People's Bank of China, National Bureau of Statistics, Ministry of Commerce, General Administration of Customs, State Administration of Foreign Exchange, World Bank, International Monetary Fund, World Trade Organization, and United Nations Conference on Trade and Development, etc..

2. Source : Central banks, national statistical agencies in relevant countries, The World Bank, IMF, etc..

第一部分 货币信贷概况

2012年第一季度，国民经济保持平稳运行，货币信贷合理增长，银行体系流动性较为充裕。

一、货币供应量平稳适度增长

2012年3月末，广义货币供应量M2余额为89.6万亿元，同比增长13.4%，增速比上年年末略低0.2个百分点。狭义货币供应量M1余额为27.8万亿元，同比增长4.4%，增速比上年年末低3.5个百分点。流通中货币M0余额为5.0万亿元，同比增长10.6%，增速比上年年末低3.2个百分点。第一季度现金净回笼1 154亿元，同比多回笼1 411亿元。

第一季度，货币供应量增速逐月回升。3月末，M2增速分别比1月末和2月末回升1.0个和0.4个百分点，M1增速分别比1月末和2月末回升1.3个和0.1个百分点。其中，M1增速较低主要与当前经济增长回稳、企业生产经营处于相对平缓期有关；同时，还存在一些特殊因素导致M1低估，主要是企业活期存款向理财产品分流。总体看，货币条件合理适度，有利于兼顾促进经济平稳较快发展、保持物价稳定和防范金融风险。

3月末，基础货币余额为22.7万亿元，同比增长17.7%，比年初增加2 079亿元。3月末，货币乘数为3.95，比上年年末高0.16，货币扩张能力仍然较强。3月末，金融机构超额准备金率为2.2%。其中，农村信用社为3.6%。

二、金融机构存款季度末增加较多

3月末，全部金融机构（含外资金融机构，下同）本外币各项存款余额为86.8万亿元，同比增长13.0%，增速比上年年末低0.5个百分点，比年初增加4.2万亿元，同比多增1 417亿元。人民币各项存款余额为84.7万亿元，同比增长12.5%，增速比上年年末低1.0个百分点，与1月、2月末则基本持平，比年初增加3.8万亿元，同比少增2 185亿元。其中，3月新增达3.0万亿元，占第一季度增量的78.5%，主要是受表外理财季度末到期较多、贷款新增较多等因素影响。外币存款余额为3 418亿美元，同比增长44.3%，比年初增加668亿美元，同比多增556亿美元，可能与人民币汇率预期变化有关。

从人民币存款部门分布看，住户存款增长较快，非金融企业存款增速平缓。3月末，金融机构住户存款余额为38.0万亿元，同比增长16.1%，增速比上年年末高0.4个百分点，比年初增加3.1万亿元，同比多增4 639亿元。非金融企业人民币存款余额为29.9万亿元，同比增长6.2%，增速比上年年末低3.0个百分点，比年初减少707亿元，同比多减4 561亿元。其中，非金融企业人民币存款增速1月末曾回落至4.8%，应与春节因素影响、活期存款大幅下降有关，2月末、3月末增速已有所回升。3月末，财政存款余额为2.7万亿元，比年初增加679亿元，同比少增2 780亿元。

三、金融机构贷款结构继续改善

3月末，全部金融机构本外币贷款余额为60.8万亿元，同比增长15.5%，增速比上年年末略低0.2个百分点，比年初增加2.6万亿元，同比多增1 985亿元。3月末，人民币贷款余额为57.2万亿元，同比增长15.7%，增速比上年年末略低0.1个百分点，比1月末和2月末则分别回升0.7个和0.5个百分点，比年初增加2.46万亿元，同比多增2 170亿元。3个月新增贷款分别为7 381亿元、7 107亿元和10 114亿元，2008年以来屡屡发生的1月突击放款的现象得到改善。其中，3月增量为2011年2月以来最高，同比多增3 320亿元。总体来看，贷款需求基本得到满足，信贷支持经济发展力度较强。

信贷结构继续改善，短期贷款明显多增，小型微型企业、“三农”的信贷支持力度较强。3月末，人民币住户贷款同比增长18.1%，比年初增加4 995亿元。其中，个人住房贷款平稳增长，比年初增加1 313亿元。非金融企业及其他部门贷款同比增长14.9%，比上年年末高1.0个百分点，比年初增加2.0万亿元，同比多增4 700亿元。从期限看，中长期贷款比年初增加8 321亿元，同比少增6 233亿元；包含票据融资在内的短期贷款比年初增加1.6万亿元，同比多增8 148亿元。中小企业和“三农”信贷支持保持较强力度。第一季度银行业机构中型企业人民币贷款余额同比增长14.5%，增速比大型企业贷款同比增速高2.6个百分点；小型微型企业贷款余额同比增长20.5%，增速比大型企业贷款同比增速高8.6个百分点。主要金融机构及农村合作金融机构、城市信用社、村镇银行和财务公司本外币“三农”贷款保持较快增长。农村贷款3月末余额同比增长21.3%，第一季度新增7 183亿元；农户贷款3月末余额同比增长16.0%，第一季度新增1 867亿元；农业贷款3月末余额同比增长9.0%，第一季度新增1 363亿元。分机构看，中资全国性大型银行、中资区域性中小型银行及农村合作金融机构贷款同比多增较多，中资全国性中小型银行及外资金融机构贷款同比少增。

表1　2012年第一季度分机构人民币贷款情况

单位:亿元

	2012年第一季度		2011年第一季度	
	新增额	同比多增	新增额	同比多增
中资全国性大型银行①	12 052	1 029	11 024	-2 753
中资全国性中小型银行②	5 968	-621	6 589	336
中资区域性中小型银行③	3 277	1 410	1 867	176
农村合作金融机构④	4 824	232	4 592	-171
外资金融机构	154	-32	186	-325

注：①中资全国性大型银行是指本外币资产总量超过2万亿元的银行（以2008年年末各金融机构本外币资产余额为参考标准）。

②中资全国性中小型银行是指本外币资产总量小于2万亿元且跨省经营的银行。

③中资区域性中小型银行是指本外币资产总量小于2万亿元且不跨省经营的银行。

④农村合作金融机构包括农村商业银行、农村合作银行、农村信用社。

数据来源：中国人民银行。

外币贷款平稳增长。3月末，金融机构外币贷款余额为5 595亿美元，同比增长17.2%，比年初增加211亿美元，同比少增59亿美元。从投向看，贸易融资增加100亿美元，在全部外币贷款增量中占比为47.6%，比上年同期提升12.2个百分点，有力地支持了进出口贸易；境外贷款与中长期贷款增加105亿美元，在全部外币贷款增量中占比为49.7%。

四、社会融资规模逐月回升

初步统计，第一季度社会融资规模为3.88万亿元，比上年同期少3 487亿元。其中，3月为1.86万亿元，分别比2月和1月多8 136亿元和8 813亿元。从第一季度社会融资规模构成项目看，人民币贷款增加2.46万亿元，同比多增2 170亿元；外币贷款折合人民币增加1 327亿元，同比少增454亿元；委托贷款增加2 809亿元，同比少增395亿元；信托贷款增加1 721亿元，同比多增1 630亿元；未贴现的银行承兑汇票增加2 271亿元，同比少增5 340亿元；企业债券净融资3 960亿元，同比少610亿元；非金融企业境内股票融资875亿元，同比少683亿元。

从结构看，主要有以下特点：一是人民币贷款占比明显上升。第一季度人民币贷款占同期社会融资规模的63.5%，同比高10.4个百分点，为2010年以来同期最高水平。二是主要受未贴现的银行承兑汇票同比少增较多影响，实体经济通过金融机构的表外融资明显少于上年同期。三是直接融资活跃度有所下降。当季度非金融企业境内股票和企业债券合计融资4 835亿元，同比少1 293亿元。

专栏1　民间借贷

一、民间借贷的定义

民间借贷是相对于正规金融而言，泛指在国家依法批准设立的金融机构以外的自然人、法人及其他组织等经济主体之间的资金借贷活动。

民间借贷是社会经济发展到一定阶段，企业和个人财富逐步积累、产业资本向金融资本转化、正规金融尚不能完全满足社会需求等因素综合作用的结果，带有一定的必然性。与正规金融机构融资相比，民间金融有其自身特点和优势，如信息搜集和加工成本低，手续便捷、方式灵活、交易成本低，灵活的贷款催收方式和特殊的风险控制机制等。

但是，由于民间借贷游离于正规金融之外，存在着交易隐蔽、风险不易监控，以及容易滋生非法集资、洗钱犯罪等问题，需要通过制定与完善相关的法律法规加以引导和规范，趋利避害，充分发挥民间借贷对经济发展的积极作用。

二、目前中国关于民间借贷的法律制度相对系统和完善

民间借贷是民事主体意思自治的市场行为，在中国受《中华人民共和国民法通则》、《中华人民共和国合同法》等法律法规的保护和规范，具有制度层面的合法性。在遵守相关法律法规的前提下，自然人、法人及其他组织之间有自由借贷的权利。只要不违反法律的强制性规定，民间借贷关系受法律保护。如果违约，可以协商，也可以通过民事诉讼途径解决。

对于民间借贷活动中伴生的一些违法犯罪行为，中国也有相应的法律法规予以规制、处罚和打击。例如，非法吸收公众存款、集资诈骗、高利转贷、暴力催收导致人身伤害等违法犯罪行为，可以依据《中华人民共和国刑法》、《中华人民共和国治安处罚法》、《中华人民共和国刑法修正案》、《最高人民法院关于人民法院审理借贷案件的若干意见》等相关法律法规予以严厉打击和惩治。

对于民间借贷中的利率问题，根据《最高人民法院关于人民法院审理借贷案件的若干意见》规定："民间借贷的利率可以适当高于银行的利率，各地人民法院可根据本地区的实际情况具体掌握，但最高不得超过银行同类贷款利率的4倍（包含利率本数）。超出此限度的，超出部分的

利息不予保护。”

三、正确引导和规范民间借贷健康发展

国务院在决定设立温州市金融综合改革实验区时指出，要规范发展民间融资。制定规范民间融资的管理办法，建立民间融资备案管理制度，建立健全民间融资监测体系，应采取综合措施正确引导和规范民间借贷健康发展。

第一，制定和完善相关法律法规，引导民间借贷规范化、阳光化运作。研究完善非吸收存款类专业放贷人相关法律法规，促进多层次信贷市场的发展;明确民间借贷合同的意思自治原则，规范合同要素等问题;明确资金中介服务的法律地位、业务范围，引导资金中介机构规范发展。

第二，在加强监管、风险可控的前提下，放开金融市场准入。贯彻落实《国务院关于鼓励和引导民间投资健康发展的若干意见》，吸引高质量民间资本投入金融领域，大力发展基层金融机构，深化基层金融服务，有效支持小型微型企业、“三农”和县域经济的发展。同时加快存款保险制度建设，建立市场化的风险处置机制，防范系统性风险。

第三，探索建立当地民间借贷活动的监测分析制度，及时预警和处置风险，防范发生群体性事件和区域性风险。探索建立大额民间借贷备案登记制度，对借贷次数和金额超过一定标准的民间借贷应备案登记，加强资金流向及运用的监测、引导和管理。

第四，区别对待、分类管理。对合理、合法的民间借贷予以保护。对以诈骗敛财为目的的非法集资、转贷谋利、洗钱和暴力催收导致的人身伤害等违法犯罪行为，公安司法机关应该介入，严厉打击。

第五，引导树立“合同意思自治”、“独立责任”、“诚信原则”等市场意识和法律观念，使民间借贷参与者提高市场风险判断能力和自身风险承受能力，明确政府没有承担民间借贷损失的直接责任，避免其追求高额回报的盲目冲动行为及对政府的不合理依赖和要求。

五、金融机构贷款利率总体有所下行

主要受票据融资利率下降影响，金融机构对非金融企业及其他部门贷款利率总体呈现下行走势。3月，贷款加权平均利率为7.61%，比年初下降0.40个百分点。其中，一般贷款加权平均利率为7.97%，较年初上升0.17个百分点；票据融资加权平均利率为6.20%，较年初下降2.86个百分点。个人住房贷款利率有所下行，3月加权平均利率为7.43%，比年初下降0.19个百分点。

从利率浮动情况来看，执行上浮利率的贷款占比上升。3月，执行上浮利率的贷款占比为70.43%，比年初上升4.41个百分点。执行下浮利率和基准利率的贷款占比分别为4.62%和24.95%，比年初分别下降2.40个和2.01个百分点。

受国际市场基准利率走低和境内外汇资金供求变动等因素的影响，3月，活期和3个月以内大额美元存款加权平均利率分别为0.27%和2.91%，比年初分别下降0.04个和0.38个百分点；3个月以内、3（含3个月）~6个月美元贷款加权平均利率分别为3.56%和4.00%，比年初分别下降0.29个和0.31个百分点。

表2　2012年1～3月金融机构人民币贷款各利率区间占比

单位：%

月份	下浮	基准	上浮					
	[0.9，1.0)	1.0	小计	(1.0，1.1]	(1.1，1.3]	(1.3，1.5]	(1.5，2.0]	2.0以上
1月	4.79	26.22	68.99	22.33	25.51	8.76	9.22	3.17
2月	5.53	27.59	66.88	23.12	23.76	7.98	8.61	3.40
3月	4.62	24.95	70.43	21.12	26.99	9.48	9.41	3.43

数据来源：中国人民银行。

表3　2012年1～3月大额美元存款与美元贷款平均利率

单位：%

月份	大额存款						贷款				
	活期	3个月以内	3(含3个月)～6个月	6(含6个月)～12个月	1年	1年以上	3个月以内	3(含3个月)～6个月	6(含6个月)～12个月	1年	1年以上
1月	0.34	3.29	4.24	4.73	5.46	5.87	3.78	4.35	4.81	4.47	4.27
2月	0.29	3.16	3.93	4.34	4.64	4.50	3.51	4.08	4.35	4.28	4.29
3月	0.27	2.91	3.61	4.34	4.76	5.35	3.56	4.00	4.36	4.03	3.53

数据来源：中国人民银行。

六、人民币汇率弹性明显增强

2012年以来，人民币汇率双向浮动特征明显，汇率弹性明显增强，人民币汇率预期分化。3月末，人民币对美元汇率中间价为6.2943元，比上年年末升值66个基点，升值幅度为0.1%。2005年人民币汇率形成机制改革以来至2012年3月末，人民币对美元汇率累计升值31.49%。根据国际清算银行的计算，2012年第一季度人民币名义有效汇率升值0.17%，实际有效汇率贬值0.81%；2005年人民币汇率形成机制改革以来至2012年3月，人民币名义有效汇率升值21.37%，实际有效汇率升值29.38%。

第二部分　货币政策操作

2012年以来，中国人民银行按照中央经济工作会议精神和国务院统一部署，继续实施稳健的货币政策，加强宏观审慎管理，着力提高政策的针对性、灵活性和前瞻性，根据形势变化适时适度进行预调微调，引导货币信贷适度增长，保持合理的社会融资规模，促进金融机构优化信贷结构，继续稳步推进金融企业改革，完善人民币汇率形成机制，促进经济金融平稳运行。

一、灵活开展公开市场操作

针对2012年以来银行体系流动性供求波动有所加大的实际情况，中国人民银行加强了对国内外经济金融形势和银行体系流动性供求的分析监测，配合准备金政策调整灵活开展公开市场操作，准确把握操作的方向、力度和节奏，适时适度对银行体系流动性进行双向调节，促进银行体系流动性平稳运行。

优化公开市场操作工具组合，有效发挥公开市场的预调微调功能。中国人民银行视各时点流动性总量余缺状况，不断优化公开市场操作组合。春节前，针对现金集中投放的情况，通过短期逆回购操作向银行体系提供流动性支持，有效地熨平了季节性因素引发的银行体系流动性波动；春节后，与下调存款准备金率政策相配合，适时开展短期正回购操作，第一季度开展短期正回购操作3 980亿元，在保持流动性合理适度的同时，平滑公开市场到期分布。

保持公开市场操作利率大体稳定，合理引导市场预期。在外部经济环境复杂多变、市场预期有所波动的情况下，公开市场操作加强与其他货币政策工具的协调配合，保持操作利率大体平稳，有效引导市场预期。3月末，28天和91天期正回购的利率分别为2.80%和3.14%。

适时开展国库现金管理商业银行定期存款业务。第一季度共开展了两期国库现金管理商业银行定期存款业务，期限均为6个月，操作量分别为300亿元和500亿元。

二、下调存款准备金率0.5个百分点，完善差别准备金动态调整机制

第一季度，受外需较为疲弱等因素影响，外汇占款投放的流动性少于上年同期。中国人民银行一方面主动调减公开市场对冲操作量，另一方面适当发挥存款准备金工具的流动性调节作用，在2011年12月5日下调存款准备金率0.5个百分点的基础上，2012年2月24日再次下调存款准备金率0.5个百分点，保持银行体系流动性处于适度水平。同时，继续完善差别准备金动态调整机制，发挥宏观审慎工具的逆周期调节功能。针对部分经济指标有所回调、1月贷款相对少增的状况，适时调整了有关参数予以引导，支持金融机构加大对小型微型企业、“三农”等薄弱环节和国家重点在建续建项目的信贷投放。

三、加强窗口指导和信贷政策引导

把握金融服务实体经济的本质要求，坚持分类指导、有扶有控，加强对信贷投向的考核和引导，促进信贷政策与产业政策的协调配合，推动信贷结构优化。会同有关部门出台《关于金融支持旅游业加快发展的若干意见》

和《关于进一步做好水利改革发展金融服务的意见》，引导金融机构改进对旅游业和水利改革发展的金融支持和服务；督促金融机构全面落实关于金融支持文化产业、服务外包、物流业等行业发展的政策要求，推动金融支持现代服务业发展各项政策落到实处。积极引导信贷资源投向小型微型企业、“三农”、保障性住房、战略性新兴产业等重点领域和薄弱环节；不断完善对民生领域的金融服务；引导金融机构在基准利率之内根据风险原则合理定价，切实满足居民家庭首次购买自住普通商品住房的贷款需求。严格控制对高耗能、高排放行业和产能过剩行业的贷款。

专栏2 强农惠农金融支持政策

近年来，按照国务院的统一部署，中国人民银行综合运用多种政策工具，加大强农惠农富农政策力度，支持涉农金融机构增强资金实力，创新农村金融产品，夯实农村金融基础设施，提升农村金融服务水平。

一、加大支农再贷款支持力度，引导扩大涉农信贷投放

近年来，中国人民银行充分运用支农再贷款，支持“三农”和实体经济发展。2011年，国际收支失衡状况明显改善，外汇市场供求趋于平衡，银行体系流动性供给渠道有所变化。中国人民银行及时安排增加支农再贷款额度500亿元，既主动投放流动性，保持货币信贷总量合理增长，又支持农村金融机构扩大涉农信贷投放，优化信贷结构。

2012年以来，按照强化正向激励的原则，中国人民银行对粮食主产省（区）和西部地区多次调增支农再贷款额度，迄今已安排增加600亿元，创历史同期新高，引导扩大涉农信贷投放。3月初，下发《关于管好用好支农再贷款 支持扩大“三农”信贷投放的通知》，并安排增加支农再贷款100亿元，支持春耕备耕。3月31日，对达到专项票据兑付后续监测考核标准，以及新增存款用于当地贷款比例达到考核标准的县域法人农村信用社和村镇银行，安排增加支农再贷款300亿元，激励农村信用社巩固前期改革成果，进一步深化改革。4月17日，为引导农村信用社、村镇银行扩大涉农信贷投放，支持春耕备耕，安排增加支农再贷款200亿元，重点支持粮食主产省（自治区）和支农再贷款需求旺盛的省（自治区）。截至2012年4月末，全国支农再贷款限额为2 143亿元，余额为1 239亿元，同比增加379亿元；前4个月累计发放支农再贷款705亿元，同比增加263亿元。

二、执行差别化存款准备金率政策，切实增强支农资金实力

2010年，国务院批准深化中国农业银行股份制改革方案，明确在四川等8个省（自治区）首批开展深化“三农金融事业部”改革试点。中国人民银行认真贯彻国务院部署的要求，及时制定了“三农金融事业部”改革试点差别化存款准备金率实施办法，对涉农贷款投放较多的“三农金融事业部”实行比中国农业银行低2个百分点的优惠存款准备金率。2012年，中国人民银行将差别化存款准备金率政策的覆盖范围由原来的8个省（自治区）增至12个省（自治区），并对考核达标的565家“三农金融事业部”于3月25日起执行优惠的存款准备金率，预计可增加涉农信贷资金约230

亿元，比上年上升70亿元。

中国人民银行继续对农村信用社执行较低的存款准备金率。目前，农村信用社的存款准备金率比大型商业银行低6个百分点，其中，资产规模小、涉农贷款比例高的农村信用社存款准备金率比大型商业银行低7个百分点。同时，认真落实县域法人金融机构新增存款用于当地贷款比例考核激励政策，对经考核达标的机构，执行低于同类金融机构正常标准1个百分点的存款准备金率。

三、引导涉农金融机构创新农村金融产品及服务方式，积极改善农村金融服务

自2010年7月中国人民银行、中国银行业监督管理委员、中国证券监督管理委员会、中国保险监督管理委员会联合发布《关于全面推进农村金融产品和服务方式创新的指导意见》以来，引导涉农金融机构着力创新符合“三农”需求的金融产品，切实改进服务方式，建立专项监测报告制度，促进经验交流，并及时总结推广成功经验，改进和完善农村金融服务。

四、夯实农村金融基础设施，为提升农村金融服务水平创造良好环境

大力推进农村信用体系建设，基本建成了全国集中统一、覆盖农村企业和个人信用信息的基础数据库。通过设计灵活多样的接入方式，方便农村金融机构接入大额、小额支付系统和支票影像交换系统。大力推广农民工银行卡等非现金支付工具和银行卡助农取款等特色服务，便利农村地区的支付活动，解决外出务工农民的异地存取款、偏远农村地区小额现金支取等难题。

总体来看，这些强农惠农富农政策的实施有力地促进了金融机构的涉农信贷投放。2012年3月末，全国金融机构涉农贷款余额为15.5万亿元，同比增长21.7%，比同期各项贷款增速高6.2个百分点。农村金融服务的改善对于粮食生产实现“八连增”、推动农村社会事业加快发展和农村面貌加速改善发挥了积极作用。

四、促进跨境人民币业务发展

跨境人民币业务制度进一步完善。2012年3月，中国人民银行会同相关部门联合发布《关于出口货物贸易人民币结算企业管理有关问题的通知》，明确所有具有进出口经营资格的企业均可开展出口货物贸易人民币结算业务，同时规定对近两年在税务、海关、金融等方面有比较严重违法行为的企业进行重点监管，以督促其依法合规办理业务。该通知的发布对跨境贸易人民币结算平衡发展具有重要的促进作用。至此，中国从事进出口货物贸易、服务贸易、其他经常项目的企业均可选择以人民币进行计价、结算和支付。

跨境贸易和投资人民币结算业务量明显增加。第一季度，银行累计办理跨境贸易人民币结算业务5 804亿元，同比增长61%。其中，货物贸易结算金额为4 165.7亿元，服务贸易及其他经常项目出口结算金额为1 638.3亿元。跨境贸易人民币结算实际收付为5 500.1亿元，收付比由2011年的1∶1.7提高至1∶1.4，跨境贸易人民币结算收付平衡状况持续改善。第一季度，银行累计办理跨境直接投资人民币结算业务498.7亿元。其中，对外直接投资结算金额为28.7亿元，外商直接投资结算金额为470亿元。

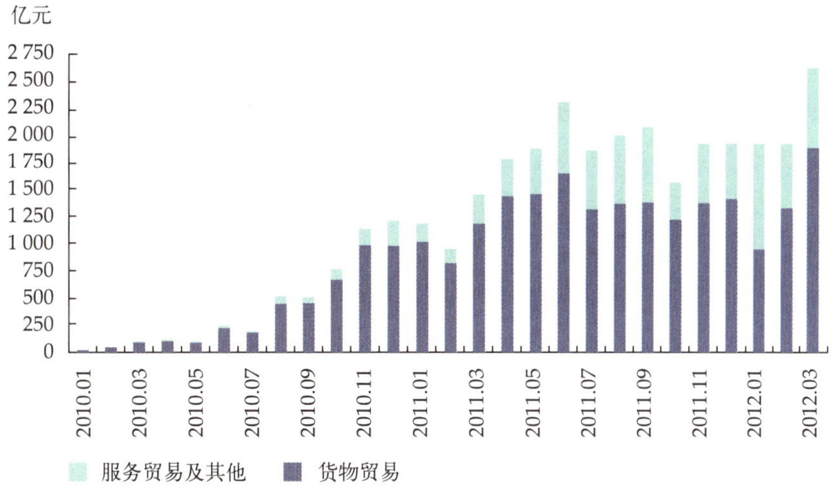

数据来源：中国人民银行。

图1　跨境贸易人民币结算金额

五、完善人民币汇率形成机制

继续按主动性、可控性和渐进性原则，进一步完善人民币汇率形成机制，重在坚持以市场供求为基础，参考一篮子货币进行调节，增强人民币汇率弹性，保持人民币汇率在合理均衡水平上的基本稳定。第一季度，人民币对美元汇率中间价最高为6.2840元，最低为6.3359元，58个交易日中29个交易日升值、29个交易日贬值。第一季度最大单日升值幅度为0.26%（162点），最大单日贬值幅度为0.33%（209点）。人民币对欧元、日元等其他国际主要货币汇率双向波动。3月末，人民币对欧元、日元汇率中间价分别为1欧元兑8.3944元人民币、100日元兑7.6690元人民币，分别较上年年末贬值2.76%和升值5.75%。2005年人民币汇率形成机制改革以来至2012年3月末，人民币对欧元汇率累计升值19.30%，对日元汇率累计贬值4.73%。第一季度，银行间外汇即期市场人民币对美元、欧元、港元、日元、英镑、泰铢、卢布、林吉特分别成交54 578.4亿元、147.0亿元、183.7亿元、77.2亿元、21.6亿元、12.5亿元、6.2亿元和2.5亿元人民币。

自2012年4月16日起，中国人民银行将银行间即期外汇市场人民币兑美元交易价浮动幅度由0.5%扩大至1%，外汇指定银行为客户提供当日美元汇率最高现汇卖出价与最低现汇买入价之差不得超过当日汇率中间价的幅度由1%扩大至2%。同时，中央银行外汇操作方式也作出适应性调整，主要针对市场汇率的过度波动，降低入市频率。扩大浮动幅度以来，银行间市场汇率波动加大，市场自求平衡能力增强，外汇市场总体运行平稳。

六、深入推进金融机构改革

中国邮政储蓄银行整体改制为股份有限公司。1月21日，原中国邮政储蓄银行有限责任公司整体变更为中国邮政储蓄银行股份有限公司，注册资本为450亿元。改革的总体目标是通过实施股份制改革完善公司治理结构，健全现代企业制度，努力成为资本充足、内控严密、运行安全、服务优质、效益良好、市场竞争力强、立足服务“三农”、城乡居民和中小企业的现代商业银行。

资产管理公司转型改制工作平稳推进。经

国务院批准，华融资产管理公司将改制为股份有限公司，适时通过增发等方式引入其他境内外战略投资者，优化股权结构，增强资本实力并择机上市。信达资产管理公司引入全国社会保障基金理事会、瑞银集团、中信资本控股有限公司、渣打银行四家战略投资者，引资金额合计103.7亿元，持股合计占信达资产管理公司增资后股份总额的16.54%。

农村信用社改革稳步推进，取得重要的阶段性成果。农村信用社经营财务状况持续改善，农村金融服务主力军作用明显提升。2012年3月末，全国农村信用社资本充足率为10.4 %，比上年年末下降0.3个百分点；不良贷款比例为5.0%，比上年年末下降0.5个百分点；资产利润率为1.3 %，比上年年末上升0.3个百分点。各项存贷款余额分别为10.9万亿元和7.2万亿元，比上年年末分别增加7 224亿元和4 821亿元，其中，涉农贷款余额为4.9万亿元，比上年年末增加2 423亿元。农户贷款余额为2.5万元，比上年年末增加1 293亿元。农村信用社产权制度改革稳步推进。截至2012年3月末，全国已组建农村商业银行219家、农村合作银行187家，比上年年末分别增加7家、减少3家；县（市）统一法人农村信用社为1 878家，比上年年末减少4家。部分农村信用社在构建多种产权制度和组织形式、明晰产权关系、完善法人治理方面进行了有益探索，取得了初步成效。

专栏3 银行业利润分析

2011年，中国银行业金融机构实现净利润1.25万亿元，同比增长39.2%。其中，商业银行实现净利润1.04万亿元，同比增长36.3%。银行利润增长较快主要得益于宏观经济平稳较快发展、银行业资产规模扩张，以及中间业务发展较为迅速和自身经营管理能力的提升。近年来，尽管直接融资呈快速发展态势，但社会融资格局中间接融资比例仍然较高。随着宏观经济平稳较快发展，对银行业资产规模扩张的需求较大，2011年年末，银行业资产总额达到113.3万亿元，比2007年年末的53.1万亿元翻了一番。资产规模的扩张直接体现为银行利润的增长，也为应对国际金融危机冲击，促进经济稳定发展提供了重要的保障和支持。与此同时，通过金融改革，银行业的法人治理结构逐步完善，风险管理机制不断健全，经营管理水平和效率持续提升，业务转型和产品创新明显加快，资产质量显著改善，促进利润率水平有所提高。2011年，银行业资本利润率为19.2%，比上年提高1.7个百分点；资产利润率为1.2%，比上年提高0.2个百分点。

应该看到，2011年，中国银行业净息差约为2.8%，略高于上年水平，但低于2007年的2.9%和2008年的3%，处于国际中等水平，明显低于其他“金砖国家”，也低于美国、韩国，但高于日本、德国等国家。在资产规模扩张的同时，为满足客户多方面金融服务需要，银行提供的中间业务大幅拓展，服务质量不断提升，中间业务收入增长也相应较快。但由于偏重中间业务收入考核等因素，部分银行也存在不合理收费和违规附加贷款条件等现象。银行应进一步改进服务水平，增强服务意识，提高收费透明度，并通过完善绩效考评、内部管理等制度，建立健全有利于中间业务健康发展的长效机制，防止出现收费与服务不匹配等不规范经营行为。

银行业的利润主要用于缴纳企业所得税、对投资者分红、计提资产减值准备和利润留存补充资本。银行业是企业所得税主要的缴纳主体之一，2011年，银行业缴纳的所得税占全国企业所得税总额的27.6%。2007～2011年，银行业缴纳的所得税占其拨备前利润的17.8%。同期，银行业对投资者分配的红利约占拨备前利润的22.1%，由于国有股占银行业总股本的大部分，银行业分红的很大部分归国家所有，一定程度上弥补了国家在银行改革中的大量投入。同时，银行效益与宏观经济形势息息相关，呈现明显的顺周期性。随着近期实体经济增速有所趋缓，2012年第一季度有些上市银行的利润增速已有下降。由此可见，在宏观经济平稳较快发展阶段，银行有必要通过增加拨备以应对未来可能出现的不良贷款反弹和经济周期波动。2007～2011年，银行业累计提取的资产减值准备金相当于其同期拨备前利润的24.5%。更为重要的是，银行业通过利润留存补充了资本，并以此增强了其服务实体经济的能力。2007～2011年，银行业增加的4.5万亿元核心资本中，2.4万亿元来自利润留存，占同期银行业拨备前利润的35.6%。

七、深化外汇管理体制改革

构建防范跨境资本流动冲击的体制机制。密切跟踪跨境资金流动形势变化，坚持对跨境资金流动实施均衡管理，充实防范跨境资金大量净流入的政策预案，研究防范跨境资金集中流出的政策储备，继续打击违规资金。

货物贸易外汇管理改革试点取得进展。在江苏、山东、福建等7个省（市）稳步推进贸易外汇管理改革试点工作，合规企业正常的进出口业务均无需逐笔办理核销手续，通过对企业贸易项下货物流与资金流进行总量筛选匹配、动态监测、分类监管，大大简化了银行、企业业务办理手续，降低了运营成本，逐步形成贸易便利化与风险管理相结合的新型管理模式。

积极促进贸易投资便利化。优化2012年短期外债余额指标分配结构，适当增加中西部地区和服务于小型微型企业的中小银行短期外债指标，支持中资企业对外短期融资需求。允许银行到境内银行间外汇市场平补客户贵金属交易产生的本外币错配敞口，支持银行为客户提供更加便利、高效的贵金属买卖服务。进一步推进外商投资企业年检改革，简化外汇年检内容和程序。

进一步拓宽跨境资本流动渠道，推进资本项目有序开放。第一季度，批准23家合格境外机构投资者(QFII)投资额度共计29.1亿美元；批准合格境内机构投资者（QDII）投资额度3亿美元。落实并推进人民币境外合格机构投资者（RQFII）相关事宜，将首批试点的200亿元额度在21家RQFII中进行分配，并对其资金汇出入情况进行持续管理和监控。

第三部分 金融市场分析

2012年第一季度，金融市场继续健康、平稳运行。货币市场交易量大幅增长，市场利率明显回落；债券市场运行平稳，发行规模保持稳定；股票市场指数有所回升，股票融资明显减少。

一、金融市场运行分析

（一）货币市场交易量大幅增长，市场利率明显回落

银行间回购、拆借市场交易十分活跃，成交量大幅增长。第一季度，银行间市场债券回购累计成交30.7万亿元，日均成交5 025亿元，同比增长40.5%；同业拆借累计成交10.2万亿元，日均成交1 664亿元，同比增长66.3%。从期限结构看，市场交易仍主要集中于隔夜品种，回购和拆借隔夜品种的成交分别占各自总量的76.1%和84.8%，占比同比分别下降0.1个和0.2个百分点。交易所市场政府债券回购累计成交6.9万亿元，同比增长133.1%。

从机构融资情况看，第一季度货币市场资金融出、融入主要呈现以下特点：一是中资大型银行是唯一的资金供给方，且融出资金量大幅增加，其中，同业拆借融出资金量为上年同期的10倍多；二是除中资大型银行外的市场参与机构均为资金融入方，整体上资金需求较为旺盛，其中，中资中小型银行、证券公司和基金公司资金需求较大；三是在拆借市场上，中资中小型银行和外资金融机构由上年同期的资金供给方转为资金需求方。

货币市场利率在波动中明显回落，但总体利率高于上年同期水平。3月质押式债券回购和同业拆借月加权平均利率分别为2.66%和2.58%，分别比上年12月回落71个和75个基点，比上年同期高68个和65个基点。3月末，3个月和1年期Shibor分别为4.88%和5.15%，分别较上年年末下降59个和9个基点。分月度

表4 2012年第一季度金融机构回购、同业拆借资金净融出、净融入情况

单位：亿元

	回购		同业拆借	
	2012年第一季度	2011年第一季度	2012年第一季度	2011年第一季度
中资大型银行①	-115 482	-75 478	-21 874	-2 153
中资中小型银行②	49 142	31 774	7 791	-5 349
证券公司及基金公司	26 664	13 091	6 945	2 502
保险公司	11 526	6 493	—	—
外资金融机构	4 792	3 226	1 620	-354
其他金融机构③	23 359	20 894	5 518	5 356

注：①中资大型银行包括中国工商银行、中国农业银行、中国银行、中国建设银行、国家开发银行、交通银行、中国邮政储蓄银行。

②中资中小型银行包括招商银行等17家中型银行、小型城市商业银行、农村商业银行、农村合作银行、村镇银行。

③其他金融机构包括城市信用社、农村信用社、财务公司、信托投资公司、金融租赁公司、资产管理公司、社保基金、投资公司、企业年金、其他投资产品等。

④负号表示净融出，正号表示净融入。

数据来源：中国外汇交易中心。

看，1月受季节性因素影响，货币市场利率在春节前持续上升；随着春节后现金大量回笼，在公开市场操作和下调法定存款准备金率等政策的作用下，资金供给总体适度，2月起市场利率逐步明显回落。

人民币利率互换和远期品种交易略有下降。第一季度，人民币利率互换交易名义本金总额为4 913.7亿元，同比下降13.3%。从期限结构看，1年及1年期以下交易最为活跃，其交易本金占总量的69.8%。从参考利率看，利率互换交易的浮动端参考利率主要包括7天回购定盘利率和Shibor，与之挂钩的利率互换交易名义本金占比分别为52.1%和39.0%。债券远期成交金额为144.6亿元，同比下降32.0%。

点，降幅为0.09%；中债综合全价指数由年初的111.28点上升至3月末的111.49点，升幅为0.18%。交易所国债指数由年初的131.44点升至3月末的132.46点，涨幅为0.77%。

银行间市场国债收益率曲线总体呈现小幅上移态势。3月末，国债半年期、10年期、20年期和30年期的收益率水平分别比上年年末高出9个、6个、11个和5个基点；随着2012年以来CPI涨幅有所回落，1～3年期国债收益率较上年年末略有下行。

债券市场发行规模总体稳定。第一季度累计发行各类债券（不含中央银行票据）1.54万亿元，比上年同期少发行342亿元。其中，国债、国家开发银行及政策性金融债发行量同比有所减少；同比多发行的主要是银行普通债。3月末，中央国债登记结算有限责任公司债券托管量余额为21.7万亿元，同比增长8.2%。

表5 2006年至2012年第一季度利率衍生产品交易情况

	利率互换		债券远期		远期利率协议	
	交易笔数(笔)	名义本金额(亿元)	交易笔数(笔)	交易量(亿元)	交易笔数(笔)	名义本金额(亿元)
2006年	103	355.7	398	664.5	—	—
2007年	1 978	2 186.9	1 238	2 518.1	14	10.5
2008年	4 040	4 121.5	1 327	5 005.5	137	113.6
2009年	4 044	4 616.4	1 599	6 556.4	27	60.0
2010年	11 643	15 003.4	967	3 183.4	20	33.5
2011年	20 202	26 759.6	436	1 030.1	3	3.0
2012年第一季度	4 317	4 913.7	45	144.6	—	—

数据来源：中国外汇交易中心。

（二）债券市场运行平稳，债券发行规模总体稳定

银行间债券市场现券交易量保持平稳。第一季度累计成交14.9万亿元，日均成交2 434亿元，同比增长15.7%。从交易主体看，中资银行和外资金融机构是银行间现券市场上的净买入方，分别净买入现券991亿元和236亿元。交易所国债现券成交230亿元，同比少成交42亿元。

债券市场指数有所波动。中债综合净价指数由年初的101.23点下降至3月末的101.13

债券发行利率有所分化。第一季度，国债发行利率较上年年末有所回落，以10年期国债利率为例，3月发行利率为3.51%，比上年12月发行的同期限国债利率低6个基点；国家开发银行和政策性银行债券发行量相对较大，发行利率总体较上年年末有所上升。Shibor对债券类产品定价的指导作用不断增强。第一季度，债券一级市场共发行固定利率企业债96

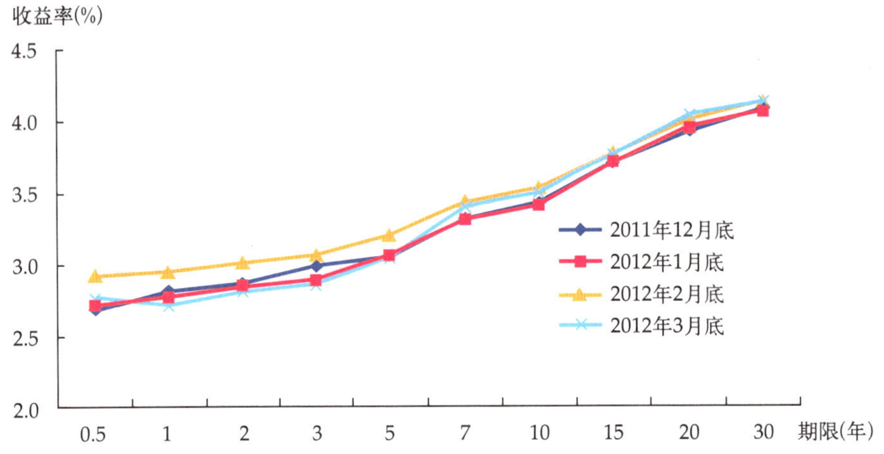

数据来源：中央国债登记结算有限责任公司。

图2 银行间市场国债收益率曲线变化情况

表6 2012年第一季度主要债券发行情况

债券品种	发行额(亿元)	比上年同期增减(亿元)
国债[①]	2 179	-1 081
国家开发银行及政策性金融债	5 272	-827
银行次级债、混合资本债	44	-132
银行普通债	1 180	1 160
企业债券[②]	6 737	827
其中：短期融资券	1 560	-1 272
超短期融资券	1 100	1 100
中期票据	1 356	-486
公司债券	415	12

注：①国债包括财政部代理发行的地方政府债券。
②企业债券包括企业债、短期融资券、超短期融资券、中期票据、中小企业集合票据、公司债券及非公开定向债务融资工具等。
数据来源：中国人民银行、中央国债登记结算有限责任公司。

只，发行总量为1 676亿元，全部参照Shibor定价；发行参照Shibor定价的固定利率短期融资券926亿元，约占固定利率短期融资券发行总量的53.7%。

（三）票据融资平稳增长，利率呈下降趋势

票据承兑业务持续增长。第一季度，企业累计签发商业汇票4.0万亿元，同比增长10.4%；期末商业汇票未到期金额为7.2万亿元，同比增长21.6%。3月末，承兑余额较年初有所增加，但增速同比下降。从行业结构看，企业签发的银行承兑汇票余额集中在制造业、批发和零售业。从企业结构看，由中小型企业签发的银行承兑汇票约占2/3。

票据融资总体有所增长，票据市场利率呈下降趋势。第一季度，金融机构累计贴现5.7万亿元，期末贴现余额为1.8万亿元。3月末，

票据融资余额比年初增加2 575亿元，同比多增5 198亿元；占各项贷款的比重为3.1%，同比提高0.6个百分点。票据融资供需双方的积极性均有所上升。对金融机构而言，随着经济增长缓中趋稳，中长期贷款增长趋缓，由于票据资产具有收益稳定、流动性强、风险低的特点，金融机构倾向于扩张票据业务以保持信贷总量合理增长；对企业而言，在当前经济环境下，部分企业商品销售与回款周期延长，一些中小企业将票据作为延期支付凭证，随着票据贴现利率下降，企业票据贴现需求有所增加。第一季度银行体系流动性总体充裕，货币市场利率呈下行走势，同时票据市场供给增加较多，票据市场利率呈现逐月下降趋势。

（四）股票市场指数有所回升，股票融资明显减少

股票市场指数有所回升。3月末，上证综合指数和深证成份指数分别收于2 263点和9 410点，比上年年末分别回升63点和491点。创业板指数继续下行，3月末深圳证券交易所创业板指数收于679点，比上年年末下降51点。沪、深两市A股加权平均市盈率分别为13.9倍和22.6倍，与上年年末相比总体变动不大。

股票市场成交量下降较多。第一季度，沪、深两市累计成交8.9万亿元，同比下降34.4%；日均成交1 533亿元，同比少成交796亿元。创业板累计成交金额为5 985亿元，同比增长39.4%。3月末,沪、深两市流通市值为17.3万亿元，比上年年末增长4.7%；创业板流通市值为2 617亿元，比上年年末增长4.5%。

股票市场筹资额明显减少。第一季度，各类企业和金融机构在境内外股票市场上通过发行、增发、配股等方式累计筹资1 104亿元，同比少筹资480亿元。其中，A股筹资993亿元，同比少筹资591亿元。

（五）保险业总资产稳步增长

第一季度，保险业累计实现保费收入为4 835亿元；累计赔款、给付1 172亿元，同比增长19.6%，其中，财产险赔付同比增长33.6%，人身险赔付同比增长8.7%。

保险业总资产稳步增长。3月末，保险业总资产为6.4万亿元，同比增长17.8%。其中，银行存款同比增长27.3%，投资类资产同比增长12.6%。

（六）外汇市场交易活跃，掉期交易快速增长

第一季度，人民币外汇即期成交8 720亿美元，同比增长7.2%；人民币外汇掉期交易累计成交金额折合5 445亿美元，同比增长61.3%，其中，隔夜美元掉期成交2 726亿美元，占掉期总成交额的50.1%；人民币外汇远期市场累计成交534亿美元，同比下降10.2%。第一季度“外币对”累计成交金额折合228亿美元，同比增长8.8%，其中，成

表7 2012年3月末主要保险资金运用余额及占比情况

	余额(亿元人民币)		占资产总额比重(%)	
	2012年3月末	2011年3月末	2012年3月末	2011年3月末
资产总额	63 679	54 064	100.0	100.0
其中：银行存款	20 699	16 257	32.5	30.1
投资	38 184	33 899	60.0	62.7

数据来源：中国保险监督管理委员会。

交最多的产品为美元对港元，占市场份额的40.5%，同比下降9.5个百分点。外汇市场交易主体进一步增加，截至3月末，共有即期市场会员322家、远期市场会员74家、掉期市场会员73家、期权市场会员28家。

（七）黄金市场交易平稳

上海黄金交易所交易规模较为平稳。第一季度，上海黄金交易所各贵金属品种总成交金额为8 464.1亿元，同比增长18.7%。其中，黄金累计成交1 660.4吨，同比增长16.5%，成交金额为5 710.1亿元，同比增长35.4%；白银累计成交4.0万吨，同比下降1.3%，成交金额为2 707.9亿元，同比下降5.2%；铂金累计成交13.6吨，同比下降13.5%，成交金额为46.2亿元，同比下降24.7%。

国内黄金价格整体呈震荡态势。第一季度，伦敦黄金定盘价最高达1 781美元每盎司，最低为1 598美元每盎司；国内黄金（AU9995）最高价为每克362.5元，最低价为每克325.6元。3月末，国内黄金收盘价为每克339.2元，比上年年末上涨6.1%。

二、金融市场制度性建设

（一）成立公司信用类债券部际协调机制

经国务院批复同意，公司信用类债券部际协调机制(以下简称部际协调机制)正式成立。部际协调机制由中国人民银行牵头，国家发展改革委、中国证监会为成员单位。部际协调机制将在现行法律框架下，促进相关部门依法加强监管协调和信息共享，发挥合力，共同推动公司信用类债券市场改革和健康快速发展，有利于进一步拓宽企业直接融资渠道，优化社会融资结构，充分发挥市场配置资源的作用。

（二）进一步加强保荐机构业务监管，启动新一轮新股发行体制改革

进一步加强保荐机构业务监管。3月16日，中国证监会发布《关于进一步加强保荐业务监管有关问题的意见》，要求保荐机构建立对保荐代表人和项目组成员的问核制度，完善对保荐项目的持续追踪机制，有利于实现保荐全程有效内控，强化保荐机构诚信约束，为推动新股发行体制改革，促进市场主体归位尽责打下基础。

启动新一轮新股发行体制改革。4月28日，中国证监会发布《关于进一步深化新股发行体制改革的指导意见》，明确将通过强化信息披露真实性、准确性、充分性和完整性，适当调整询价范围和配售比例，增加新上市公司流通股数量，加强对发行定价和“炒新”行为的监管等措施，进一步推进以信息披露为中心的发行制度建设，促使新股价格真实反映公司价值，推动实现一级市场和二级市场均衡协调健康发展，保护投资者的合法权益。

（三）进一步完善保险市场基础性制度建设

加强人身保险公司保险条款和费率管理。中国保监会发布《人身保险公司保险条款和保险费率管理办法》，要求保险公司必须公平、合理拟订保险条款和保险费率，并承担相应责任。对关系社会公众利益的保险险种、依法实行强制保险的险种等的保险条款和保险费率需报中国保监会审批。

完善商业车险监管制度。中国保监会于2月发布《机动车辆保险理赔管理指引》，规范车险理赔服务和流程，缓解理赔难问题，并于3月发布《关于加强机动车辆商业保险条款费率管理的通知》，要求逐步建立以市场为导向的、符合中国保险业实际的条款和费率形成机

制，允许符合一定条件的产险公司根据公司自有数据拟定商业车险条款和费率。

另外，中国保监会发布《中国第二代偿付能力监管制度体系建设规划》，提出将用三至五年时间形成一套既与国际接轨又与中国保险业发展阶段相适应的偿付能力监管制度，采用国际通行的资本充足要求、风险管理要求和信息披露要求“三支柱”的整体框架。

第四部分 宏观经济分析

一、世界经济金融形势

2012年第一季度，全球经济状况有所改善，但下行风险仍未消除。美国失业率缓慢回落，经济出现积极信号，但房地产市场仍未根本好转，财政和贸易赤字问题依然存在。受债务危机影响，欧元区经济整体疲弱不振。日本受外部需求减少等因素影响，经济未出现明显好转。新兴经济体增长势头普遍放缓，部分国家面临较高的通货膨胀和短期资本大进大出的风险。

（一）主要经济体经济形势

美国经济出现积极信号，就业形势持续缓慢改善，但贸易和财政赤字问题依然存在。2011年第四季度GDP增速上升。3月失业率为8.2%，为2009年以来的最低水平。3月CPI同比涨幅为2.7%，有所回落。贸易赤字有所下降，2月为460.3亿美元。联邦财政赤字略有改善，3月为1 982亿美元。

受债务危机影响，欧元区经济整体疲弱。2011年欧元区经济增长1.5%，但第四季度环比下降0.3%。其中，德国第四季度GDP同比增长2.0%，法国第四季度GDP同比增长1.4%，而希腊、葡萄牙等重债国形势持续恶化，第四季度GDP同比分别下降7.0%和2.8%。3月HICP同比上涨2.7%,连续16个月高于2%的目标。

受外需下降等因素影响，日本出口疲软继续拖累整体经济。2011年第四季度日本GDP

表8 主要经济体宏观经济金融指标

国别	指标	2011年第一季度			2011年第二季度			2011年第三季度			2011年第四季度			2012年第一季度		
		1月	2月	3月	4月	5月	6月	7月	8月	9月	10月	11月	12月	1月	2月	3月
美国	实际GDP增速(环比折年率，%)	0.4			1.3			1.8			3.0			—		
	失业率(%)	9.1	9.0	8.9	9.0	9.0	9.1	9.1	9.1	9.0	8.9	8.7	8.5	8.3	8.3	8.2
	CPI(同比，%)	1.6	2.1	2.7	3.2	3.6	3.6	3.6	3.8	3.9	3.5	3.4	3.0	2.9	2.9	2.7
	道琼斯工业平均指数(期末)	11 892	12 226	12 320	12 811	12 570	12 414	12 143	11 613	10 913	11 955	12 045	12 218	12 633	12 952	13 212
	纳斯达克指数(期末)	2 700	2 782	2 781	2 874	2 835	2 774	2 756	2 579	2 415	2 684	2 620	2 605	2 814	2 967	3 092
欧元区	实际GDP增速(季度同比，%)	2.4			1.6			1.3			0.7			—		
	失业率(%)	10.0	10.0	10.0	9.9	10.0	10.0	10.1	10.1	10.2	10.3	10.4	10.4	10.7	10.8	10.9
	HICP综合物价指数(同比，%)	2.3	2.4	2.7	2.8	2.7	2.7	2.5	2.5	3.0	3.0	3.0	2.7	2.7	2.7	2.7
	EURO STOXX 50(期末)	2 654	2 713	2 583	2 661	2 632	2 561	2 511	2 238	2 160	2 318	2 299	2 370	2 422	2 477	2 459
日本	实际GDP增速(环比折年率，%)	-3.7			-2.1			5.6			-2.3			—		
	失业率(%)	4.8	4.6	4.9	4.9	4.6	4.7	4.7	4.4	4.2	4.4	4.3	4.2	4.6	4.5	4.5
	CPI(同比，%)	-0.8	-0.8	-0.7	-0.2	-0.1	-0.2	0.1	0.2	0.2	-0.1	-0.2	-0.1	-0.1	0.1	0.2
	日经225指数(期末)	10 238	10 624	9 755	9 850	9 694	9 816	9 833	8 955	8 700	8 988	8 435	8 455	8 803	9 723	10 084

数据来源：各经济体相关统计部门及中央银行。

环比下降0.6%，折合年率下降2.3%。2012年3月核心CPI同比增长0.2%。2011年日本全年贸易逆差为2.5万亿日元，时隔三十一年再次成为贸易赤字国。2012年第一季度，日本贸易逆差为1.53万亿日元，其中，1月贸易逆差为1.48万亿日元，创自1979年有可比数据以来单月最大逆差记录。

受经济周期性下行以及外部需求下降等多重因素影响，主要新兴经济体增长速度普遍放缓。印度2011年第四季度GDP同比增长6.1%，环比下降0.8%，为三年来最低值；2012年3月CPI同比增长9.47%，环比增长0.87%。2011年全年巴西GDP增长仅2.7%。另外，南非、土耳其、印度尼西亚、越南等新兴市场国家也面临增长放缓的局面。

（二）国际金融市场概况

主要国际货币间汇率宽幅震荡。欧洲债务危机影响暂时得到控制，外围市场发展态势有所好转，欧元对美元开始震荡回升。受日本三十一年来首现年度贸易逆差的影响，投资者看跌日元，第一季度日元大幅贬值。3月末，欧元、日元对美元汇率分别为1.3343美元/欧元、82.79日元/美元，较上年年末分别升值3.07%和贬值7.07%。

受上年年末多国中央银行联手向欧洲银行业提供低成本美元贷款政策的影响，伦敦同业拆借市场美元Libor有所下降。3月30日，1年期Libor为1.05%，比上年年末下降0.08个百分点；由于欧洲中央银行通过3年期再融资操作向银行体系注入大量流动性，欧元区同业拆借利率Euribor明显下降。3月30日，1年期Euribor为1.42%，比上年年末下降0.53个百分点。

主要国家国债收益率在低位盘整。1月至3月中旬，希腊债务解决方案的确定缓解了市场的紧张局势，市场持有风险资产的愿望有所增强，美国、德国、日本国债收益率均有一定幅度上升。3月下旬西班牙财政赤字将超预期的消息披露后，美国、德国、日本国债收益率再次下跌。3月末，美国、日本10年期国债收益率分别收于2.21%和0.99%，较上年年末上升33个和1个基点，德国10年期国债收益率收于1.81%，较上年年末下跌2个基点。

全球主要股市呈上升走势。受美国部分经济数据表现较好等因素影响，美欧主要股市单边上扬。3月末，道琼斯指数和纳斯达克指数分别收于13 212点和3 092点，较上年年末分别上升8.1%和18.7%；欧元区STOXX50指数收于2 459点，较上年年末上升3.8%；日经225指数收于10 084点，较上年年末上升19.3%。

（三）主要经济体房地产市场走势

美国房地产市场出现复苏迹象，但前景仍不明朗。美国商务部数据显示，2012年3月新屋销售年率为32.8万户，同比上升7.5%；3月新屋销售中间价为每套23.45万美元，同比上升9.6%。全美地产经纪商协会数据显示，2012年2月成屋销售年率为459万户，同比上升8.8%，成屋销售中间价为15.66万美元，同比上升0.3%。

欧洲房地产市场趋于低迷。英国房地产价格持续下跌，第一季度，英国HALIFAX房价指数环比下跌0.1%，同比下跌0.6%。2月，法国新屋开工面积为196.7万平米，同比下跌28.5%。另外，受全球经济复苏放缓和欧元区债务危机不断蔓延等因素的影响，欧元区外围国家房地产市场仍无起色。

日本灾后房屋重建需求上升，房地产市场有启稳迹象。据日本国土交通省统计，2012年3月日本新屋开工数量同比上升5.0%；50家大型建筑公司接到的营建订单3月同比下降0.3%，2月同比下降1.8%，但1月同比增长24.6%。日本2012年1月1日全国平均公示地价下降2.6%，连续四年下跌，跌幅较上一年有所减少，但地价上涨的地点有546处，较上年增长2倍。

（四）主要经济体货币政策

考虑主权债务风险和金融风险仍然较高，各主要发达经济体中央银行继续保持宽松的货币条件。2012年1月25日和3月13日，美国联邦公开市场委员会（FOMC）均决定继续维持0～0.25%的联邦基金利率目标区间，并表示极低的基准利率水平极有可能维持到2014年年底。3月8日，欧洲中央银行宣布维持1%的基准利率不变。2月29日，欧洲中央银行再次启动3年期再融资操作，共向市场投放5 295亿欧元流动性。日本银行继续维持"零利率"政策，于2月14日将资产购买计划规模由55万亿日元扩大至65万亿日元，于3月13日将"增长支持基金工具"（the Growth-Supporting Funding Facility）的规模由3.5万亿日元扩大至5.5万亿日元。英格兰银行继续维持0.5%的基准利率不变，于2月9日将资产购买规模扩大500亿英镑至3 250亿英镑。

受全球经济增长放缓预期影响，部分新兴经济体放松货币条件。印度分别于1月24日和3月9日下调准备金率共1.25个百分点至4.75%，并于4月17日将回购利率下调0.5个百分点至8.0%。巴西分别于1月18日和3月8日下调基准利率共1.25个百分点至9.75%。印度尼西亚、泰国、菲律宾、越南和智利等也分别在第一季度下调基准利率。俄罗斯、墨西哥、韩国、马来西亚等保持基准利率水平不变。

专栏4 欧洲中央银行的非常规货币政策操作

2008年全球金融危机爆发以来，为刺激经济复苏、维护金融稳定，欧洲中央银行实施了以下六类非常规货币政策操作。一是长期再融资操作(Longer-term Refinancing Operations，LTR0s)。长期再融资操作是存款准备金交易（Reserve Transaction）的一种，欧洲中央银行通过标准化投标，向交易对手银行提供长期流动性。二是证券市场计划(Security Market Programme，SMP)，即指欧洲中央银行买入欧元区重债国的政府债券。三是资产担保债券购买计划(Covered Bond Purchase Programme)，指欧洲中央银行在一级、二级市场购买欧元区发行的欧元计价的担保债券。四是与美联储、英格兰银行等中央银行进行货币互换。五是扩大合格抵押品范围。六是扩大货币政策操作合格对手方的范围。

随着次贷危机的发展及欧元区自身主权债务危机的不断恶化，欧洲中央银行的非常规货币政策经历了一个规模日趋扩大、措施日益激进的过程，政策重心也逐步从单一的物价稳定向金融稳定转移。首先推出的是资产担保债券购买计划，其目的是改善债券市场的流动性，鼓励金融机构扩张信贷供给。该计划分两期实施，第一期从2009年7月2日至2010年6月30日，共购买合格担保债券600亿欧元；第二期从2011年11月至2012年10月,将直接购买400亿欧元区债券。欧洲中央银行表示，所有购入的债券都将持有到期。担保债券购买计划对缓和金融市场紧张情绪、保持市场流动性发挥了一定作用，但对于抑制整个欧洲主权债务危机危机发展作用有限。2010年上半年，欧洲主权债务危机危机急剧恶化，希腊、葡萄牙等重债国国债收益率大幅上升,主权债市场流动性几近枯竭，并向银行间市场、外汇市场和股票市场传导蔓延。为稳定金融市场，欧洲中央银行推出了证券市场计划,购买欧元区的政府债和合格的市场化私人债务工具。为了满足不向欧元区政府融资的法律规定，并区别于量化宽松政策，该买入操作通过每周进行的定期存款工具对冲注入的流动性，确保不会对现有的以及未来的流动性状况产生影响。截至2012年3月30日，欧洲中央银行买入政府债券数量达2 142亿欧元。但是，欧洲中央银行的证券市场计划并未能有效控制欧洲主权债务危机的发展蔓延。2011年下半年，重债国国债收益率再度创下近年来新高，欧洲主权债务危机开始向核心国家和银行体系传导蔓延。在此背景之下，欧洲中央银行将长期再融资操作的贷款期限从3个月延展到3年，将定量招投标改为无限量供给，以期稳定金融市场。欧洲中央银行于2011年12月21日和2012年2月29日实施了两轮无限量的长期再融资操作，共向市场注入了10 185亿欧元的流动性。通过这两轮操作，欧元区银行补充了三年内所需的流动性，短期内银行危机爆发的可能性大幅降低。同时，银行将部分现金用于购买主权债，使欧元区主权债收益率显著下降，债务危机带来的紧张情绪得到了缓解。欧洲主权债务危机进入了一个相对稳定的阶段。

除上述三项非常规货币措施之外，货币互换、扩大合格抵押品范围、扩大货币政策操作合格对手方范围也为欧洲中央银行应对危机发挥辅助作用。其中，货币互换可以使欧洲中央银行更容易地获得美元资源，以方便其向银行系统提供美元流动性；危机期间欧洲中央银行合格抵押品规模从1万亿欧元扩张至3万亿欧元，增强了其他政策工具的融资能力；通过扩大货币政策操作合格对手方范围，流动性支撑的领域得以拓展，也有利于政策效果的发挥。

总体来看，随着欧洲中央银行非常规货币政策的推出，欧洲金融市场的稳定性得到了大幅提升，国债收益率基本被控制在可持续的范围之内，为欧洲推进根本性结构改革赢得了宝贵的时机。当然，非常规货币政策操作也有成本，包括可能从某种程度上损害欧洲中央银行的信誉、政策退出的影响等。危机以来，依靠不断降低抵押物标准，欧洲中央银行的资产规模大幅增长，一定程度上削弱了欧元的信用基础，导致欧元汇率相对走低。欧洲中央银行担保债券购买计划和证券市场计划购买的资产都将持有到期，其退出时间和规模是确定的，所以预计对金融市场的影响较小。需要警惕的是长期再融资操作的退出，虽然根据安排，银行可以提前归还贷款，但仍然存在到期大规模还款的所谓“陡壁效应”，可能对金融市场产生较大冲击。

（五）全球经济展望及面临的主要风险

国际货币基金组织在2012年4月发布的《世界经济展望》中预测，2012年全球经济前景逐步转强，但下行风险依然严峻。2012年，全球经济增长率将降至3.5%。其中，美国经济增长率为2.1%；欧元区经济增速将下滑至-0.3%；日本灾后产业链恢复，增速将反弹至2.0%；新兴经济体增速将降至5.7%。

展望未来，全球经济主要面临以下风险：一是欧洲主权债务危机仍有蔓延的可能，是全球经济发展的最大不确定因素；二是伊朗核问题陷入僵局，地缘冲突可能导致高油价冲击；三是发达经济体宽松的货币政策存在通货膨胀风险，可能导致资本流动波动性加大；四是新兴经济体增长速度普遍放缓。

二、中国宏观经济运行分析

2012年第一季度，中国经济运行总体趋稳。农业生产形势较好，工业生产运行平稳，外贸进出口继续增长，居民收入增长较快。3月规模以上工业增加值、社会消费品零售总额增速等主要指标均比1～2月有所回升。物价涨幅总体回落。第一季度，实现国内生产总值（GDP）10.8万亿元，同比增长8.1%，增速比上年同期低1.6个百分点，环比增长1.8%；居民消费价格同比上涨3.8%，比上年同期低1.2个百分点；贸易顺差为6.7亿美元。

（一）消费需求平稳增长，投资增长高位趋缓

城乡居民收入增长较快，国内消费需求稳定增长。第一季度，城镇居民家庭人均可支配收入为6 796元，同比增长14%，扣除价格因素，实际增长9.8%；农村居民人均现金收入为2 560元，同比增长17%，扣除价格因素，实际增长12.7%。第一季度全国城镇储户问卷调查结果显示：居民当期收入感受指数为51.9%，较上季度提高1.0个百分点；居民未来收入信心指数为54.9%，较上季度略回落0.4个百分点。居民购车、大额商品消费与旅游意愿较上季度提高，房地产投资意愿继续回落。第一季度社会消费品零售总额为49 319亿元，同比增长14.8%，比上年同期低1.5个百分点；实际增长10.9%，比上年同期低0.7个百分点。分城乡看，城镇消费品零售额为42 688亿元，同比增长14.9%；乡村消费品零售额为6 631亿元，同比增长14.6%。

固定资产投资增速高位趋缓。第一季度固定资产投资（不含农户）完成47 865亿元，同比增长20.9%，比上年同期低4.1个百分点；实际增长18.2%。其中，国有及国有控股投资15 191亿元，同比增长9.0%。分地区看，中部和西部投资增速明显快于东部，东部、中部、西部地区固定资产投资同比分别增长18.9%、27.1%、26.9%。分产业看，第一、第二、第三产业投资同比分别增长35.8%、24.6%、

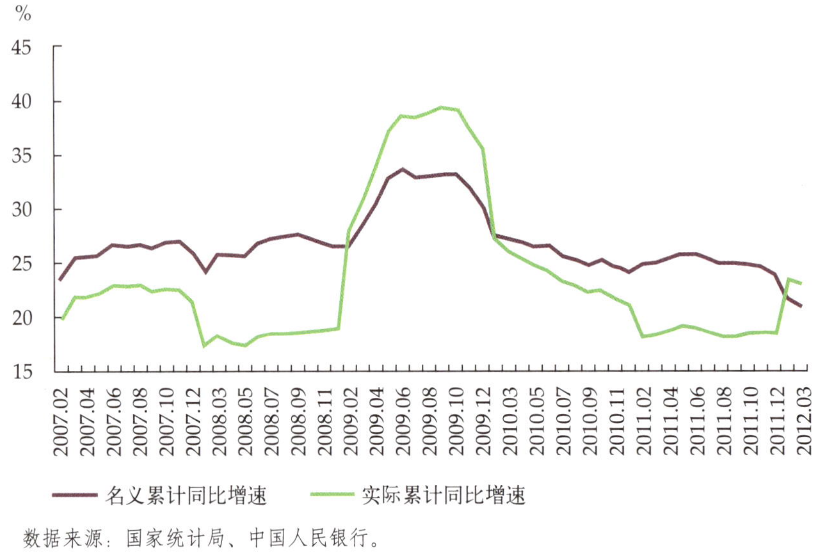

数据来源：国家统计局、中国人民银行。

图3 固定资产投资增长情况

17.6%，第一产业投资增速比上年同期高25.0个百分点，第二、第三产业投资增速分别比上年同期低0.2个、8.0个百分点。

外贸进出口继续增长。第一季度，出口为4 300亿美元，同比增长7.6%；进口为4 294亿美元，同比增长6.9%；进出口同比增长7.3%；贸易顺差6.7亿美元。从商品结构看，机电产品出口增长平稳，劳动密集型产品出口增长较慢。机电产品出口同比增长9.0%，增速比同期总体出口增速高1.4个百分点；劳动密集型产品出口同比增长3.3%，比同期总体出口增速低4.3个百分点。主要资源类商品进口数量和价格有升有降。第一季度，铁矿砂进口量同比增长6.0%，均价同比下降12.6%；原油进口量同比增长11.4%，均价同比上涨20.1%；未锻造的铜及铜材进口量同比增长50.5%，均价同比下降13%。

亿元，同比增长9.1%；第三产业增加值为49 622亿元，同比增长7.5%。第一、第二、第三产业占GDP比重分别为6.41%、47.64%、45.95%。

农业生产形势总体较好。据全国7万多农户种植意向调查显示，2012年全国春播农作物播种面积基本稳定，粮食作物保持增长态势，早稻播种面积将达到580万公顷，比上年增加5万公顷，春播玉米面积将继续增加。第一季度，猪牛羊禽肉产量为2 227万吨，同比增长3.9%，其中，猪肉产量为1 511万吨，增长4.0%。

工业生产增速有所回升，企业经济效益有所下降。3月，全国规模以上工业增加值同比增长11.9%，增幅较1～2月回升0.5个百分点。3月，季节调整后工业增加值月环比增长1.22%，增幅比1月和2月分别高0.59个和0.38

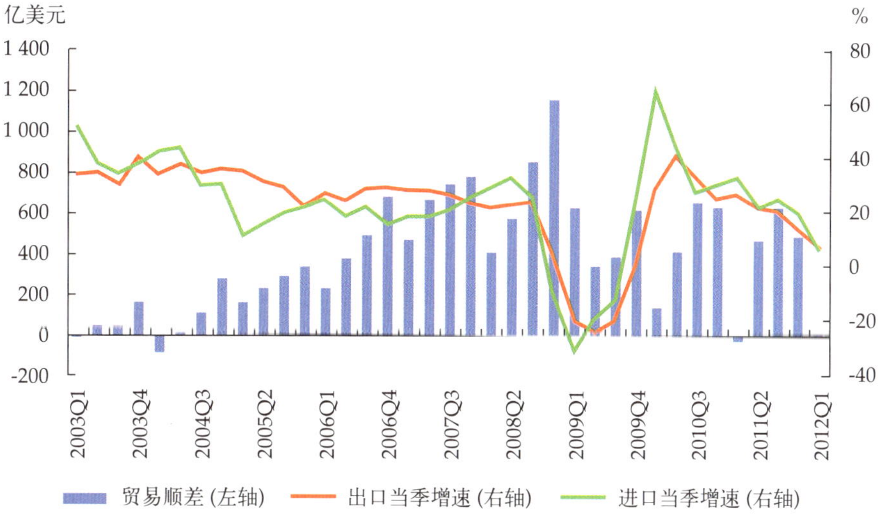

数据来源：海关总署、中国人民银行。

图4　进出口增速与贸易差额

（二）农业生产形势总体较好，工业生产增速有所回升

第一季度，第一产业增加值为6 922亿元，同比增长3.8%；第二产业增加值为51 451

个百分点。工业企业效益有所下降。第一季度，全国规模以上工业企业实现利润10 449亿元，同比下降1.3%。工业产销衔接状况良好，第一季度工业产品产销率为97.5%，基

本与上年同期持平。中国人民银行第一季度5 000户工业企业调查显示，企业经营景气指数为64.4%，较上季度回落3.2个百分点。市场需求继续下滑，企业出口订单和国内订单指数分别为46.9%和50.5%，较上季度分别下降1.8个和2.6个百分点。受销售放缓影响，企业产成品库存指数为54.4%，较上季度上升1.1个百分点。企业盈利能力下降，企业盈利能力指数为51.2%，比上季度下降4.4个百分点。

（三）居民消费价格涨幅有所回落，生产价格涨幅显著下降

在经济运行趋稳、食品供给好转以及上游价格显著下降的带动下，物价涨幅总体继续呈平稳回落走势。

居民消费价格涨幅总体回落。第一季度CPI同比上涨3.8%，较上季度低0.8个百分点；环比上涨均值为0.5%，与2005～2011年历史同期均值基本持平。第一季度各月CPI同比涨幅分别为4.5%、3.2%和3.6%，剔除基数影响，新涨价因素基本保持稳定。从分类价格走势看，第一季度食品价格同比上涨8.0%，拉动CPI上涨约2.6个百分点。鲜菜价格3月环比反季节上涨6.1%，是导致3月CPI食品价格涨幅止跌回升的重要因素。非食品价格同比上涨1.8%，拉动CPI上涨约1.2个百分点。受国际油价上涨等因素的影响，交通运输、水电燃料价格有所反弹，导致CPI非食品价格中的交通通信类、居住类价格第一季度环比涨幅明显高于历史同期水平。

工业生产者价格涨幅显著下降。第一季度，工业生产者出厂价格同比上涨0.1%，比上季度低3个百分点；各月同比涨幅分别为0.7%、0.0%和-0.3%，呈逐月回落走势。其中，生产资料价格同比下跌0.3%，生活资料价格同比上涨1.7%。工业生产者购进价格同比上涨1.0%，比上季度降低4.5个百分点，各月涨幅分别为2.0%、1.0%和0.1%。企业商品价格（CGPI）同比上涨0.7%，比上季度回落3.1个百分点。从月度变化情况看，企业商品价格同比涨幅已连续8个月回落，第一季度各月同比分别上涨1.3%、0.6%和0.3%。从生产过程分类看，初级产品价格涨幅回落较快，涨幅比上年同期低14个百分点。从商品用途分类看，投资品价格回落较快，涨幅比上年同期低7.8个百分点。第一季度，全国主要农产品生产价格同比上涨9.2%，涨幅比同期农业生产资料价格指数高0.2个百分点。

进口价格环比上涨，同比涨幅继续回落。受地缘政治紧张局势等因素影响，原油等国际大宗商品价格有所上涨。第一季度，纽约商品交易所原油期货当季平均价格环比上涨9.5%，同比上涨9.0%；布伦特原油现货当季平均价格环比上涨8.5%，同比上涨12.6%。伦敦金属交易所铜和铝现货当季平均价格分别比上季度上涨10.9%和4.2%。受上年高基数的影响，国内进口价格同比涨幅继续回落。第一季度进口价格各月同比涨幅分别为7.0%、5.4%和0.0%，平均为4.1%。出口价格同比涨幅分别为6.9%、5.1%和2.1%，平均为4.7%。

GDP缩减指数有所回落。第一季度，GDP为10.8万亿元，实际增长率为8.1%，GDP缩减指数（按当年价格计算的GDP与按固定价格计算的GDP的比率）变动率为2.9%，比上年同期降低4.2个百分点，比2011年全年降低4.6个百分点。

资源性产品价格改革继续稳步推进。国务院批转国家发展改革委《关于2012年深化经济体制改革重点工作意见》，提出将继续稳妥推进电价改革，实施居民阶梯电价改革方案，完善水电、核电及可再生能源发电定价机制；深化成品油价格市场化改革，择机

推出改革方案；深化天然气价格形成机制改革试点，合理制定和调整水资源费征收标准。

（四）财政收入增长明显放缓，财政支出增长较快

第一季度，全国财政收入（不含债务收入）为29 976亿元，同比增长14.7%，比上年同期低18.4个百分点；全国财政支出为24 118亿元，同比增长33.6%，比上年同期高7.6个百分点。收支相抵，收入大于支出为5 858亿元。

从财政收入结构看，第一季度，税收收入为25 858亿元，同比增长10.3%，比上年同期低22.1个百分点。其中，国内增值税同比增长5.4%，进口货物增值税和消费税同比增长13%，企业所得税同比增长20.5%，营业税同比增长7.6%，国内消费税同比增长15.1%，个人所得税同比下降6.2%，上述六项税收收入占全国财政收入的77.46%。

从支出结构看，第一季度，财政支出增长居前5位的有：交通运输、住房保障支出、外交、医疗卫生、节能环保支出，其支出分别较上年同期增长102.1%、74.7%、70.1%、68.2%、64.8%。全国财政支出最大的前五项分别为：社会保障和就业、教育、一般公共服务支出、农林水事务支出和城乡社区事务支出，分别占财政支出的15.7%、14.5%、10.2%、8.8%和7.5%，其增长也相对较快，分别较上年同期增长33.2%、34.7%、19.8%、38.0%和40.8%。

（五）国际收支状况进一步改善

2011年，国际收支继续呈现“双顺差”，但国际收支状况进一步改善。其中，经常项目顺差为2 017亿美元，同比下降15%；资本和金融项目顺差为2 211亿美元，同比下降23%；经常项目顺差与国内生产总值之比为2.8%，较2010年下降1.2个百分点。

外债总规模增长较快，短期外债余额占比上升。2011年年末，外债余额为6 950亿美元，同比增长26.6%。其中，登记外债余额为4 458亿美元，同比增长32%；短期外债余额为5 009亿美元，同比增长33.3%，占外债余额的72.1%，占比较上年年末上升3.7个百分点。

（六）行业分析

工业利润同比下降，降幅有所收窄。第一季度，全国规模以上工业企业实现利润10 449亿元，同比下降1.3%，但降幅比1～2月下降3.9个百分点。在41个工业大类行业中，27个行业利润同比增长，11个行业同比下降。其中，石油和天然气开采业、农副食品加工业及电力、热力生产和供应业的利润同比分别增长10.6%、17.7%、28.3%；化学原料和化学制品制造业、黑色金属冶炼和延压加工业的利润同比分别下降23.1%、83.5%；石油加工、炼焦和核燃料加工业由同期盈利转为亏损。煤电油运生产增速减缓。第一季度，全国煤炭产量为8.61亿吨，同比增长5.6%；发电量为11 391亿千瓦时，同比增长6.58%；原油产量为5 070万吨，同比减少1.51%；全社会货运量为90.6亿吨，同比增长11.8%。

1. 房地产行业

2012年第一季度，房地产市场继续呈现回稳态势，房价同比下降的城市个数增多，房地产开发投资增速缓慢回落，主要金融机构房地产贷款增速持续回落，保障性安居工程信贷支持力度不断加强。

房价同比下降的城市个数增多。3月，全国70个大中城市中新建商品住宅价格同比下降的城市有38个，比上年12月增加了29个；价格环比下降的城市有46个，持平的城市有16个，上涨的城市有8个，环比价格上涨的城市中，涨幅均未超过0.2%。二手住宅价格同比下降

的城市有49个，比上年12月增加了20个；环比下降的城市个数有42个，持平的城市有12个，上涨的城市有16个。

商品房销售同比下降。第一季度，全国商品房销售面积为15 239万平方米，同比下降13.6%，而2011年全年为同比增长4.9%；商品房销售额为8 672亿元，同比下降14.6%，而2011年全年为同比增长12.1%。其中，商品住宅的销售面积和销售额分别占商品房销售面积和销售额的87.8%和81.9%。

房地产开发投资增速缓慢回落。第一季度，全国完成房地产开发投资10 927亿元，同比增长23.5%（实际增长20.7%），增速比2011年全年回落4.4个百分点。其中，住宅投资7 443亿元，占房地产开发投资的比重为68.1%。第一季度，全国房屋新开工面积为4.0亿平方米，同比增长0.3%，增速比2011年全年回落15.9个百分点。全国房屋施工面积为40.9亿平方米，同比增长25.0%，比2011年全年下降0.3个百分点。全国房屋竣工面积为1.8亿平方米，同比增长39.3%，比2011年全年提高26.0个百分点。

房地产贷款增速持续回落，新增贷款减少。3月末，主要金融机构（含外资）房地产贷款余额为11.0万亿元，同比增长10.1%，增速比上年年末低3.8个百分点。其中，地产开发贷款余额为7 710亿元，同比下降8.0%，降幅比上年年末扩大0.1个百分点；房产开发贷款余额为2.83万亿元，同比增长11%，增速比上年年末低6.1个百分点；个人购房贷款余额为7.30万亿元，同比增长12.1%，增速比上年年末低3.4个百分点，自2010年5月开始已连续23个月下滑。截至3月末，房地产贷款余额占各项贷款余额的19.7%，比上年年末低0.4个百分点。从贷款新增量看，第一季度累计新增房地产贷款2 427亿元，同比少增2 812亿元。其中，3月当月新增房地产贷款853亿元，同比少增815亿元。第一季度，房地产贷款新增额占各项贷款新增额的10.2%，比上年全年水平低7.3个百分点。

保障性安居工程信贷支持力度不断加强。2012年，全国将新开工建设保障性住房和棚户区改造住房700万套以上，基本建成500万套以上。截至3月末，全国保障性住房开发贷款余额（2012年起，保障性住房开发贷款中增加棚户区改造项目中的房地产开发贷款）为4 306亿元，占全部房产开发贷款余额的15.2%，第一季度累计增加391亿元，占同期房产开发贷款新增额的47.1%。另外，利用住房公积金贷款支持保障性住房建设试点工作稳步推进，截至3月末，审批通过项目贷款399.2亿元，商业银行受住房公积金管理中心委托，已在29个城市发放项目贷款288.5亿元。

2. 石油行业

石油是经济建设重要的战略资源。作为发展中国家，中国石油消费伴随经济发展不断增长。《全国矿产资源规划（2008～2015年）》预计，到2020年，中国石油消费量将超过5亿吨。与需求相比，生产能力明显不足，2011年中国原油产量仅为2.04亿吨。庞大的需求缺口只能依赖快速增长的石油进口弥补，但过高的石油对外依存度使经济运行的风险加大，输入型通货膨胀压力及能源安全问题引起广泛关注。

石油生产增速显著回调。受中海油在康菲漏油事件后生产仍未恢复到正常水平等因素影响，原油生产下降，原油加工量和成品油产量涨幅回落。第一季度，全国原油产量为5 070.4万吨，同比下降1.5%，2011年同期为增长6.7%；原油加工量和成品油（含汽煤柴油）产量分别为11 490.8万吨和6 914.6万吨，同比分别增长3.1%和5.6%，增幅比上年同期分别回落7.0个和4.8个百分点。第一季度，石油和天然气开采业与石油加工、炼焦及核燃料加工业的工业增加值累计同比分别提高2.6%和6.1%，分别比上年第一季度低5.6个和4.9个百分点。

石油进口快速增长推动对外依存度进一步提高。2011年，中国超过美国成为第一大石油进口国和消费国。2012年第一季度，中国进口原油7 061万吨，同比增长12.7%，进口量创历史同期新高。

石油价格攀升加大石油加工行业成本压力。3月末，受地缘政治的不确定性影响，美国WTI原油期货和英国布伦特原油期货分别收于103美元/桶和123美元/桶，比上年年末分别上涨4.24%和4.43%。同时，中国原油进口均价连续18个月上涨，炼油企业成本压力巨大。2010年下半年以来，国家发展改革委虽连续7次提高国内成品油出厂价，石油加工、炼焦和核燃料加工业累计利润总额仍连续12个月同比负增长，并自2012年2月起当年累计利润由盈利转为亏损。

“十二五”期间，降低石油依存度，促进国民经济健康发展需要新的思路。一是加快发展多元化能源，大力推行节能节油技术提高资源循环利用水平，合理调整能源消费结构。二是加快建设国家战略石油储备、地方储备、央企商业储备及中小型商业储备四级石油储备体系，通过加强国际合作谋求进口石油多元化，有效应对短期石油供应冲击。三是完善成品油价格市场化改革，深化天然气价格改革试点，推进石油和天然气资源税改革，调整石油特别收益金征收标准，通过市场机制，尽可能使油价反映经济成本、环境成本和安全成本。四是稳妥推进原油等大宗商品期货市场建设，参与游戏规则的制定，使国际油价的形成过程能反映中国的市场供求关系，体现中国的国家利益。

第五部分 货币政策趋势

一、中国宏观经济展望

当前，支撑中国经济平稳较快发展的有利条件和积极因素仍然较多，有望推动中国经济继续保持稳定增长。从国际环境看，美国经济复苏迹象更为明显，在欧元区防火墙建设以及欧洲中央银行开展长期再融资操作等措施支持下欧洲主权债务危机有所缓解，OECD综合领先指数自2011年11月以来持续回升，外需环境总体上有所改善。从国内情况看，各地推动城镇化、工业化和区域协调发展的热情很高，中西部发展步伐加快，产业结构升级和服务业发展空间广阔，经济长期保持平稳较快增长的基本面没有发生变化。2012年以来宏观政策继续采取了一系列预调微调措施，有利于维护经济稳定增长的基本态势。3月工业生产、发电量及货币信贷投放等均有所加快，第一季度新开工项目增加也较多。中国人民银行2012年第一季度对全国银行家、企业家和城镇储户进行的问卷调查显示，银行家宏观经济信心指数和企业家宏观经济信心指数分别较上季度上升了5.6个和1.8个百分点，企业家市场需求预期指数、国内和出口订单预期指数均有上升，居民未来就业预期指数也较上季度提高了0.7个百分点。也要看到，当前国内外经济环境仍十分复杂，形势仍不稳定。欧洲主权债务问题尚未得到根本解决，国际经济复苏的不确定性依然存在。中国经济发展中不平衡、不协调、不可持续的矛盾和问题仍然突出，影响总需求变化的双向因素同时存在，稳定出口难度较大，部分企业效益有所下降，房地产市场处于调整之中，结构转换过程中短期内对经济增长可能产生一定影响，经济金融领域的一些潜在风险也不容忽视。

物价涨幅总体保持回落态势，但并不稳定，对未来物价上行风险也需关注。当前国内总需求处于合理区间，货币条件较为适宜，外部经济环境和流动性条件相对稳定，总体来看，有利于稳定物价总水平。中国人民银行2012年第一季度城镇储户问卷调查显示，未来物价预期指数为62.1%，较上季度下降3.3个百分点，预测下季度物价上涨的居民比例也较上季度下降了5.4个百分点，房价上涨预期也进一步回落。不过也要看到，当前经济增长与物价之间的匹配关系正在发生变化，物价对需求扩张的反应较之前更为敏感。在刘易斯拐点逐步到来、国内劳动力供给趋紧的大背景下，劳动较为密集的农产品、服务业以及资源性产品价格仍存在趋势性的上涨动力。一旦需求扩张，潜在的涨价动力就可能重新显现。另外，国际大宗商品价格波动带来的输入型通货膨胀压力依然存在。2011年下半年物价回落是多种措施综合作用的结果，随着物价形势有所缓和，前期部分被抑制的商品价格可能再次上涨。虽然短期内CPI同比涨幅有可能继续保持趋缓态势，但这也与上年同期基数较高有关，因此需更多关注季节调整后的CPI环比涨幅。

总体来看，目前经济增长、就业相对平稳，国际收支继续趋向平衡，物价相对处于不稳定回落状态，对经济回升较为敏感，宜保持住目前较为均衡的经济运行状态。随着人口结构变化、资源环境约束强化、经济发展方式逐步转变，中国经济增长、就业和通货膨胀之间的关系与前些年相比可能已发生较为明显的变化。更好地平衡增长与通货膨胀之间的关系，需要改善供给管理、提高生产效率、降低交易费用、改善收入分配。在保持经济平稳增长的同时加快推进经济结构调整和转变发展方式，从中长期看有利于经济的健康可持续发展，有利于拓展经济长期增长的潜在空间。

二、下一阶段主要政策思路

下一阶段，中国人民银行将全面落实中央经济工作会议、全国金融工作会议和政府工作报告的各项部署，坚持科学发展主题和加快转变经济发展方式主线，把握好“稳中求进”的工作总基调，保持宏观经济政策的连续性和稳定性，处理好速度、结构、物价三者关系。继续实施稳健的货币政策，密切监测国内外经济金融形势发展变化，关注需求结构的调整，增强调控的针对性、灵活性和前瞻性，适时适度进行预调微调，提高金融服务实体经济的水平，有效防范系统性金融风险，保持金融体系稳定，促进物价总水平基本稳定和经济平稳较快发展。

一是综合运用多种货币政策工具组合，健全宏观审慎政策框架，按照总量适度、审慎灵活的要求，引导货币信贷平稳适度增长，保持合理的社会融资规模。继续优化流动性管理，综合考虑外汇流入、市场资金需求变动、短期特殊因素等情况，运用逆回购、正回购、中央银行票据、存款准备金率等各种流动性管理工具组合，灵活调节银行体系流动性，引导市场利率平稳运行。继续发挥宏观审慎政策的逆周期调节作用，根据经济景气变化、金融机构稳健状况和信贷政策执行情况等对有关参数进行适度调整，引导金融机构更有针对性、前瞻性地支持实体经济发展。

二是着力优化信贷资源配置，加大对经济结构调整的支持力度，更好地服务实体经济发展。密切信贷政策与产业政策的协调配合，扎实推进信贷政策导向效果评估，发挥好差别准备金动态调整措施对信贷结构的针对性引导作用，引导金融机构把握好贷款投放节奏和结构，切实做到有保有压、有扶有控。构建多层次、多样化、适度竞争的农村金融服务体系，着力改进和提升“三农”金融服务。引导金融机构创新金融产品和服务方式，进一步加大对符合产业政策的企业特别是小型微型企业、国家重点在建续建项目的有效信贷投入。重点支持民生工程、欠发达地区、战略性新兴产业、现代服务业、高端制造业、文化产业、旅游业等。继续支持保障性住房建设和居民首套自住普通商品房消费。严格控制对高耗能、高污染行业和产能过剩行业的贷款。引导和督促商业银行树立规范经营和切实支持实体经济发展的理念，加强内部管理，认真纠正金融服务中附加条件和收费不规范问题。

三是稳步推进利率市场化改革和人民币汇率形成机制改革，提高金融体系配置效率，完善金融调控机制。加快培育市场基准利率体系，引导金融机构增强风险定价能力，研究进一步推进利率市场化的步骤和途径，提高中央银行市场利率调控水平。进一步完善人民币汇率形成机制，增强人民币汇率双向浮动弹性，保持人民币汇率在合理均衡水平上的基本稳定。继续改进中央银行外汇操作方式，降低干预频率，增加灵活性，使市场供求在汇率形成中发挥更大作用。加快发展外汇市场，推动汇率风险管理工具创新。扩大人民币在跨境贸易和投资中的使用，稳步拓宽人民币流出和回流渠道。推进在银行间外汇市场挂牌人民币对新兴市场货币交易，更好地为跨境贸易人民币结算业务发展服务。密切关注国际形势变化对资本流动的影响，加强对跨境资本的有效监控。

四是推动金融市场规范发展，深化金融机构改革。加大直接融资支持力度，继续推动金融市场创新，拓宽小型微型企业融资渠道。着重发挥市场机制作用，不断巩固和加强市场基础设施建设，加强监督管理，增强风险防范意识，推动金融市场健康规范发展。继续深化大型商业银行改革，推动其不断完善公司治理，逐步健全现代金融企业制度，深化内部治理和风险管理，提高创新发展能力和国际竞争力。跟踪督导中国农业银行“三农金融事业部”改革，促进其全面改进“三农”金融服务。统筹考虑政策性金融总体发展，坚持分类指导、“一行一策”的原则，坚持和深化国家开发银行商业化改革，研究推动中国进出口银行和中国农业发展银行改革。继续推动中国邮政储蓄银行深化改革、资产管理公司商业化转型等工作。落实好温州市“国家金融综合改革试验区”相关工作，在法制化、规范化的基础上促进民间融资健康发展。鼓励和支持民间资金参与地方金融机构改革，加快发展新型金融组织。

五是有效防范系统性金融风险，维护金融体系稳定。加强宏观审慎管理，引导金融机构稳健经营。督促金融机构加强内控和风险管理，继续加强对地方政府融资平台公司贷款、金融机构表外业务和房地产金融的风险监测与管理。防范跨行业、跨市场风险，防范非正规金融及其他相关领域风险向金融体系传导。既要防止金融风险蔓延，也要防止出现道德风险，守住不发生区域性系统性风险这一底线。

PART 1 Monetary and Credit Performance

In the first quarter of 2012, China's economy operated in a stable manner. Money and credit grew at a reasonable pace and liquidity in the banking sector was abundant.

I. Growth of money supply was stable and moderate

At end-March 2012, outstanding M2 registered RMB89.6 trillion yuan, up 13.4 percent year on year and a slight deceleration of 0.2 percentage point compared end-2011. Outstanding M1 stood at RMB27.8 trillion yuan, an increase of 4.4 percent year on year and a deceleration of 3.5 percentage points compared with end-2011. Currency in circulation M0 totaled RMB5.0 trillion yuan, up 10.6 percent year on year and a deceleration of 3.2 percentage points compared with end-2011. From January through March 2012, the net amount of cash withdrawn from circulation posted RMB115.4 billion yuan, RMB141.1 billion yuan more year on year.

In the first quarter, the pace of money-supply growth picked up month by month. At end-March 2012, M2 growth was 1.0 percentage point and 0.4 percentage point faster than at end-January and end-February, whereas M1 growth was 1.3 percentage points and 0.1 percentage point more than at end-January and end-February. The subdued M1 growth was a result of slower economic growth and moderate business activities. Meanwhile, the diversion of corporate demand deposits to wealth management products and other special factors contributed to an underestimation of M1 growth. In general, monetary conditions were appropriate, thereby facilitating the balance between maintaining stable and relatively rapid economic growth, maintaining price stability, and preventing financial risks.

At end-March 2012, outstanding base money registered RMB22.7 trillion yuan, up 17.7 percent year on year and RMB207.9 billion yuan more than at the beginning of the year. The money multiplier stood at 3.95, which was 0.16 higher than at end-2011, indicating robust money expansion. The excess reserve ratio of financial institutions stood at 2.2 percent and the excess reserve ratio of rural credit cooperatives (RCCs) stood at 3.6 percent.

II. Deposits of financial institutions increased substantially by the end of the quarter

At end-March 2012, outstanding deposits in domestic and foreign currencies of all financial institutions (including foreign-funded financial institutions, the same hereinafter) stood at RMB86.8 trillion yuan, up 13.0 percent year on year and a deceleration of 0.5 percentage point over end-2011. The outstanding value was RMB4.2 trillion yuan more than that at the beginning of 2012, an acceleration of RMB141.7 billion yuan year on year. Outstanding RMB deposits registered RMB84.7 trillion yuan, up 12.5 percent year on year and a deceleration of 1.0 percentage point over that at end-2011.

This amount was almost flat with that at end-January and end-February, and RMB3.8 trillion yuan more compared with that at the beginning of 2012, a deceleration of RMB218.5 billion yuan year on year. New deposits in March reached RMB3.0 trillion yuan, accounting for 78.5 percent of new deposits during Q1, primarily due to the maturing of off-balance sheet wealth management products at the end of the quarter and the rapid rise in new loans. Outstanding deposits in foreign currency posted USD341.8 billion, an increase of 44.3 percent year on year or USD66.8 billion over that at the beginning of 2012, which was USD55.6 billion more year on year probably as a result of changes in RMB exchange-rate expectations.

Broken down by sectors, the growth of household deposits was relatively rapid, whereas that of non-financial institutions was flat. At end-March 2012, outstanding household deposits stood at RMB38.0 trillion yuan, up 16.1 percent year on year and an acceleration of 0.4 percentage point over end-2011. This was also RMB3.1 trillion yuan more than that at the beginning of 2012 and an increase of RMB463.9 billion yuan compared with that at end-March 2011. Outstanding RMB deposits of non-financial institutions totaled RMB29.9 trillion yuan, up 6.2 percent year on year and a deceleration of 3.0 percentage points over end-2011. This represented a decrease of RMB70.7 billion yuan compared with that at the beginning of 2012, constituting a deceleration of RMB456.1 billion yuan year on year. The growth of RMB deposits of non-financial institutions declined to 4.8 percent at end-January, partly due to the Spring Festival and the plunge in time deposits. It picked up in end-February and end-March. At end-March, outstanding fiscal deposits reached RMB2.7 trillion yuan, up RMB67.9 billion yuan from the beginning of 2012, a deceleration of RMB278 billion yuan year on year.

III. The credit structure of financial institutions continued to improve

At end-March 2012, outstanding loans in domestic and foreign currencies of all financial institutions reached RMB60.8 trillion yuan, up 15.5 percent year on year and a deceleration of 0.2 percentage point over end-2011. This marks an increase of RMB2.6 trillion yuan compared with that at the beginning of 2012, an acceleration of RMB198.5 billion yuan year on year. At end-March 2012, outstanding RMB loans stood at RMB57.2 trillion yuan, up 15.7 percent year on year. This growth was 0.1 percentage point lower than that at end-2011, and 0.7 percentage point and 0.5 percentage point higher than that at end-January and end-February respectively. The value of outstanding RMB loans was RMB2.46 trillion yuan more than the value of outstanding RMB loans at the beginning of 2012, constituting an acceleration of RMB217 billion yuan year on year. New loans extended January through March registered RMB738.1 billion yuan, RMB710.7 billion yuan, and RMB1.0114 trillon yuan respectively, an even distribution across the 3 months. The over-concentration of lending in January since 2008 has been alleviated. Among the first three months of 2012, new credit extensions in March hit a record high since February 2011, RMB332 billion yuan more year on year. In general, credit demand was basically met, with credit providing robust support for economic growth.

The overall credit structure continued to improve, with a remarkable rise in short-term loans and robust credit support to small and micro-sized enterprises, agriculture, rural areas, and farmers. At end-March 2012, loans to the household sector increased 18.1 percent year on year, which was RMB499.5 billion yuan more compared with that at the beginning of 2012. Among this total, home mortgages grew steadily by RMB131.3 billion yuan over end-2011. Loans to non-financial institutions and other sectors grew 14.9 percent year on year, an acceleration of 1.0 percentage point compared with end-2011. Their value increased by RMB2.0 trillion yuan compared with the beginning of 2012, an acceleration of RMB470 billion yuan year on year. Among this total, growth of medium- and long-term loans rose by RMB832.1 billion yuan over beginning-2012, RMB623.3 billion yuan less year on year. Short-term lending, including bill financing, increased by RMB1.6 trillion yuan over the beginning of 2012, RMB814.8 billion yuan more year on year. Credit support extended to SMEs and agriculture, rural areas, and farmers remained robust. In Q1, outstanding RMB loans extended by banking financial institutions to medium-sized enterprises went up 14.5 percent year on year, which was 2.6 percentage points more than those extended to large-sized enterprises, while those extended to small and micro-sized enterprises grew by 20.5 percent year on year, 8.6 percentage points higher than those to large-sized enterprises. Domestic and foreign currency-denominated loans extended to agriculture, rural areas, and farmers by major financial institutions, rural cooperative financial institutions, urban credit cooperatives, village and township banks, and financial companies maintained vigorous growth. At end-March 2012, new loans to rural areas stood at RMB718.3 billion yuan, and the outstanding

Table 1 RMB Loans of Financial Institutions, Q1 2012

Unit: RMB100 million yuan

	Q1 2012		Q1 2011	
	New loans	Acceleration year on year	New loans	Acceleration year on year
Chinese-funded large banks operating nationwide[1]	12,052	1,029	11,024	-2,753
Chinese-funded small and medium banks operating nationwide[2]	5,968	-621	6,589	336
Chinese-funded small and medium local banks[3]	3,277	1,410	1,867	176
Rural cooperative financial institutions[4]	4,824	232	4,592	-171
Foreign-funded financial institutions	154	-32	186	-325

Notes: 1. Chinese-funded large banks operating nationwide refer to banks with assets denominated in foreign and domestic currencies equivalent no less than RMB2 trillion yuan (according to the amount of total assets of the financial institutions in both domestic and foreign currencies at end-2008).
2. Chinese-funded small and medium banks operating nationwide refer to banks that operate across different provinces with assets of less than RMB2 trillion yuan denominated in domestic and foreign currencies.
3. Chinese-funded small and medium local banks with total assets of less than RMB2 trillion yuan refer to books that operate within a single province.
4. Rural cooperative financial institutions refer to rural commercial banks, rural cooperative banks, and rural credit cooperatives.
Source: The People's Bank of China.

value was up 21.3 percent year on year. New loans to rural households registered RMB186.7 billion yuan, and their outstanding value went up 16 percent compared with end-March 2011. The value of new loans to the agricultural sector posted RMB136.3 billion yuan in the first quarter, and by end-March their outstanding value was up 9.0 percent year on year. Broken down by institutions, loan growth of Chinese-funded large banks operating nationwide, Chinese-funded small and medium local banks, and rural cooperative financial institutions accelerated significantly, whereas that of Chinese-funded small and medium banks operating nationwide and that of foreign-funded financial institutions decelerated.

Foreign currency-denominated loans grew steadily. At end-March 2012, outstanding foreign-currency loans of financial institutions reached USD559.5 billion, up 17.2 percent year on year. This was an increase of USD21.1 billion over that at the beginning of 2012, a deceleration of USD5.9 billion. Trade financing increased by USD10 billion, accounting for 47.6 percent of new loans denominated in foreign currencies, up 12.2 percentage points year on year. Robust trade financing supported import and export activities. Overseas loans and medium- and long-term loans climbed by USD10.5 billion, accounting for 49.7 percent of total new loans denominated in foreign currencies.

IV. The all-system financing aggregate edged up month by month

It is estimated that in Q1 2012 the all-system financing aggregate registered RMB3.88 trillion yuan, down RMB348.7 billion yuan year on year. They registered RMB1.86 trillion yuan in March 2012, up RMB813.6 billion yuan and RMB881.3 billion yuan over end-January and end-February respectively. Among this total, new RMB loans posted RMB2.46 trillion yuan, an acceleration of RMB217 billion yuan year on year. Foreign-currency-denominated loans increased by the equivalent of RMB132.7 billion yuan, a deceleration of RMB45.4 billion yuan year on year. New entrusted loans rose by RMB280.9 billion yuan, a deceleration of RMB39.5 billion yuan year on year. Trust loans increased by RMB172.1 billion yuan, an acceleration of RMB163 billion yuan. Undiscounted bankers' acceptances grew RMB227.1 billion yuan year on year, a deceleration of RMB534 billion yuan. Net financing via corporate bond issuances registered RMB396 billion yuan, a deceleration of RMB61 billion yuan compared with the same period of 2011. A total of RMB87.5 billion yuan was raised by domestic non-financial institutions via the stock market, down RMB68.3 billion yuan year on year.

The structure of financing took on the following features. First, RMB loans accounted for a much larger share. In Q1, new RMB loans constituted 63.5 percent of total financing to the real economy, up 10.4 percentage points year on year and their largest share since 2010. Second, off-balance sheet financing provided by financial institutions to the real economy declined by a large margin year on year, primarily as a result of much slower year-on-year growth in undiscounted bankers' acceptances. Third, direct financing was lukewarm. A total of RMB483.5 billion yuan was raised by non-financial enterprises on the stock market and by issuing enterprise bonds, which was RMB129.3 billion yuan less year on year.

Box 1 Private Financing

1. Definition of private financing

Private financing, as opposed to financing through the formal financial sector, refers to financing activities between natural persons, legal persons, organizations, and market participants other than lawfully associated financial institutions.

As the wealth of the corporate and household sectors accumulates along with social and economic development, the emergence of private lending to some extent is inevitable as formal financing falls short of demand and the transformation from industrial capital to financial capital is still underway. Private financing, as opposed to formal financing, has the advantages of low costs of collecting and processing information, simple procedures, flexibility, low transaction costs, flexibility in dealing with overdue repayment collections, and special risk-control mechanisms.

Unregulated private financing may be covert and off the radar of monitoring, which makes it vulnerable to illegal financing and money laundering. Legislation is needed to standardize and regulate private financing and to channel it to support economic development while minimizing potential harm.

2. Legislation on private financing has basically been put into place

Private financing includes market activities between individuals or organizations based on free will. Governed by the General Principles of the Civil Law and the Contract Law of China, private financing between natural persons, legal persons, or other organizations is allowed and protected if it is compliant with the governing legislation. Defaults may be settled via mediation or civil court trials.

Different pieces of legislation in China, including the Criminal Law, the Law of the People's Republic of China on Public Security Administrative Punishments, Amendments to the Criminal Law, and the Opinions of the Supreme People's Court on Trials of Lending Cases by the People's Courts provide for punitive measures for illegal conduct or irregularities that crop up in private financing, such as unlawful deposit taking, fraudulent fundraising, and usury or personal injury as a result of violent collection of overdue payments.

The Opinions of the Supreme People's Court on Trials of Lending Cases by the People's Courts stipulate that the interest rate for private lending may be higher than that for bank lending, in line with the levels that the local People's Courts see as appropriate, but it should not be as much as or more than 4 times the bank lending rate. Any claim for interest payments gained beyond the cap is not protected by law.

3. Guiding and regulating private financing to foster its healthy development

The State Council indicated the need to regulate private financing when granting approval to set up a pilot zone for comprehensive financial reform in Wenzhou. A set of measures were implemented, including the formulation of *administrative measures to regulate private financing, establishing a private financing filing and management system, and improving the monitoring system to guide and regulate private financing to foster its healthy development.*

First, improving the corresponding legal system to guide private financing to operate in a standardized and transparent manner. Efforts will be made to study and improve the rules and regulations on non-deposit taking credit brokers to foster a multi-tiered credit market, to stipulate explicitly that private financing contracts should be based on free will, to standardize the elements to be covered in the contracts, and to define the legal status and scope of the business of financing intermediaries to regulate operations.

Second, easing access to the financial market based on effective regulation and risk control. Efforts will be made to implement the Several Opinions of the State Council on Encouraging and Guiding the Healthy Development of Private Financing, to channel quality private capital to the financial sector, promote the development of grassroots financial institutions, improve grassroots financial services, and effectively shore up the development of small- and micro-sized enterprises, agricuture, rural areas, and farmer, as well as county economies. Meanwhile, a deposit insurance system will be set up at an accelerated pace, and a market-based risk resolution regime will be put into place to prevent systemic risks.

Third, exploring the setting up of a private financing monitoring and analysis system to warn against and resolve risks in a timely manner and to prevent mass incidents and outbursts of regional risks. Measures will be taken to create a large-value private lending registration scheme, requiring the registration of private lending activities that exceed a certain frequency or value, so as to monitor, guide, and manage the flow of funds more effectively.

Fourth, adopting differentiated and classified management. Reasonable and lawful private financing activities are protected and tough punitive measures will be taken by public security and law enforcement agencies against illegal conduct including fraudulent fundraising, profit-seeking on-lending, money laundering, and violent collection of overdue repayments that caused personal injury.

Fifth, advocating market principles and legal concepts in contracts based on free will, and independent responsibility and creditworthiness so that private lending participants will build their capacity for evaluation and tolerance of risks. Participants should understand that the government is not obliged to compensate for private lending losses in cases of default, to manage appetites for unreasonable risks, and to forgo wishful demands for government compensation.

V. The lending rates of financial institutions generally declined

In the first three months, lending rates offered to non-financial institutions and other sectors generally went down due to the decline in bill financing rates. In March, the weighted average lending rate stood at 7.61 percent, down 0.4 percentage point compared with the beginning of the year. The weighted average interest rate of ordinary loans registered 7.97 percent, up 0.17 percentage point over the beginning of 2012, and the weighted average bill financing rate posted 6.2 percent, down 2.86 percentage points compared to the beginning of the year. The weighted average residential mortgage rate edged down to 7.43 percent in March, down 0.19 percentage point compared to the beginning of 2012.

The share of loans with interest rates higher than the benchmark constituted a larger share. In March, the share of loans with interest rates higher than, flat, or lower than the benchmark stood at 70.43 percent, 4.62 percent, and 24.95 percent respectively, marking an increase of 4.41 percentage points, a decrease of 2.40 percentage points, and a decrease of 2.01 percentage points respectively compared with the beginning of 2012.

Against the background of subdued benchmark interest rates on international markets and changes in the supply and demand for foreign exchange domestically and overseas, the weighted average demand deposit interest rate and the interest rate of less than 3-month large-value US dollar deposits registered 0.27 percent and 2.91 percent respectively, marking a decline of 0.04 percentage point and 0.38 percentage point respectively compared with the beginning of the year. The weighted average interest rate of less than 3 month and 3 month (inclusive) to 6 month US dollar loans posted 3.56 percent and 4.00 percent respectively, down 0.29

Table 2 Shares of Loans with Rates Floating at Various Ranges of the Benchmark Rate, January through March 2012

Unit:%

Month	Adjusted downward	At the benchmark	Adjusted upward					
	[0.9,1.0)	1.0	Sum	(1.0,1.1]	(1.1,1.3]	(1.3,1.5]	(1.5,2.0]	Above 2.0
January	4.79	26.22	68.99	22.33	25.51	8.76	9.22	3.17
February	5.53	27.59	66.88	23.12	23.76	7.98	8.61	3.40
March	4.62	24.95	70.43	21.12	26.99	9.48	9.41	3.43

Source: The People's Bank of China.

Table 3 The Average Interest Rate for Large-value Deposits and Loans Denominated in US Dollars, January through March 2012

Unit:%

Month	Large-value deposits						Loans				
	Demand deposits	Within 3 months	3-6 months (including 3 months)	6-12 months (including 6 months)	1 year	Above 1 year	Within 3 months	3-6 months (including 3 months)	6-12 months (including 6 months)	1 year	Above 1 year
January	0.34	3.29	4.24	4.73	5.46	5.87	3.78	4.35	4.81	4.47	4.27
February	0.29	3.16	3.93	4.34	4.64	4.50	3.51	4.08	4.35	4.28	4.29
March	0.27	2.91	3.61	4.34	4.76	5.35	3.56	4.00	4.36	4.03	3.53

Source: The People's Bank of China.

percentage point and 0.31 percentage point compared with the beginning of 2012.

VI. The flexibility of the RMB exchange rate rose significantly

Since the beginning of 2012, the RMB exchange rate moved in both directions with greater flexibility and diverging expectations. At end-March 2012, the central parity of the RMB against the US dollar was RMB6.2943 yuan per US dollar, up 66 basis points or 0.1 percent over end-2011. From the reform of the RMB exchange-rate regime in 2005 to end-March 2012, the RMB appreciated 31.49 percent against the US dollar. The BIS estimates that in Q1 2012, the nominal effective RMB exchange rate appreciated 0.17 percent and the real effective exchange rate depreciated 0.81 percent; from the start of the exchange-rate reform in 2005 to March 2012 the nominal effective RMB exchange rate appreciated 21.37 percent and the real effective exchange rate appreciated 29.38 percent.

PART 2

Monetary Policy Operations

In line with the spirit of the Central Economic Work Conference and the overall arrangements of the State Council, since the beginning of 2012, the PBC continued to implement a prudent monetary policy. With enhanced macro-prudential management, better targeted and more flexible and forward-looking policies, as well as preemptive adjustments and fine-tunings as appropriate in response to economic developments, the PBC guided a proper growth of money and credit supply, maintained all-system financing aggregate at a reasonable level, encouraged financial institutions to improve their credit structures, promoted financial enterprise reform in a steady manner, and improved the RMB exchange-rate regime, thereby contributing to stable economic and financial performance.

I. Flexible open market operations

In response to heightened volatility in liquidity supply and demand in the banking system in 2011, the PBC flexibly conducted open market operations to support adjustments to the reserve requirement policy while intensifying analysis and monitoring of domestic and international economic and financial developments as well as banking system liquidity. The carefully calibrated direction, intensity, and pace of open market operations to adjust liquidity in a proper and timely manner helped maintain proper liquidity in the banking system.

Open market operations played a stronger role as a venue for proactive adjustments and fine-tunings as the mix of tools was continuously improved in line with changes in aggregate liquidity gaps. The PBC used short-term reverse repos to inject liquidity into the banking system ahead of the Spring Festival, thereby moderating the possible liquidity fluctuations caused by the seasonal surge in demand for cash. After the festival, as a complement to the cuts in the reserve requirement ratio, the PBC conducted RMB398 billion yuan of short-term repos in the first quarter to make sure that the maturity dates of open market operations were evenly distributed over the period while keeping the liquidity at a reasonable level.

Interest rates of open market operations remained stable to guide market expectations. This was achieved through stronger cooperation between open market operations and other monetary policy tools amid the volatile market expectations caused by the rapidly changing external economic environment. At end-March, interest rates for 28-day repos and 91-day repos posted 2.80 percent and 3.14 percent respectively.

The PBC properly conducted state treasury cash management operations. In the first quarter of 2012, the PBC deposited RMB30 billion yuan and RMB60 billion yuan of 6-month state treasury funds in commercial banks on two separate operations.

II. A cut in the reserve requirement by 0.5 percentage point and improvements in the mechanism that adjusts the differentiated reserve requirement on a continuous and case-by-case basis

As less RMB liquidity was created to purchase foreign currencies during the first quarter due to weak external demand and other factors, the PBC used the reserve requirement for liquidity adjustments while reducing sterilization through open market operations. Following a cut of 0.5 percentage point on December 5, 2011, the reserve requirement was lowered by another 0.5 percentage point on February 24, 2012 to keep liquidity in the banking system at a proper level. In the meantime, as a number of economic indicators dropped and lending growth in January moderated, the PBC continued to improve the mechanism that adjusts the differentiated reserve requirement on a continuous and case-by-case basis as a counter-cyclical macro-prudential management instrument by calibrating certain parameters to sustain lending to small- and micro-sized enterprises, agriculture, rural areas, and farmers and other weak links in the economy, as well as to key ongoing projects.

III. Strengthened window guidance and credit policy guidance

In light of the underlying philosophy that the financial sector develops to serve the real economy, the PBC followed a differentiated approach to credit guidance, enhanced examination of lending distribution, promoted better coordination between credit policy and industrial policy, and encouraged improvements in the credit structure. To encourage stronger financial services for tourism and irrigation projects, the PBC, working with other government agencies, developed the *Notice on Financial Support for Accelerating the Development of Tourism*, and the *Notice on Financial Services for the Reform and Development of Irrigation*. The PBC urged financial institutions to fully implement policies to provide financial support to the services sector, including the cultural industry, services outsourcing, and logistics. It guided credit flows to small- and micro-sized enterprises, agriculture, rural areas, and farmers, affordable housing projects, strategic emerging industries, and other key areas and weak links in the economy. The PBC continued to improve financial services that are closely related to the people's livelihood, and encouraged financial institutions to reasonably price mortgage loans according to risks and within the announced floating band from the benchmark interest rates, so as to meet the needs of first-time home buyers. The PBC also reined in lending to heavily energy-consuming and polluting industries as well as industries with excess capacity.

Box 2 Favorable Financial Policies for Agriculture, Rural Areas, and Farmers

During recent years, following the overall arrangements of the State Council, the PBC intensified policy efforts to support agriculture, rural areas, and farmers through a wide range of policy tools, including efforts to enhance the capital of agro-linked financial institutions, make innovations in rural financial products, strengthen the rural financial infrastructure, and improve rural financial services.

1. Agro-linked lending by the PBC and financial institutions increased

Central bank lending has been an important part of the PBC's efforts to support the agricultural sector and the wider real economy. In 2011, as the sources of liquidity in the banking system varied due to a notably more balanced BOP account and a narrowing gap between supply and demand in the foreign exchange market, the PBC took advantage of the situation to provide an additional RMB50 billion yuan of agro-linked central bank lending, which supported greater agro-linked loans by rural financial institutions while, as a way of providing discretionary liquidity, ensured proper money and credit growth.

Since 2012, central bank lending to large grain-producing provinces (autonomous regions) has been expanded on several occasions to provide greater incentives, increasing by RMB60 billion yuan thus far, the largest increase in history. In early March, to support spring farming activities, the PBC issued the Notice on Using Agro-linked Central Bank Lending to Increase Agro-linked Credit Supply and provided another RMB10 billion yuan of central lending for this purpose. On March 31, an additional RMB30 billion yuan of agro-linked central bank lending was provided to rural credit cooperatives (RCCs) incorporated at the county level as well as to village and township banks that met the standards for follow-up monitoring and assessments after redemption of special bills and on the share of new deposits in lending to local borrowers, encouraging RCCs to build on past progress to deepen reform. On April 17, another RMB20 billion yuan of central bank lending was made to encourage RCCs and village and township banks to increase agro-linked credit supply in support of spring farming activities, mainly in the major grain-producing provinces (autonomous regions) and provinces with a strong need for agro-linked central bank lending. As of end-April, 2012, the quota of agro-linked central bank lending was RMB214.3 billion yuan, with an outstanding amount of RMB123.9 billion yuan, up by RMB37.9 billion yuan year on year. Agro-linked central bank lending in the first four months of 2012 totaled RMB70.5 billion yuan, up RMB26.3 billion yuan year on year.

2. A differentiated reserve requirement policy was implemented to enhance financial support to the agricultural sector

In 2010, the State Council approved a plan for deepening the joint stock reform in the China Agricultural Bank (ABC), including the pilot program for building a dedicated department for rural financial services at the ABC branches in Sichuan and 7 other provinces. In line with this reform plan, the PBC developed specific rules for implementing the differentiated reserve requirement policy in the ABC rural finance departments with large agro-linked loans, applying a favorable reserve requirement that was 2 percentage points lower than that applicable for the ABC. In 2012 these preferential rules were expanded from 8 provinces to 12 provinces, and were implemented in 565 qualified rural finance divisions on March 25. This was expected to free RMB23 billion yuan of funds to meet agro-linked *needs, an increase of RMB7 billion yuan year on year.*

RCCs continued to enjoy a preferential reserve requirement, which was 6 percentage points lower than that for large commercial banks, and 7 percentage points lower for RCCs with smaller assets and a higher percentage of agro-linked loans. In the meantime, the reserve requirement was used as a policy incentive for financial institutions incorporated at the county level, which would enjoy a 1 percentage point cut in the reserve requirement as long as the share of new lending to local borrowers exceeded the set level.

3. The PBC improved rural financial services by encouraging agro-linked financial institutions to invent new rural financial products and new ways to provide services

After the PBC, jointly with the China Banking Regulatory Commission (CBRC), the China Securities Regulatory Commission (CSRC), and the China Insurance Regulatory Commission (CIRC), issued the Notice on Promoting Innovation in Rural Financial Products and Service Modalities in July 2010, efforts have been made to encourage agro-linked financial institutions to design products tailored to rural needs and to improve services. A special monitoring and reporting system was built, and action was taken to promote exchanges of experiences and adoption of best practices as part of the effort to improve rural financial services.

4. The PBC enhanced the rural financial infrastructure to build an enabling environment for better rural financial services

The rural credit information system was improved, with a nationwide basic credit record database that covers rural businesses and farmers. Flexible access solutions were developed to facilitate the access of rural financial institutions to the Large Value Payment System, Bulk Electronic Payment System, and National Check Image Exchange System. Efforts were also made to promote the use of bankcards for migrant workers and the use of other non-cash payment instruments as well as tailored services like withdrawals through POS terminals installed in villages, thereby facilitating payments in rural areas, allowing migrant workers to deposit or withdraw money in different cities, and making possible small cash withdrawals in remote rural areas.

In general, these policies contributed to a notably stronger supply of agro-linked credit. As of end-March 2012, outstanding agro-linked lending totaled RMB15.5 trillion yuan, up 21.7 percent year on year and outpacing overall lending growth by 6.2 percentage points. The resultant improvements in rural financial services have been important for ensuring the continuous growth of grain production during the past 8 years and for accelerating development of social programs and overall transformation in the rural areas.

IV. Development of cross-border use of RMB

The framework for cross-border use of RMB was enhanced. In March 2012, the PBC, in cooperation with relevant government agencies, issued the *Notice on Issues regarding*

Qualifications for RMB Settlement in Goods Exports, which allowed all qualified import and export enterprises to settle their exports of goods in RMB. Enterprises with a record of serious violations of tax, customs, or financial policies during the past two years were put under special oversight to ensure compliance. The *Notice* played a key role in promoting balanced use of RMB settlement in cross-border trade. With this development, any Chinese enterprise that engages in imports or exports of goods, services, and other current account items is free to use RMB as the currency for numeraire, settlement, or payment.

RMB settlement of cross-border trade and investment grew considerably. In the first quarter, RMB settlement of cross-border trade recorded RMB580.4 billion yuan, growing 61 percent year on year. This included RMB416.57 billion yuan in goods trade, and RMB163.83 billion yuan in exports of services and other items under the current account. Actual RMB receipts and payments in the first quarter totaled RMB550.01 billion yuan, bringing the receipt-to-payment ratio from 1:1.7 in 2011 to 1:1.4, suggesting a more balanced use of RMB in settling imports and exports. RMB settlement of cross-border direct investments reached RMB49.87 billion yuan in the first three months of 2012, including RMB2.87 billion yuan of outbound direct investments and RMB47.00 billion yuan of foreign direct investments.

V. Improvements in the RMB exchange-rate regime

The PBC further improved the reform of the RMB exchange-rate regime in line with the principle of making it a self-initiated, controllable, and gradual process. Focusing on the role of market supply and demand, the PBC enhanced RMB exchange-rate resilience with reference to a basket of currencies and kept the RMB exchange rate basically stable at an adaptive and equilibrium level. In the first quarter, the central parity of the RMB against the US dollar peaked at RMB6.2840 yuan per dollar and reached a trough of RMB6.3359

Figure 1 RMB Settlement of Cross-border Trade

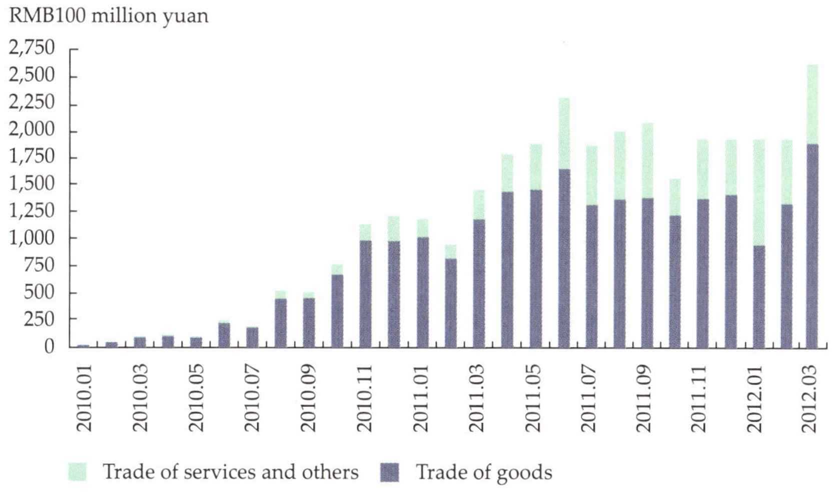

Source: The People's Bank of China.

yuan per dollar. It appreciated on 29 out of the 58 trading days in the first three months, and depreciated on the remaining 29 trading days, with the largest intraday appreciation at 0.26 percent (or 162 points), and the sharpest intraday depreciation at 0.33 percent (or 209 points).

The RMB exchange rate moved in both directions against the euro, Japanese yen, and other major international currencies. At end-March, the central parity of the RMB against the euro registered RMB8.3944 yuan per euro, a depreciation of 2.76 percent from end-2011, and the central parity of the RMB against the Japanese yen stood at RMB7.6690 yuan per 100 Japanese yen, an appreciation of 5.75 percent from end-2011. Beginning from the reform of the RMB exchange-rate regime in 2005 to end-March 2012, on a cumulative basis the RMB appreciated 19.30 percent against the euro and depreciated 4.73 percent against the Japanese yen. In the first quarter, the interbank foreign exchange spot market recorded RMB5,457.84 billion yuan of transactions in RMB against the US dollar, RMB14.7 billion yuan in RMB against the euro, RMB18.37 billion yuan in RMB against the Hong Kong dollar, RMB7.72 billion yuan in RMB against the Japanese yen, RMB2.16 billion yuan in RMB against the pound sterling, RMB1.25 billion yuan in RMB against the Thai baht, RMB620 million yuan in RMB against the Russian ruble, and RMB250 million in RMB against the Malaysian ringgit.

Effective April 16, 2012, the RMB exchange rate against the US dollar is allowed to float in a wider band on the interbank spot foreign exchange market, from the previous 0.5 percent to 1 percent around the central parity, while the spread between the highest selling price and the lowest buying price offered by designated foreign exchange banks on the same day is allowed to increase by up to 2 percent from the central parity from its previous 1 percent. The PBC operations in the foreign exchange market, while becoming less frequent, were accordingly reoriented to moderating excess exchange-rate volatility. Exchange-rate fluctuations in the interbank market have strengthened since the floating range was expanded, enhancing the market's capacity to seek an equilibrium level, while the foreign exchange market has generally remained stable.

VI. Deepened reform of financial institutions

With the joint-stock reform completed on January 21, the Postal Savings Bank of China Co., Ltd. was transformed into the Postal Savings Bank of China Corporation, with registered capital of RMB45 billion yuan. The reform was designed to improve corporate governance and enhance a modernized corporate system, thereby turning the institution into a modern commercial bank with adequate capital, robust internal control, sound operations, quality services, good profitability, and strong competitiveness to serve agriculture, rural areas, and rural and urban residents as well as SMEs.

The transformation of asset management companies made steady progress. The China Huarong Asset Management Company will be restructured as a joint stock corporation, as approved by the State Council. It is planned that the new corporation will introduce domestic and overseas strategic investors through secondary offerings, improve the equity structure, enhance its capital position, and go public at the appropriate time. The China Cinda Asset Management Company has introduced the National Council for Social Security Fund, the UBS Group, CITIC Capital Holdings Ltd., and Standard and Chartered Bank as four strategic investors, bringing RMB10.37 billion yuan of investment and holding 16.54 percent of Cinda's shares after the capital increase.

Initial achievements were made in terms of RCC reform, as reflected in the continued improvements in their operational performance and financial position, and their enhanced leading role in rural financial services. At end-March, the capital adequacy ratio of the RCCs stood at 10.4 percent, down 0.3 percentage point from end-2011, whereas their NPL ratio had declined 0.5 percentage point to 5.0 percent from end-2011, and their asset/profit ratio had increased by 0.3 percentage point from end-2011 to 1.3 percent. Outstanding RCC deposits reached RMB10.9 trillion yuan, an increase of RMB722.4 billion yuan from end-2011, and outstanding loans recorded RMB7.2 trillion yuan, an increase of RMB482.1 billion yuan, including RMB4.9 trillion yuan of agro-linked loans, up by RMB242.3 billion yuan from end-2011. Outstanding lending to rural households totaled RMB2.5 trillion yuan, an increase of RMB129.3 billion yuan from the end of last year. Steady progress was made in terms of RCC property rights reform. As of end-March, a total of 219 rural commercial banks and 187 rural cooperative banks have been established, representing an increase of 7 and a reduction of 3 respectively, whereas a total number of 1,878 RCCs with legal-person status at the county (city) level have been built, down by 4 from end-2011. Moreover, some RCCs have effectively explored building alternative property rights systems and organizations, clarifying property ownership, and improving corporate governance.

Box 3 Profits in the Banking Sector

In 2011, net profits of Chinese banking financial institutions reached RMB1.25 trillion yuan, up 39.2 percent year on year. Net profits of commercial banks totaled RMB1.04 trillion yuan, a year-on-year increase of 36.3 percent. The strong growth of banking profits is mainly driven by steady and rapid economic growth, expansion of banking assets, robust growth of intermediary services, and improved operational and management skills. Despite the expansion of direct financing during recent years, indirect financing remains at a high level as a share of total financing, contributing to an increasingly stronger need for expanding banking assets as the economy continues to grow rapidly. Total banking assets reached RMB113.3 trillion yuan at end-2011, representing a doubling of the RMB53.1 trillion yuan at end-2007. While rapid expansion of banking assets immediately lead to growth in profits, it is important to support efforts to address the shocks of the international financial crisis and to sustain stable economic development. In the meantime, profitability in the banking sector also improved due to the financial reforms that have enhanced the corporate governance structure, risk management mechanisms, managerial skills and efficiency, business upgrading and product innovation, and asset quality. The capital-to-profit ratio for the banking sector recorded 19.2 percent in 2011, up by 1.7 percentage points from 2010, while the asset-to-profit ratio posted 1.2 percent, up 0.2 percentage point from 2010.

It should be noted that while the net interest rate spread for the Chinese banking sector edged up to about 2.8 percent in 2011, it is still lower than the level in previous years, i.e., 2.9 percent in 2007 or 3 percent in 2008. In line with international averages, it is significantly lower than the spread in other BRICS countries and below the level in the U.S. and Korea, though above the level in Japan, Germany, and other countries. With the expansion of banking assets, income from intermediary services also grows as banks expand the scope and improve the quality of intermediary services to better meet the needs of customers. Nevertheless, the partial focus of assessments on income from intermediary services also leads to unreasonable fees and extra lending conditions in some banks. To address this issue, banks need to further improve their level of services and to enhance awareness of their role as a service provider. They need to enhance transparency regarding fees and to ensure that intermediary services develop in a healthy manner by improving long-term mechanisms for performance assessments, internal management, and other areas, so as to eliminate the gap between services and charges and to prevent other irregular business behavior.

Profits in the banking sector are mainly used to pay income tax and dividends, build provisions for impairment of assets and to enhance capital adequacy through profit retention. Banks are among the biggest payers of corporate income tax, contributing 27.6 percent to the total enterprise income tax in 2011. From 2007 to 2011, about 17.8 percent of banking pre-provision operating profits went to income tax, while 22.1 percent was paid to investors as dividends, the bulk of which went to the government as dominant holder of banking shares, to make up for the massive public investments in the financial reform. Moreover, bank profits are cyclical in nature, as reflected in the recent slowdown in profit growth of some listed banks during the first quarter as economic growth moderated. This highlights the need to build provisions in times of strong economic growth to insure against possible future surges in NPLs or economic fluctuations. In this connection, from 2007 to 2011 banks built strong provisions for asset write-offs, equivalent to 24.5 percent of the pre-provision operating profits. More importantly, banks use retained profits to strengthen their capital, which enhances their capacity to support the real economy. Out of the RMB4.5 trillion yuan increase in core capital between 2007 and 2011, around RMB2.4 trillion yuan was allocated from retained profits, accounting for 35.6 percent of pre-provision operating profits.

VII. Deepened reform of foreign exchange administration

Institutional improvements were made to guard against shocks from cross-border capital flows. Efforts were made to closely watch cross-border capital flows, adopt a balanced approach in managing capital inflows and outflows, develop contingency plans for strong net capital inflows and policy responses to massive capital outflows, and continue to combat irregular capital flows.

Progress was made in reforming the administration of foreign exchange for trade in goods, which had been launched on a pilot basis in Jiangsu, Shandong, Fujian, and other 4 provinces (municipalities). As a result, a new management model that balances trade facilitation and risk management has taken shape, under which the previous case-by-case procedures for foreign exchange writing-off is removed for normal imports and exports by enterprises with a good record of compliance and is replaced by a new process that filters and matches goods flow and cash flows at the aggregate level, supported by continuous monitoring and category-specific supervision, streamlining procedures for both banks and enterprises, and reducing operational costs.

Actions were taken to promote trade and investment facilitation. The quota for outstanding short-term external debt was redistributed in favor of small- and medium-sized banks based in the central or western regions or to serve small- and micro-sized enterprises to meet the needs of Chinese-funded enterprises for short-term financing. Banks were allowed to square their currency mismatch exposures incurred from the trading of precious metal, helping them provide more convenient and efficient precious metal trading services for their customers. The items and procedures for annual foreign exchange examination of foreign-invested enterprises were streamlined.

Measures were taken to further expand channels for cross-border capital flows to promote capital account convertibility in an orderly manner. In the first quarter, a total of USD2.91 billion of foreign investment from 23 investors was approved under the Qualified Foreign Institutional Investor (QFII) scheme, and USD300 million of outbound investments was approved under the Qualified Domestic Institutional Investor (QDII) scheme. With the implementation of the RMB Qualified Foreign Institutional Investor (RQFII) scheme, the first installment of RMB20 billion yuan in the investment quota was distributed among 21 qualified institutions, and the flow of these funds was subject to continuous monitoring.

PART 3 Financial Market Analysis

In the first quarter of 2012, China's financial market continued its healthy and stable performance. Transactions on the money market increased rapidly and interest rates declined notably. Both the bond market operations and bond issuance volume were stable. Stock indices edged up and financing on the stock market declined.

I. Financial market analysis

1. Transactions on the money market registered a large increase, and market interest rates declined

Repo transactions and interbank lending on the interbank market were brisk, with a large increase in trading volume. In the first quarter of 2012, the turnover of bond repos posted RMB30.7 trillion yuan, with a daily average of RMB502.5 billion yuan, up 40.5 percent year on year. The turnover of interbank lending posted RMB10.2 trillion yuan, with a daily average of RMB166.4 billion yuan, up 66.3 percent year on year. In terms of the term structure, market transactions were dominated by overnight products, with overnight bond repos and interbank lendings accounting for 76.1 percent and 84.8 percent of their respective turnovers, down 0.1 and 0.2 percentage point from the same period of the last year. The turnover of government securities repos on the stock exchanges soared 133.1 percent year on year to RMB6.9 trillion yuan.

In terms of financing by financial institutions, the flow of funds on the money market

Table 4 Fund Flows among Financial Institutions in Q1 2012

Unit: RMB100 million yuan

	Repo		Interbank lending	
	Q1 2012	Q1 2011	Q1 2012	Q1 2011
Domestically-funded large banks[1]	-115,482	-75,478	-21,874	-2,153
Domestically-funded small- and medium-sized banks[2]	49,142	31,774	7,791	-5,349
Securities and fund management companies	26,664	13,091	6,945	2,502
Insurance companies	11,526	6,493	—	—
Foreign-funded financial institutions	4,792	3,226	1,620	-354
Other financial institutions[3]	23,359	20,894	5,518	5,356

Notes: 1. Domestically-funded large banks include the Industrial and Commercial Bank of China, the Agricultural Bank of China, the Bank of China, the China Construction Bank, the China Development Bank, the Bank of Communications, and the Postal Savings Bank of China.
2. Domestically-funded small- and medium-sized banks, include the China Merchants Bank and 17 medium-sized banks, small-sized city commercial banks, rural commercial banks, rural cooperative banks, and village and village and township banks.
3. Other financial institutions include urban credit cooperatives, rural credit cooperatives, finance companies, trust and investment companies, financial leasing companies, asset management companies, social security funds, investment companies, corporate annuities, other investment products, and so forth.
4. A negative sign indicates net lending and a positive sign indicates net borrowing.
Source: China Foreign Exchange Trade System.

showed the following characteristics: first, domestically-funded large banks were the sole net fund providers, and their net lending increased rapidly to more than 10 times that in the corresponding period of the last year; second, all other market participants, especially domestically-funded small- and medium-sized banks and securities and fund management companies were net fund borrowers due to their strong demand; third, in the interbank lending market, domestically-funded small- and medium-sized banks and foreign-funded financial institutions became net borrowers; during the corresponding period of the last year they had been net lenders.

Interest rates on the money market declined amid fluctuations, but in general they remained higher than during the same period of the last year. The weighted average interest rate of bond-pledged repo and interbank borrowing posted 2.66 percent and 2.58 percent respectively in March, down 71 and 75 basis points from December of the last year, but up 68 and 65 basis points from the same period of the last year. At end-March, the 3-month and 1-year Shibor rate stood at 4.88 percent and 5.15 percent, down 59 and 9 basis points from the end of last year. In January, due to seasonal factors, interest rates on the money market continued to rise in the run-up to the Spring Festival; thereafter, as large amount of cash flowed back into the banking sector and affected by open market operations and the decrease in the deposit reserve requirement ratio, liquidity supply was generally appropriate and since February market interest rates gradually declined.

Trading of RMB interest-rate swap and forward products decreased slightly. In the first quarter of 2012, the total notional principal of RMB interest-rate swaps registered RMB491.37 billion yuan, representing a decrease of 13.3 percent year on year. With respect to the term structure, RMB interest-rate swaps with a maturity of less than 1 year (inclusive) traded most briskly, and their aggregate notional principal accounted for 69.8 percent of the total. The base rates of the floating end of the RMB interest-rate swaps included the 7-day fixing repo rate and the Shibor, and their notional principal accounted for 52.1 percent and 39.0 percent of the total respectively. Transactions of bond forwards

Table 5 Transactions of Interest-rate Derivatives, 2006-Q1 2012

	Interest-rate swaps		Bond forwards		Forward-rate agreements	
	Transactions	Amount of notional principal (RMB100 million yuan)	Transactions	Amount (RMB100 million yuan)	Transactions	Amount of notional principal (RMB100 million yuan)
2006	103	355.7	398	664.5	—	—
2007	1,978	2,186.9	1,238	2,518.1	14	10.5
2008	4,040	4,121.5	1,327	5,005.5	137	113.6
2009	4,044	4,616.4	1,599	6,556.4	27	60.0
2010	11,643	15,003.4	967	3,183.4	20	33.5
2011	20,202	26,759.6	436	1,030.1	3	3.0
Q1 2012	4,317	4,913.7	45	144.6	—	—

Source: China Foreign Exchange Trade System.

posted RMB14.46 billion yuan, representing a decrease of 32.0 percent year on year.

2. Both bond market operations and bond issuance volume were stable

The turnover of spot bond transactions on the interbank market remained stable. In the first quarter of 2012, the turnover posted RMB14.9 trillion yuan of bonds, with a daily average of RMB243.4 billion yuan, up 15.7 percent year on year. In terms of market participants, domestically-funded banks and foreign-funded financial institutions were net purchasers on the interbank spot bond market, with net purchases of RMB99.1 billion yuan and RMB23.6 billion yuan respectively. Exchange-traded spot government securities transactions posted RMB23 billion yuan, RMB4.2 billion yuan less than during the same period of the last year.

Bond price indices moved slightly. The China Bond Composite Index (net price) fell 0.09 percent from 101.23 points at the beginning of the year to 101.13 points at end-March; and the China Bond Composite Index (full price) rose 0.18 percent from 111.28 points at the beginning of the year to 111.49 points at end-March. The exchange-traded government securities index rose 0.77 percent, from 131.44 points at the beginning of the year to 132.46 points at end-March.

The yield curve of government securities on the interbank market shifted up slightly. At end-March, the yields of 6-month, 10-year, 20-year, and 30-year government bonds was 9, 6, 11, and 5 basis points higher respectively than that at the end of 2011. As the growth of the CPI slowed down since the beginning of 2012, the yields of government securities with a maturity of 1 to 3 years fell slightly from the end of 2011.

The volume of bond issuances was stable. In the first quarter of 2012, a total of RMB1.54 trillion yuan (excluding central bank bills) was issued, RMB34.2 billion yuan less than that during the same period of the last year. In particular, the volume of newly issued government securities, China Development Bank, and other policy financial bonds decreased slightly, while that of

Figure 2 Yield Curves of Government Securities on the Interbank Bond Market

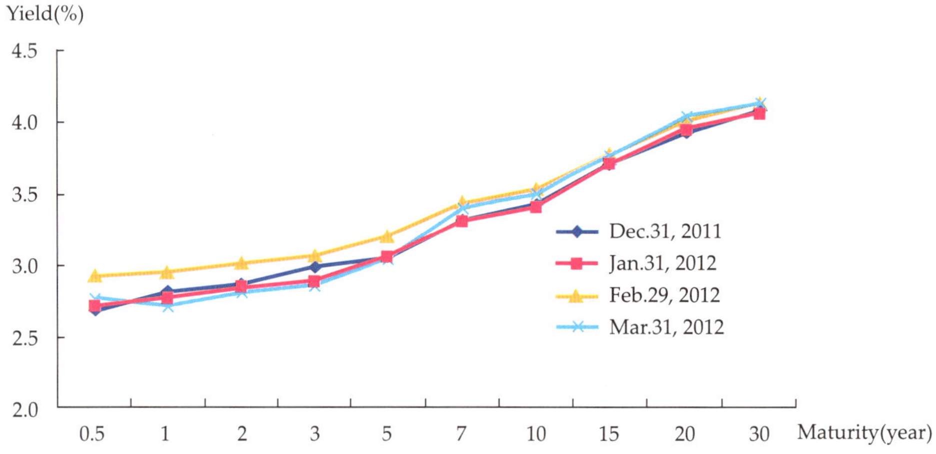

Source: China Government Securities Depository Trust and Clearing Co., Ltd..

Table 6 Issuances of Major Bonds, Q1 2012

Type of bonds	Issuance (RMB100 million yuan)	Year-on-year growth (RMB100 million yuan)
Government securities[1]	2,179	-1,081
Policy financial bonds issued by the China Development Bank and other policy banks	5,272	-827
Bank subordinate bonds and hybrid bonds	44	-132
Bank ordinary bonds	1,180	1,160
Enterprise bonds[2]	6,737	827
Of which: Short-term financial bills	1,560	-1,272
Super short-term commercial paper	1,100	1,100
Medium-term notes	1,356	-486
Corporate bonds	415	12

Notes: 1. Including municipal bonds issued by the Ministry of Finance on behalf of local governments.
2. Including enterprise bonds, short-term financing bills, super short-term commercial paper, medium-term notes, collective bills of SMEs, corporate bonds, and private placement of bond-financing instruments.
Source: The People's Bank of China, China Government Securities Depository Trust and Clearing Co., Ltd..

bank ordinary bonds increased. At end-March, a total of RMB21.7 trillion yuan of bonds was deposited with the China Government Securities Depository Trust and Clearing Co., Ltd., an increase of 8.2 percent year on year.

Movements in bond issuance rates showed a diversified trend. In the first quarter, the issuance rates of government securities declined somewhat from the end of the last year. Taking 10-year government securities as an example, the issuance rate in March was 3.51 percent, down 6 basis points from those of the same maturity issued in December 2011. The volume of bond issuances by the China Development Bank and other policy banks was relatively large, and their issuance rates in general were higher than those at the end of the last year. The Shibor played a greater role in bond pricing. In the first quarter of 2012, 96 fixed-rate enterprise bonds issued on the primary bond market were all based on the Shibor, with a gross issuance volume of RMB167.6 billion yuan. In addition, a total of RMB92.6 billion yuan of short-term fixed-rate financing bills based on the Shibor was issued, accounting for 53.7 percent of the total issuances of short-term fixed-rate financing bills.

3. The volume of bill financing remained stable, and interest rates showed a downward trend

The bill acceptance business continued to grow. In the first quarter of 2012, commercial bills issued by enterprises totaled RMB4.0 trillion yuan, representing year-on-year growth of 10.4 percent; the total volume of outstanding commercial bills at end-March posted RMB7.2 trillion yuan, representing year-on-year growth of 21.6 percent. At end-March, outstanding commercial bills increased slightly from the beginning of 2012, and growth was lower than that during the same period of the last year. In terms of issuing industries, outstanding banker's acceptance bills were mainly issued by enterprises in the manufacturing, wholesale, and retail industries, and small and medium-sized enterprises issued about two-thirds of the total.

Bill financing increased slightly, while interest rates witnessed a downward trend. In the first quarter of 2012, the cumulative amount of commercial bills discounted by financial institutions posted RMB5.7 trillion yuan, and outstanding discounted bills at end-March stood at RMB1.8 trillion yuan. The outstanding balance of commercial bills at end-March increased by RMB257.5 billion yuan from the beginning of the year, with an acceleration of RMB519.8 billion yuan year on year and accounting for 3.1 percent of all categories of loans, an acceleration of 0.6 percentage point from the corresponding period of the last year. Both the supply and demand for bill financing were on the rise. With economic growth and growth of demand for long- and medium-term loans slowing down, as bill assets are characterized by stable returns, strong liquidity, and low risks financial institutions tended to expand their bill financing business to maintain reasonable growth of credit aggregate. Under the current economic circumstances, some enterprises saw a prolonged period of selling their products and receiving payments, and some small- and medium-sized enterprises used commercial bills as a deferred payment certificate. As bill discount rates went down, the demand of enterprises for bill discount business increased. In the first quarter of 2012, since liquidity in the banking system was generally abundant, interest rates on the money market showed a downward trend. Furthermore, as the supply increased by a large margin, interest rates on the commercial bill market declined month by month.

4. Stock indices recovered and equity financing on the stock market decreased measurably

Stock indices edged up. The Shanghai Stock Exchange Composite Index and the Shenzhen Stock Exchange Component Index closed at 2263 points and 9410 points respectively at end-March 2012, up 63 and 491 points from the end of the last year. The Growth Enterprise Board (GEB) Index (Chinext Price Index) of the Shenzhen Stock Exchange continued to decline, closing at 679 points at end-March 2012 and shedding 51 points from the end of the last year. The weighted average P/E ratio on the A-share market of the Shanghai Stock Exchange and Shenzhen Stock Exchange was 13.9 times and 22.6 times respectively, barely changed from the end of the last year.

The volume of transactions on the stock market declined by a large margin. In the first quarter of 2012, the turnover on the Shanghai and Shenzhen Stock Exchanges totaled RMB8.9 trillion yuan, a decrease of 34.4 percent year on year, and the daily turnover averaged RMB153.3 billion yuan, a reduction of RMB79.6 billion yuan from that during the same period of the last year. The turnover on the Growth Enterprise Board amounted to RMB598.5 billion yuan, an increase of 39.4 percent year on year. At end-March, the combined market capitalization of the Shanghai and Shenzhen Stock Exchanges increased 4.7 percent from the end of the last year to RMB17.3 trillion yuan, while the market capitalization of the Growth Enterprise Board increased 4.5 percent to RMB261.7 billion yuan.

Financing on the stock market declined notably. In the first quarter of 2012, a total of RMB110.4 billion yuan was raised by enterprises and financial institutions on the domestic and overseas stock markets by way of IPOs, additional offerings, and rights issues,

RMB48 billion yuan less than that during the same period of the last year. Among this total, financing on the A-share market posted RMB99.3 billion yuan, RMB59.1 billion yuan less than that during the same period of the last year.

5. Total assets in the insurance industry registered steady growth

In the first quarter of 2012, total premium income of the insurance industry amounted to RMB483.5 billion yuan, and total claim and benefit payments increased 19.6 percent year on year to RMB117.2 billion yuan. Specifically, total claim and benefit payments in the property insurance sector increased 33.6 percent, whereas those in the life insurance sector increased 8.7 percent.

Total assets of the insurance industry registered steady growth. At end-March, total assets of the insurance industry posted RMB6.4 trillion yuan, an increase of 17.8 percent year on year. Among this total, bank deposits increased 27.3 percent while investment-linked assets increased 12.6 percent.

6. The foreign exchange market traded briskly and currency swap transactions increased rapidly

In the first quarter of 2012, the turnover of spot foreign exchange transactions totaled USD872 billion, representing an increase of 7.2 percent year on year. The turnover of RMB foreign exchange swap transactions totaled USD544.5 billion, representing an increase of 61.3 percent year on year; among this total, overnight RMB foreign exchange swap transactions amounted to USD272.6 billion, accounting for 50.1 percent of the total. The turnover on the RMB foreign exchange forward market totaled USD53.4 billion, a decrease of 10.2 percent year on year. In the first quarter, the turnover of foreign currency pair transactions amounted to USD22.8 billion, an increase of 8.8 percent year on year. In particular, the USD/HKD pair constituted the lion's share at 40.5 percent, down 9.5 percentage points from the same period of the last year. The number of participants on the foreign exchange market increased further. At end-March, there were 322 members on the foreign exchange spot market, 74 members on the foreign exchange forward market, 73 members on the foreign exchange swap market, and 28 members on the foreign exchange options market.

7. The gold market maintained stable performance

Turnover on the Shanghai Gold Exchange was stable. In the first quarter of 2012, a total of RMB846.41 billion yuan of precious metals was

Table 7 Use of Insurance Funds, End-March 2012

	Outstanding balance(RMB100 million yuan)		As a share of total assets (%)	
	End-March 2012	End-March 2011	End-March 2012	End-March 2011
Total assets	63,679	54,064	100.0	100.0
Of which: Bank deposits	20,699	16,257	32.5	30.1
Investment	38,184	33,899	60.0	62.7

Source: China Insurance Regulatory Commission.

transacted on the Shanghai Gold Exchange, an increase of 18.7 percent year on year. Among this total, the trading volume of gold was 1,660.4 tons, an increase of 16.5 percent year on year, and its turnover posted RMB571.01 billion yuan, an increase of 35.4 percent year on year; the trading volume of silver was 4.0 tons, a decrease of 1.3 percent year on year, and its turnover posted RMB270.79 billion yuan, a decrease of 5.2 percent year on year; the trading volume of platinum was 13.6 tons, a decrease of 13.5 percent year on year, and its turnover posted RMB4.62 billion yuan, a decrease of 24.7 percent year on year.

The price of gold fluctuated on the domestic market. In the first quarter of 2012, the fixing price on the London Gold Market reached a peak of USD1,781 per ounce, and a trough of USD1,598 per ounce. The highest gold price on the Shanghai Gold Exchange (AU9995) was RMB362.5 yuan per gram, and the lowest price was RMB325.6 yuan per gram. At end-March, the price of gold on the domestic market closed at RMB339.2 yuan per gram, up 6.1 percent from the end of the last year.

II. Institutional building in the financial market

1. An inter-ministerial coordination mechanism for corporate debenture bonds was established

With the approval of the State Council, an inter-ministerial coordination mechanism for corporate debenture bonds was established, which is led by the PBC and with the National Development and Reform Commission and the China Securities Regulatory Commission as member units. The inter-ministerial coordination mechanism will, under the existing legal framework, promote the relevant departments to strengthen regulatory coordination and information sharing in accordance with the law, and jointly push forward the reform and the healthy and rapid development of the corporate debenture bond market in an effort to further broaden direct financing channels for enterprises, optimize the financing structure, and put the role of the market in resource allocations into full play.

2. Further strengthening supervision of sponsors, and launching a new round of reform of the IPO mechanism

Efforts were made to strengthen supervision of the business operations of sponsors. On March 16, the China Securities Regulatory Commission issued the *Opinions on Strengthening Supervision of the Sponsorship Business*, requiring sponsors to establish an accountability system for sponsor representatives and members of the sponsorship team. This measure is designed to help improve the mechanism to keep continuous track of the sponsored projects, achieve effective internal control of the sponsoring institutions, strengthen integrity constraints on the sponsors, and promote the reform of the new stock issue system and the accountability of market participants.

Launching a new round of reform of the IPO system. On April 28, the China Securities Regulatory Commission issued the *Guidelines on Deepening the Reform of the New Stock Issue System*. The *Guidelines* specify that, by ensuring the authenticity, accuracy, adequacy, and completeness of disclosed information, efforts should be made to properly adjust the price enquiry range and the placement ratio, to increase free floats of newly listed companies, to strengthen supervision of IPO pricing of and speculation on new stocks, to improve the building of an information disclosure-based IPO system, to make prices of new stocks truly reflect the value of the firm, to promote the balanced and healthy development of the primary and secondary markets, and to protect the legitimate interests and rights of investors.

3. Improving institutional arrangements on the insurance market

Strengthening regulation over insurance clauses and premium rates of life insurance companies. The China Insurance Regulatory Commission issued the *Administrative Rules on Insurance Clauses and Premium Rates of Life Insurance Companies*. According to the *Rules*, insurance companies should formulate their insurance clauses and premium rates on a fair and reasonable basis, and assume the related responsibilities. For insurance clauses and premium rates of insurance products bearing on the interests of the general public and compulsory insurance products, the clauses and rates shall be submitted to the China Insurance Regulatory Commission for review and approval.

Improving the regulatory system for commercial motor vehicle insurance. In February, the China Insurance Regulatory Commission issued the *Administrative Rules for Payments of Motor Vehicle Insurance Claims*, in a bid to regulate and facilitate motor vehicle claim and payment services. In March, the China Insurance Regulatory Commission issued the *Circular on Strengthening Administration of the Clauses on Premium Rates for Motor Vehicle Insurance. According to the Circular*, efforts should be made to gradually establish an insurance clause and premium rate formation mechanism which is market-oriented and tailored to China's insurance industry, while property insurance companies that meet certain specified conditions are allowed to formulate a commercial motor vehicle insurance clause and can offer premium rates based on their own data.

In addition, the China Insurance Regulatory Commission issued the *Plan for the Establishment of China's Second-Generation Solvency Supervisory System*. According to the Plan, a solvency supervisory regime, which is aligned with international norms and compatible with the current developmental stage of China's insurance industry, within the span of three to five years will build a framework featuring internationally-accepted capital adequacy requirements, risk management requirements, and information disclosure requirements, i.e., the "three pillars".

PART 4 Macroeconomic Analysis

I. Global economic and financial developments

In Q1 2012, global prospects gradually strengthened but downside risks lingered. The U.S. economy showed positive signs with a slowly declining unemployment rate, but the problems of a sluggish housing market, and fiscal and trade deficits were still very much present. Shadowed by the European debt crisis, economic activities in the euro area continued to be disappointing. Factors such as reduced external demand put a brake on the growth of the Japanese economy. And the momentum of growth in most emerging market economies moderated, with some emerging markets facing risks of relatively high inflation and volatile short-term capital flows.

1. Economic developments in the major economies

The U.S. economy showed positive signs with a slowly declining unemployment rate, but the problems of a weak housing market and fiscal and trade deficits were still very much present. GDP growth picked up pace during Q4 2011. Unemployment stood at 8.2 percent in March, the lowest level since 2009. Year-on-year CPI growth moderated at 2.7 percent in March. In February, the trade deficit contracted a bit to USD46.03 billion, and in March, the federal deficit dropped to USD198.2 billion, indicating

Table 8 Macroeconomic and Financial Indices of the Major Economies

Country	Index	2011 Q1			2011 Q2			2011 Q3			2011 Q4			2012 Q1		
		Jan.	Feb.	Mar.	Apr.	May	Jun.	Jul.	Aug.	Sept.	Oct.	Nov.	Dec.	Jan.	Feb.	Mar.
United States	Real GDP growth rate (annualized quarterly rate, YOY, %)	0.4			1.3			1.8			3.0			—		
	Unemployment rate (%)	9.1	9.0	8.9	9.0	9.0	9.1	9.1	9.1	9.0	8.9	8.7	8.5	8.3	8.3	8.2
	CPI (YOY, %)	1.6	2.1	2.7	3.2	3.6	3.6	3.6	3.8	3.9	3.5	3.4	3.0	2.9	2.9	2.7
	DJ industrial average(closing number)	11,892	12,226	12,320	12,811	12,570	12,414	12,143	11,613	10,913	11,955	12,045	12,218	12,633	12,952	13,212
	NASDAQ(closing number)	2,700	2,782	2,781	2,874	2,835	2,774	2,756	2,579	2,415	2,684	2,620	2,605	2,814	2,967	3,092
Euro Area	Real GDP growth rate (quarterly YOY, %)	2.4			1.6			1.3			0.7			—		
	Unemployment rate (%)	10.0	10.0	10.0	9.9	10.0	10.0	10.1	10.1	10.2	10.3	10.4	10.4	10.7	10.8	10.9
	HICP (YOY, %)	2.3	2.4	2.7	2.8	2.7	2.7	2.5	2.5	3.0	3.0	3.0	2.7	2.7	2.7	2.7
	EURO STOXX 50(closing number)	2,654	2,713	2,583	2,661	2,632	2,561	2,511	2,238	2,160	2,318	2,299	2,370	2,422	2,477	2,459
Japan	Real GDP growth rate (annualized quarterly rate, %)	-3.7			-2.1			5.6			-2.3			—		
	Unemployment rate (%)	4.8	4.6	4.9	4.9	4.6	4.7	4.7	4.4	4.2	4.4	4.3	4.2	4.6	4.5	4.5
	CPI (YOY, %)	-0.8	-0.8	-0.7	-0.2	-0.1	-0.2	0.1	0.2	0.2	-0.1	-0.2	-0.1	-0.1	0.1	0.2
	NIKKEI 225(closing number)	10,238	10,624	9,755	9,850	9,694	9,816	9,833	8,955	8,700	8,988	8,435	8,455	8,803	9,723	10,084

Source: Statistical bureaus and central banks of the relevant economies.

improved fiscal conditions.

Shadowed by the European debt crisis, economic activities in the euro area continued to disappoint. In 2011, the growth of the euro area expanded by 1.5 percent but in Q4 quarter-on-quarter GDP growth decreased by 0.3 percent. In particular, year-on-year GDP picked up by 2.0 percent in Germany, increased by 1.4 percent in France, and dropped by 7.0 percent and 2.8 percent respectively in Greece and Portugal due to the deteriorating debt problem in these two countries. The year-on-year HICP edged up 2.7 percent in March, higher than the 2 percent target for 16 consecutive months.

Factors such as reduced external demand put a brake on the growth of the Japanese economy. In Q4 2011, quarter-on-quarter GDP dipped by 0.6 percent, or an annualized 2.3 percent. In March 2012, the core CPI rose 0.2 percent compared with the last year. The Japanese trade deficit registered 2.5 trillion yen in 2011, ending the record thirty-one years of a trade surplus. The trade deficit in the single month of January stood at a stunning 1.48 trillion yen, the highest recorded since such data were first collected in 1979.

Numerous factors including a downward economic cycle and weakening external demand dampened growth of the major emerging market economies. In Q4 2011, India witnessed a year-on-year GDP growth of 6.1 percent, or a quarter-on-quarter decrease of 0.8 percent, the most acute decline in three years. In March 2012, India's CPI rose by 9.47 percent compared with the last year, or 0.87 percent compared with the last month. In 2011, Brazil scored a mere 2.7 percent expansion. Meanwhile, growth momentum also declined in other emerging market economies, including South Africa, Turkey, Indonesia, and Vietnam.

2. Global financial market development

The exchange rates of the major currencies fluctuated by large swings. When the European debt crisis was temporarily contained and boosted by prospects in the periphery markets, the euro climbed against the US dollar amidst fluctuations. Investor sentiment toward the Japanese yen was dampened due to the first trade deficit in Japan in 31 years and during Q1 the Japanese yen depreciated substantially. At the end of March, the exchange rate of the euro and the Japanese yen against the US dollar stood at 1.3343 US dollar per euro and 82.79 Japanese yen per US dollar respectively, representing an appreciation of 3.07 percent and a depreciation of 7.07 percent from the end of the last year.

The US dollar Libor floated downwards with the joint efforts of several central banks to provide cheap US dollar lending to European banks at the end of last year. On March 30, the 1-year Libor was 1.05 percent, down 0.08 percentage point from the end of last year. Due to the large amount of liquidity injected by the ECB through LTROs, the Euribor receded remarkably. On March 30, the 1-year Euribor was 1.42 percent, down 0.53 percentage point from the end of last year.

The yields of major government securities remained flat and low. From January to mid-March, the agreement on a Greek debt solution program eased market tensions, leading to a rising appetite for risky assets. As a result, yields of U.S., German, and Japanese bonds strengthened by various margins. However, news about a worse-than- expected fiscal deficit in Spain drove down the yields of U.S., German, and Japanese bonds in late March. At the end of March, the yields of 10-year Treasury bonds in the U.S., Japan, and Germany closed at 2.21 percent, 0.99 percent, and 1.81 percent respectively, up 33 basis points, 1 basis point, and down 2 basis points from the end of last year.

The major stock indices rallied. Due to the favorable economic data, stock markets in the U.S. and the euro area rose. At the end of March, the Dow Jones Industrial Average, the NASDAQ, the STOXX50, and the Nikkei 225 closed at 13,212, 3,092, 2,459, and 10,084 respectively, up 8.1 percent, 18.7 percent, 3.8 percent, and 19.3 percent from the end of last year.

3. Housing market development in the major economies

There were signs of recovery in the U.S. housing market but uncertainties still remained. According to the U.S. Department of Commerce, sales of new single-family homes in March 2012 were at a seasonally adjusted annual rate of 328,000 units, up 7.5 percent year on year; in the same month, the median price of new homes stood at USD234,500 per unit, an increase of 9.6 percent year on year. According to the National Association of Realtors, in February 2012 sales of homes reached an annualized 4,590,000 units, up 8.8 percent compared with the same period of last year; and the median price of existing homes also moved up 0.3 percent to USD156,600 per unit.

The European housing market continued to be lackluster and housing prices continued to drift lower. In Q1, the U.K. Halifax Index contracted by 0.1 percent month on month or 0.6 percent year on year. In February, the start of new construction in France slid by 28.5 percent year on year to 1,967,000 square meters. Shadowed by the sluggish global recovery and the spread of the European debt crisis, housing markets in the EU periphery area remained subdued.

Supported by the demand for post-disaster reconstruction, the Japanese housing market showed signs of stabilization. According to the Ministry of Land, Infrastructure, Transport, and Tourism, starts of new housing picked up 5.0 percent year on year in March 2012; after an initial year-on-year increase of 24.6 percent in January; construction orders received by the 50 big construction companies decreased in both February and March by 1.8 percent and 0.3 percent year on year respectively. On January 1, 2012, the national average price of land in Japan declined by 2.6 percent, registering a four-year decline, though the downward trend was somewhat arrested. And 546 areas in Japan saw rising land prices, twice the number during last year.

4. The monetary policies of the major economies

Against the background of the acute sovereign debt crisis and the elevated financial risks, the central banks of the major advanced economies continued to adopt an accommodative monetary stance. On both January 25 and March 13, the US FOMC decided to keep the target range for the federal funds rate at 0 to 0.25 percent and indicated that the exceptionally low levels of the funds rate might be maintained until at least late 2014. On March 8, the ECB announced it would maintain unchanged the interest rate on the main refinancing operations at 1 percent. On February 29, the ECB resumed the 3-year LTROs and injected a total of 529.5 billion euro into the market. The Bank of Japan kept the zero interest-rate policy unchanged and expanded its asset purchase program from 55 trillion yen to 65 trillion yen on February 14, and it also enlarged the growth-supporting funding facility from 3.5 trillion yen to 5.5 trillion yen on March 13. The Bank of England left the Bank Rate unchanged at 0.5 percent and increased its asset purchase program from GBP50 billion to GBP325 billion on February 9.

Based on the anticipated dimmed global growth prospects, some emerging market economies loosened their monetary stance. On January 24 and March 9, India cut its reserve ratio twice by a cumulative 1.25 percentage points to 4.75 percent, and on April 17, it reduced its repo rate by 0.5 percentage point to 8.0 percent. On January 18 and March 8, Brazil cut its benchmark interest rate by a cumulative 1.25 percentage points to 9.75 percent. Indonesia, Thailand, the Philippines, Vietnam, and Chile also reduced their official rates during Q1 while Russia, Mexico, the Republic of Korea, and Malaysia chose to keep their official rates unchanged.

Box 4 The Unconventional Monetary Policy of the ECB

Since the outbreak of the global financial crisis in 2008, the ECB has carried out six kinds of unconventional monetary policy operations to stimulate and economic recovery and to safeguard financial stability. The first is longer-term refinancing operations. As a kind of reserve transaction the ECB provides long-term liquidity to counter parties through standard auctions; the second is a security markets program (SMP), through which the ECB purchases government bonds of heavily indebted EU member states; the third is a covered bond purchasing program, i.e., the ECB's purchase of euro-denominated covered bonds issued in the euro area in both the primary and secondary markets; the fourth is currency swaps with other central banks including the Fed and the Bank of England; fifth is the expansion of eligible collaterals; sixth is an increase in the range of qualified counter parties in its monetary policy operations.

With the development of the subprime crisis and the deterioration of the sovereign debt problem in the euro area, the size of the unconventional monetary policy of the ECB expanded, the measures became more aggressive, and the focus gradually shifted from price stability to financial stability. The first measure launched was a covered bond purchasing program, with the aim of improving liquidity conditions in the bond market and encouraging financial institutions to increase credit supply. The program was to be carried out in two phases. During the first phase, from July 2, 2009 until June 30, 2010, the ECB bought a cumulative 60 billion euros of covered bonds. During the second phase, from November 2011 to October 2012, the ECB planned to buy a total of 40 billion euros of covered bonds. According to the ECB, all the bonds purchased would be held until maturity. This program helped to ease market tensions and ensure abundant market liquidity, but it was inadequate to stop the deepening of the European debt crisis. In the first half of 2010 and against the background of the sharply exacerbating European debt crisis, yields of treasuries of the heavily indebted countries such as Greece and Portugal soared, and liquidity in the sovereign debt market almost dried up. The crisis spread to the interbank market, foreign exchange market, and stock markets. To stabilize financial markets, the ECB established the securities markets program (SMP) to purchase debt instruments issued by governments in the euro area and eligible marketable debt instruments issued by private entities. To satisfy the legal requirement that no direct financing should be provided to member state governments in the euro area and to distinguish them from quantitative easing policies, the SMP implemented specific weekly operations to re-absorb the injected liquidity and thereby ensure that the current and future monetary policy stance would not be affected. By March 30, 2012, the ECB had purchased a total of 214.2 billion euros of government bonds. However, the SMP failed to curb the spread of the European debt crisis. In the latter half of 2011, the yields of treasuries in those heavily indebted countries rocketed to a new high and the crisis began to loom in the EU core countries and their banking systems. Under such circumstances, the ECB extended the term of LTROs from three months to three years, and removed the limits on the auction amount in order to stabilize the financial market. On December 21, 2011 and February 29, 2012, the ECB injected a total of 1,018.5 billion euro into the market through two rounds of LTROs with an unlimited auction amount. The two rounds of operations pumped liquidity adequate for three years of use into the banking system of the euro area and thereby lowered the possibility of a breakout of a banking crisis in the short run. At the same time, banks used part of the funds acquired to buy sovereign debts, controlling the soaring yields of sovereign debts and alleviating market panic. The European debt crisis was temporarily tamed.

Apart from the above-mentioned three unconventional monetary measures, currency swaps, expansion of the range of eligible collateral, and an increase in qualified counterparts also supplemented the tool box of the ECB to fight the crisis. To be specific, currency swaps gave the ECB easy access to the US dollar, which could readily be provided to the euro area banking system; during the crisis, the total eligible collateral assets accepted by the ECB expanded from 1 trillion euro to 3 trillion euro, enhancing financing through other monetary policy tools; and more qualified counter parties meant that liquidity could penetrate to extended areas and monetary policy transmissions would be more effective.

In general, the launch of an unconventional monetary policy by the ECB greatly improved the stability of the European financial market, curbed the yields of treasuries to within a sustainable range, and won precious time for a fundamental structural reform in Europe. However, the unconventional monetary policy operations came with a price, including potential damage to the credibility of the ECB and the impact caused by policy exit. During the crisis, the assets of the ECB bulged due to the lowering of the threshold for eligible collaterals, which to some degree compromised the credibility of the euro. As a result, the exchange rate of the euro fluctuated downwards. Because the assets purchased under the covered bond program and the SMP can be held until their maturity, and the time and scale of exit are thus fixed, the impact of the unwinding on the financial market will be small. The exit of the LTRO should be closely followed. Under the LTRO arrangement, banks could repay their lending before maturity. However there might be a so-called cliff effect caused by the large-scale repayment of lending upon maturity, leading to huge shocks to the financial market.

5. World economic outlook

In its *World Economic Outlook* published in April 2012, the IMF projected that global prospects would gradually strengthen in 2012 but downside risks would remain elevated. Global growth was projected to drop to about 3.5 percent in 2012, with the United States expanding by 2.1 percent and the euro area sliding to –0.3 percent. Due to the post-disaster recovery of the industrial chain, activities in Japan are projected to rebound to 2.0 percent and that of the emerging economies are projected to soften to 5.7 percent.

Looking further ahead, the challenges facing the global economy include: first, the possibility that European debt crisis will flare up again poses the greatest uncertainties to the global economy; second, the geopolitical risks caused by the Iranian nuclear impasse might lead to a hike in oil prices; third, the accommodative monetary policies in the major advanced economies may bring latent inflation risks and volatile capital flows; fourth, economic growth will generally weaken in the emerging market economies.

II. Analysis of China's macroeconomic performance

China's economy grew steadily in the first quarter of 2012. Agricultural production was bumper, industrial production remained stable, imports and exports continued to grow, and household income grew relatively fast. In March, the major economic indicators such as the industrial added value of statistically large enterprises, and the growth of retail sales rebounded from January and February. In general, price levels declined. In the first quarter, the Gross Domestic Product (GDP) registered RMB10.8 trillion yuan, up 8.1 percent year on year, representing an acceleration of 1.6 percentage points from the same period of last year and up 1.8 percent quarter on quarter. The Consumer Price Index (CPI) was up 3.8 percent year on year, a decrease of 1.2 percentage points from the same period of last year. The trade surplus posted USD670 million.

1. Consumer demand grew steadily, and investment growth moderated from an elevated level

Supported by the rapid income gains of urban and rural residents, domestic consumer demand increased steadily. In the first quarter, the per capita disposable income of urban households posted RMB6,796 yuan, representing year-on-year growth of 14 percent and price-adjusted real growth of 9.8 percent. The per capita cash income of rural households registered RMB2,560 yuan, up 17 percent in nominal terms or 12.7 percent in real terms. The PBC survey of urban depositors in the first quarter shows that the residents' income index was up by 1.0 percentage point from the previous quarter to reach 51.9 percent; the confidence index in income gains fell by 0.4 percentage point from the previous quarter to 54.9 percent. The propensity to spend on vehicles, large-value goods, and tours increased, whereas the propensity to invest in real estate continued to pull back. In the first quarter, retail sales of consumer goods totaled RMB4,931.9 billion yuan, a year-on-year increase of 14.8 percent and a deceleration of 1.5 percentage points, or up 10.9 percent in real terms and a deceleration of 0.7 percentage point. Broken down by urban and rural areas, retail sales in urban areas registered RMB4,268.8 billion yuan, up 14.9 percent year on year, whereas retail sales in rural areas grew 14.6 percent year on year to RMB663.1 billion yuan.

The growth of fixed-asset investments moderated from an elevated level. In the first quarter, fixed-asset investments (excluding investments by rural households) totaled RMB4,786.5 billion yuan, up 20.9 percent year on year, representing a deceleration of 4.1 percentage points from the same period of last year. The price-adjusted real growth posted 18.2 percent. Among the total, investments by state-owned and state shareholding enterprises grew 9.0 percent year on year to RMB1,519.1 billion yuan. Broken down by region, growth in the central and western regions notably outpaced that in the eastern region, with growth in the eastern, central, and western regions registering 18.9 percent, 27.1 percent, and 26.9 percent respectively. Broken down by industry, fixed-asset investments in the primary, secondary, and tertiary industries grew 35.8 percent,

Figure 3 Growth of Fixed-asset Investments

Sources: National Bureau of Statistics, the People's Bank of China.

24.6 percent, and 17.6 percent respectively, representing an acceleration of 25.0, -0.2, and -8.0 percentage points respectively from the same period of the previous year.

Imports and exports continued to grow. In the first quarter, exports increased by 7.6 percent year on year to USD430 billion, and imports were up 6.9 percent year on year to USD429.4 billion, resulting in a trade surplus of USD670 million. Exports of mechanic and electric products grew by 9.0 percent year on year, 1.4 percentage points faster than the growth of all exports in the same quarter of last year; exports of labor-intensive products posted year-on-year growth of 3.3 percent, about 4.3 percentage points slower than the overall export growth. The quantities and prices of major imported commodities presented a mixed picture in the first quarter. The import volume of iron ore was up by 6.0 percent year on year, whereas the average price dropped by 12.6 percent; the import volume and average price of crude oil registered year-on-year growth of 11.4 percent and 20.1 percent respectively; imports of crude copper and copper products increased by 50.5 percent, whereas their average price fell by 13 percent year on year.

2. Agricultural production performed well and industrial production accelerated moderately

In the first quarter, the value-added of the primary, secondary, and tertiary industries reached RMB692.2 billion yuan, RMB5,145.1 billion yuan, and RMB4,962.2 billion yuan respectively, up 3.8 percent, 9.1 percent, and 7.5 percent. The shares of the three industries in GDP were 6.41 percent, 47.64 percent, and 45.95 percent respectively.

Agricultural production went well. The survey of 70,000 rural households shows that the sowing area for spring crops in 2012 remained stable, and grain output continued to grow. In particular, the sowing area of early-season rice will reach 5.8 million hectares, up 50,000

Figure 4 Import and Export Growth and the Trade Balance

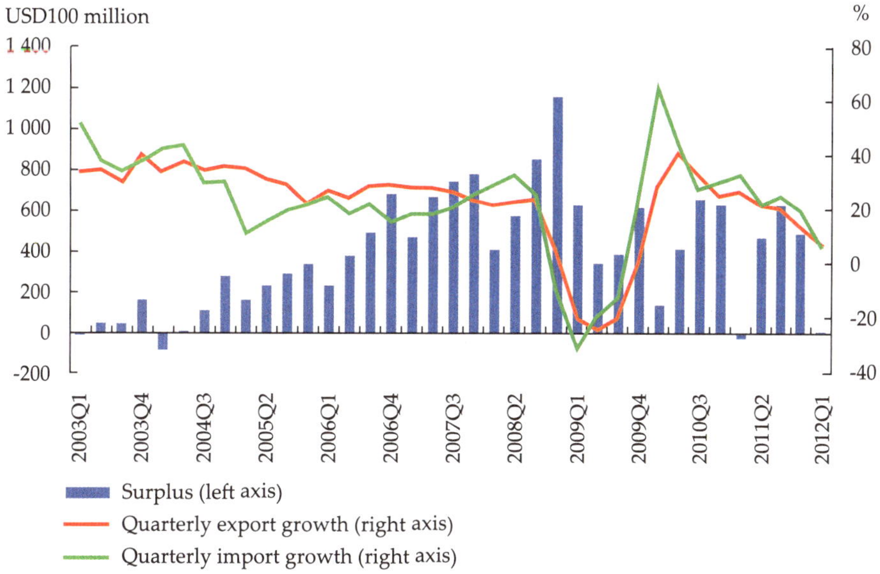

Sources: General Administration of Customs, the People's Bank of China.

hectares from 2011, and the area of maize will continue to increase. In the first quarter, the total output of meat (including pork, beef, mutton, and poultry) posted 22.27 million tons, up 3.9 percent year on year. In particular, pork production grew by 4.0 percent to reach 15.11 million tons.

Growth of industrial production rebounded, whereas corporate profits slid. In March, the value-added of statistically large enterprises grew by 11.9 percent year on year, representing an acceleration of 0.5 percentage point from January and February. In March, the seasonally adjusted industrial value-added was up by 1.22 percent month on month, representing an acceleration of 0.59 and 0.38 percentage point respectively from January and February. The profitability of industrial enterprises fell modestly. In the first quarter, the profits of statistically large enterprises posted RMB1,044.9 billion yuan, down by 1.3 percent year on year. Industrial production and sales were well connected, as 97.5 percent of all industrial products were sold in the first quarter, at a par with the same period of last year. The survey of 5,000 industrial enterprises conducted by the PBC in the first quarter reveals that the business index dropped by 3.2 percentage points from the previous quarter to 64.4 percent. Market demand continued to slide. The export orders index and the domestic orders index registered 46.9 percent and 50.5 percent respectively, down by 1.8 and 2.6 percentage points respectively from the fourth quarter of 2011. Affected by the slowing growth of sales, the inventory index of finished products posted 54.4 percent, up by 1.1 percentage points from the previous quarter. Corporate profitability weakened, as the profitability index went down by 4.4 percentage points from the previous quarter to 51.2 percent.

3. The hike in consumer prices moderated, and the increase in producer prices fell markedly

Growth of the general price level pulled back steadily due to stable economic performance, the improved supply of food items, and the significant drop in prices of upstream products.

In general, the hike in consumer prices moderated. In the first quarter, the CPI gained 3.8 percent year on year, decelerating by 0.8 percentage point from the previous quarter. In quarter-on-quarter terms, the CPI was up by 0.5 percent, at a par with the average level in the same time period from 2005 to 2011. The CPI grew 4.5 percent, 3.2 percent, and 3.6 percent year on year respectively in the three months of the first quarter respectively. Excluding the base period factor, the new price rising factor remained basically stable. Within the CPI basket, prices of food items grew 8.0 percent year on year in the first quarter, driving the CPI up by 2.6 percentage points; the counter-seasonal price increase of fresh vegetables in March at 6.1 percent in month-on-month terms was the major contributor to the recovery of the food price increase; prices of non-food items gained 1.8 percent, shoring up the CPI by 1.2 percentage points; affected by the oil price hike on the international market, prices of transportation, water, electricity, and fuel rebounded somewhat, causing prices of transportation, communications, and accommodations to increase by a magnitude greater than the historical average in quarter-on-quarter terms during the first quarter.

Growth of producer prices decelerated markedly. In the first quarter, ex-factory producer prices of industrial products grew 0.1 percent year on year, representing a deceleration of 3 percentage points from the fourth quarter of last year. Monthly growth presented a downward trend, posting 0.7 percent, 0.0 percent, and -0.3 percent in the three months respectively. Prices of capital goods dropped by 0.3 percent year on year, whereas prices of consumer goods gained 1.7 percent year on year. The industrial producer purchasing price index posted 2.0 percent, 1.0 percent, and 0.1 percent in the three months respectively, averaging 1.0 percent and representing a deceleration of 4.5 percentage points from the previous quarter. The Corporate Goods Price Index (CGPI) was up 0.7 percent in year-on-year terms, representing a deceleration of 3.1 percentage points from the previous quarter. With regard to monthly movements, the year-on-year growth of the CGPI index decelerated for 8 consecutive months, and posted 1.3 percent, 0.6 percent, and 0.3 percent respectively year on year in the three months of the first quarter. Broken down by the production stage of the goods in the CGPI basket, prices of primary products posted the sharpest slowdown, with an increase that was 14 percentage points lower than that during the same period of last year. Broken down by the application of the goods in the CGPI basket, the prices of capital goods registered the most significant slowdown, with an increase that was 7.8 percentage points lower than that during the same period of last year. In the first quarter, growth of producer prices of the major agricultural products was up 9.2 percent year on year, 0.2 percentage point higher than the price index of agricultural capital goods.

Import prices grew in quarter-on-quarter terms, but the growth rate declined year on year. Affected by geopolitical tensions and other factors, the prices of crude oil and other commodities increased modestly. In the first quarter, the average price of crude oil futures on the New York Mercantile Exchange increased by 9.5 percent quarter on quarter, and 9.0 percent year on year. The average Brent crude oil spot price in the first quarter gained 8.5 percent quarter on quarter, and 12.6 percent year on year. The average prices of spot copper and aluminum on the London Metals Exchange grew 10.9 percent and 4.2 percent respectively quarter on quarter. Affected by the high base period factor in 2011, growth in import prices continued to decelerate year on year. In the first quarter, import prices gained 7.0 percent, 5.4 percent, and 0.0 percent in the three months respectively, averaging 4.1 percent. Export prices were up by 6.9 percent, 5.1 percent, and 2.1 percent in the three months respectively year on year, averaging 4.7 percent.

The GDP deflator fell modestly. GDP registered RMB10.8 trillion yuan in the first quarter, up 8.1 percent year on year in real terms. The change in the GDP deflator (as a ratio of nominal GDP versus real GDP) was 2.9 percent, down 4.2 and 4.6 percentage points from the same period of last year and the annual figure in 2011.

Reform of the resource products pricing mechanism was advanced steadily. Having approved the *Opinions on Advancing Key*

Economic Reforms in 2012 proposed by the National Development and Reform Commission, the State Council decided to continue to push ahead steadily with the electricity tariff reform, to implement the reform program of tiered pricing of electricity for the household sector, and to improve the pricing mechanism for hydro power, nuclear power, and power generated by renewable resources. The State Council also decided to deepen the market-oriented pricing reform of oil products, and will finalize a reform agenda when appropriate. In addition, efforts will be made to deepen the pilot scheme for the natural gas pricing mechanism, and to set out and adjust the criteria for charging a water resources fee.

4. Growth of fiscal revenue slowed down considerably, whereas fiscal expenditures grew rapidly

In the first quarter, fiscal revenue (excluding debt income) surged by 14.7 percent year on year to RMB2,997.6 billion yuan, representing a deceleration of 18.4 percentage points from the same period of the previous year, whereas fiscal expenditures registered RMB2,411.8 billion yuan, up 33.6 percent year on year, representing an acceleration of 7.6 percentage points from the same period of the previous year. As a result, revenue was RMB585.8 billion yuan more than expenditures.

As for the structure of fiscal revenue, tax revenue posted RMB2,585.8 billion yuan for the first quarter, up 10.3 percent year on year and representing a deceleration of 22.1 percentage points from the same period of the previous year. In particular, the domestic VAT, the VAT and excise tax on imported products, the corporate income tax, the business tax, the consumption tax, and the personal income tax were up 5.4 percent, 13 percent, 20.5 percent, 7.6 percent, 15.1 percent, and -6.2 percent respectively year on year. Revenue from these six tax items accounted for 77.46 percent of total national fiscal revenue.

As for the structure of fiscal expenditures in the first quarter, the five fastest growing spending items included transportation, government-subsidized housing, diplomatic affairs, medical services, and environmental protection and energy conservation, up by 102.1 percent, 74.7 percent, 70.1 percent, 68.2 percent, and 64.8 percent respectively year on year. In the expenditure basket, the five largest items were social security and employment, education, general public services, agriculture, forestry and water related issues, and urban and rural communities, accounting for 15.7 percent, 14.5 percent, 10.2 percent, 8.8 percent, and 7.5 percent respectively of fiscal expenditures, and up by 33.2 percent, 34.7 percent, 19.8 percent, 38.0 percent, and 40.8 percent respectively year on year.

5. The balance of payments improved further

In 2011, though posting a twin surplus, China's balance of payments (BOP) continued to improve. The current account surplus declined by 15 percent year on year to USD201.7 billion, the capital and financial account surplus was down by 23 percent year on year to USD221.1 billion. The share of the current account in GDP stood at 2.8 percent, a drop of 1.2 percentage points from 2011.

The stock of external debt increased rapidly,

and the share of short-term external debt rose. As of end-2011, the stock of China's external debt stood at USD695 billion, up 26.6 percent year on year. Among this total, the stock of registered external debt posted USD445.8 billion, up 32 percent year on year; short-term external debt posted USD500.9 billion, a year-on-year increase of 33.3 percent accounting for 72.1 percent of the total, and an acceleration of 3.7 percentage points from end-2011.

6. Sectoral analysis

Industrial profits declined year on year, but at a slower pace. In the first quarter, profits of statistically large industrial enterprises reached RMB1,044.9 billion yuan, down by 1.3 percent year on year; however, the decline was 3.9 percentage points less than that in the first two months of the year. Furthermore, 27 out of the 41 industrial sectors reported a year-on-year growth in profits, whereas 11 sectors experienced a year-on-year decline in profits. Among industries, the profits of the oil and natural gas exploration industry, the agricultural products processing industry, and the electricity generation, heating industry, and power distribution industry grew by 10.6 percent, 17.7 percent, and 28.3 percent respectively year on year; the profits of the chemical raw materials and chemical products manufacturing industry, and the ferrous metals smelting and rolling industry fell by 23.1 percent and 83.5 percent respectively year on year; the oil refinement industry and the coking and nuclear fuel-processing industry became loss-making. Growth of coal, electricity, petroleum, and transportation slowed down. In the first quarter, coal production grew 5.6 percent year on year to reach 861 million tons, power generation increased 6.58 percent year on year to reach 1,139.1 billion kilowatt hours, crude oil output was down by 1.51 percent year on year to reach 50.7 million tons, and the volume of cargo transportation rose 11.8 percent year on year to reach 9.06 billion tons.

(1) The real estate sector

In the first quarter of 2012, the real estate market continued to stabilize. More cities experienced year-on-year declines in housing prices. Investment in real estate development moderated. The growth of real estate loans extended by the major financial institutions continued the declining trend. Credit to government-subsidized housing increased continuously.

More cities witnessed year-on-year declines in housing prices. In March, the prices of newly built commercial residential housing dropped year on year in 38 out of 70 large- and medium-sized cities, 29 more than in December 2011; prices fell month on month in 46 cities, remained flat in 16 cities, and rose in 8 cities. Among the cities with month-on-month price hikes, no cities reported growth higher than 0.2 percent. The price of pre-owned residential housing fell in year-on-year terms in 49 cities, 20 cities more than in December; prices dropped in month-on-month terms in 42 cities, remained flat in 12 cities, and rose in 16 cities.

Sales of commercial real estate went down year on year. In the first quarter, the sold floor area of commercial real estate posted 152.39 million square meters, down 13.6 percent year on year, compared to 4.9 percent in 2011. Sales of commercial real estate were down

14.6 percent year on year to RMB867.2 billion yuan, compared to 12.1 percent in 2011. In particular, the sold floor area and sales value of commercial residential housing accounted for 87.8 percent and 81.9 percent of the sold floor area and sales value of commercial housing.

Real estate development investment slowed down gradually. In the first quarter, investment in real estate development totaled RMB1,092.7 billion yuan, up 23.5 percent year on year (or 20.7 percent in real terms), representing a deceleration of 4.4 percentage points from the previous year. In particular, investment in residential housing reached RMB744.3 billion yuan, accounting for 68.1 percent of the total investment in development. In the first quarter, the floor area of newly built housing grew 0.3 percent year on year to 400 million square meters, a deceleration of 15.9 percentage points from 2011. The floor area of housing under construction grew 25.0 percent year on year to 4.09 billion square meters, a deceleration of 0.3 percentage point from 2011. The floor area of completed housing stood at 180 million square meters, up 39.3 percent year on year and representing an acceleration of 26.0 percentage points from 2011.

Growth of real estate loans continued to decelerate, and new loans decreased. As of end-March, outstanding real estate loans of the major financial institutions (including foreign financial institutions) posted RMB11.0 trillion yuan, an increase of 10.1 percent year on year and a deceleration of 3.8 percent from end-2011. Among this total, outstanding land development loans were down 8.0 percent year on year to RMB771 billion yuan, representing an acceleration of 0.1 percentage point from end-2011. Outstanding housing estates development loans grew by 11 percent year on year to RMB2.83 trillion yuan, decelerating by 6.1 percentage points from the end of the previous year. Outstanding mortgage loans registered RMB7.3 trillion yuan, up 12.1 percent year on year, a deceleration of 3.4 percentage points from end-2011 and marking the 23rd successive month of decline since May 2010. As of end-March, outstanding land and housing loans accounted for 19.7 percent of total outstanding loans, 0.4 percentage point less than that at end-2011. In terms of new loans, in March new real estate loans reached RMB85.3 billion yuan, a decrease of RMB81.5 billion yuan year on year. In the first quarter, new loans to the real estate sector accounted for 10.2 percent of total new loans, down 7.3 percentage points from the annual figure in 2011.

Credit support to government-subsidized housing was gradually reinforced. It is planned that in 2012, 7 million units of government-subsidized housing and renovations of shanty housing will break ground, out of which 5 million units will be completed. As of end-March, outstanding loans for government-subsidized housing reached RMB430.6 billion yuan, accounting for 15.2 percent of the total real estate development loans (starting from 2012, real estate development loans for renovation of shanty housing are included in the statistics on development loans for government-subsidized housing). This figure represents an increase of RMB39.1 billion yuan in the first quarter, accounting for 47.1 percent of the new loans to real estate development during the same period. Moreover, the pilot program too use housing provident fund loans to support the construction of government-subsidized housing was advanced steadily. As of end-March, loan approvals amounted to RMB39.92 billion yuan, out of which RMB28.85 billion yuan in loans was disbursed by commercial banks in 29 cities entrusted by the Housing Provident Fund Management Center.

(2) The oil industry

Oil is an important strategic resource for economic development. As a developing country, China has been consuming a growing amount of oil as its economy has been developing. The *National Mineral Resources Planning* (2008-2015) predicts that China's oil consumption will break the 500 million tons threshold by 2020. Compared to demand, production capacity is apparently insufficient. Crude oil output in 2011 was merely 204 million tons. The huge demand gap has to be filled by imports; however, the fact that excessive dependence on imported oil will make economic development vulnerable to imported inflationary pressures and energy safety issues has attracted wide attention.

Growth of oil production slowed down. CNOOC's production has not resumed its normal level since the oil leak accident of ConocoPhilips; as a result, crude oil output declined, and the growth of crude oil processing and output of oil products decelerated. In the first quarter, crude oil output registered 50.704 million tons, down by 1.5 percent year on year, compared to an increase of 6.7 percent in the same period of 2011. The volume of processed crude oil and the output of oil products (including long-steam diesel) grew by 3.1 percent and 5.6 percent respectively year on year to 114.908 million tons and 69.146 million tons, representing a deceleration of 7.0 and 4.8 percentage points from the same period of the previous year. In the first quarter, industrial added value of the oil and natural gas exploration industry and the coking and nuclear fuel processing industry gained 2.6 percent and 6.1 percent respectively in cumulative terms year on year, a deceleration of 5.6 and 4.9 percentage points compared with the first quarter of 2011.

Rapid growth of oil imports increased China's dependence on foreign output. In 2011, China overtook the U.S. as the largest oil importer and consumer. In the first quarter of 2012, China's crude oil imports reached a new record high of 70.61 million tons, up by 12.7 percent year on year.

Rising oil prices have added to the cost pressures on the oil processing industry. At end-March, affected by geopolitical uncertainties, the prices of the WTI and Brent crude oil futures posted 103 and 123 dollars per barrel respectively, up 4.24 percent and 4.43 percent from the end of 2011. At the same time, the average price of imported crude oil has been on the rise for 18 successive months, exerting more pressures on the refinery industry. Since the latter half of 2010, though the National Development and Reform Commission raised the ex-factory prices of oil products on seven occasions, growth of the cumulative profits in the oil processing and the coking and nuclear fuel processing industries has remained in the negative zone for 12 consecutive months, and since February 2012 annual cumulative profits have turned into losses.

A new way of thinking is needed during the 12th Five-Year Plan period in order to reduce reliance on imported oil and to promote healthy economic development. First, efforts should be made to diversify energy sources, to promote energy and oil efficient technologies, to promote energy recycling, and to adjust the energy consumption structure appropriately. Second, an oil reserve system should be set up expeditiously at four levels, namely at the national strategic level, the local government level, the level of SOEs directly affiliated with the central government, and the small and medium-sized enterprises level, which, combined with strengthened international cooperation in pursuit of import diversification, can effectively deal with short-term oil supply shocks. Third, the market-based oil products pricing reform should be improved, and the pilot program to reform natural gas pricing should be deepened. Efforts should be made to advance the tax reform of oil and natural gas resources, and to adjust the criteria for levying a special tax on oil-related income in order to make oil prices reflective of the economic, environmental, and safety costs as accurately as possible based on the market mechanism. Fourth, the Chinese government should prudently promote the building of a market for commodity futures trading, including crude oil futures, and should become involved in rules making in order to influence the international oil price formation process to the extent that the price reflects market demand and supply in China and reflects China's national interests.

PART 5

Monetary Policy Stance for the Next Stage

I. Outlook for the Chinese economy

At present, given the favorable conditions and many positive factors, the Chinese economy is likely to continue its steady growth. In terms of international circumstances, the U.S. economic recovery has become more pronounced, the building of a firewall in the euro area and the long-term refinancing operations conducted by the ECB have contributed to an easing of the European debt crisis, and the OECD comprehensive leading index has continued to rise since November 2011. In general, external demand conditions have improved somewhat. In terms of the domestic situation, localities are keen to promote urbanization, industrialization, and balanced regional development, growth in the central and western regions has accelerated, and there is great potential for industrial upgrading and development in the services sector. As a result, the momentum for long-term stable growth remains unchanged. The adoption of a series of fine-tuning and pre-emptive macroeconomic measures since 2012 has helped maintain the momentum of steady economic growth. The growth of industrial production, electricity generation, and money and credit aggregates all quickened in March, and start-up projects increased by a large margin in the first quarter. According to the PBC's survey of enterprises, bankers, and urban depositors in Q1 2012, the bankers' macroeconomic confidence index and the enterpreneurs' macroeconomic confidence index were up by 5.6 and 1.8 percentage points respectively from the previous quarter; the enterpreneurs' market demand expectation index and the domestic and external order expectation indices all registered gains; and the household employment expectation index was also up by 0.7 percentage point from the previous quarter. However, it should be noted that the current domestic and external economic situations are still very complicated and unstable. The European debt issue remains to be solved, and the prospects for a global recovery are uncertain. The uneven, unbalanced, and unsustainable problems remain obvious in China's economic performance, aggregate demand faces both upside and downside pressures, stable export growth is difficult to achieve, the profitability of some enterprises has declined moderately, the real estate market is in the course of adjustment, and the process of economic restructuring may have some short-term impact on economic growth. Therefore, potential risks in the real economy and financial sectors should not be neglected.

The hike in the general price level pulled back steadily, but it still remains unstable, and the upside risks to future price spikes merit attention. At present, the reasonable growth of aggregate demand and supply, relatively favorable monetary stance, and the relatively stable external and liquidity conditions on the domestic market are contributing to price stability. According to the PBC's survey of urban depositors in Q1 2012, the price expectation index posted 62.1 percent, falling 3.3 percentage points from the previous quarter; the proportion of respondents who expected prices to rise in the next quarter fell 5.4 percentage points; and expectations for future housing price hikes also slowed down. In the meantime, the relationship between economic growth and price levels is changing, and compared with previous periods the latter have become more sensitive to the expansion of aggregate demand. As the Lewis turning point is approaching and labor supply in the domestic market is gradually tightening, the upward pressures of prices of labor-intensive agricultural products, services, and resource products remain. Once aggregate demand expands, an upward momentum may potentially reemerge. Furthermore, imported inflationary pressures from the volatility in commodities prices on the international market are looming. The moderated growth of the general price level in the latter half of 2011 was the outcome of many measures, and as the price situation eases, the prices of those goods whose price hikes had been constrained in previous periods may resurge. Although the year-on-year growth of the CPI may continue to moderate in the short run, this is partly related to the high base in the corresponding period of the previous year, and more attention should be paid to the seasonally adjusted month-on-month CPI growth.

In general, the current economic growth and employment situations are relatively stable, the balance of payments has become more balanced, and growth of the general price level is declining precariously and is very sensitive to any rebound in economic growth. Therefore, efforts should be made to maintain the current relatively balanced economic performance. Due to the changing demographic structure, intensifying resource and environmental constraints on economic growth, and shifting economic growth patterns, the relationship among economic growth, employment, and inflation may have changed significantly from past years. To better manage the relationship between economic growth and inflation, efforts should be made to improve supply management, increase production efficiency, reduce transaction costs, and improve income distribution. Maintaining stable economic growth while promoting economic restructuring and the shift in the growth pattern will contribute to healthy and sustainable economic growth in the medium to long term, and will be conducive to greater potential in long-term economic growth.

II. Monetary policy in the next stage

Going forward, the PBC will follow the overall arrangements of the Central Economic Work Conference, the National Financial Work Conference, and the Report on the Work of the Government, take sustainable development as the central theme, and acceleration in the shift of the growth pattern as the core of its policy conduct, strive for steady improvement, maintain the consistency and stability of macroeconomic policies, and properly handle the relationship among economic growth, restructuring, and price levels. Efforts will be made to continually implement a prudent monetary policy, closely monitor economic and financial developments at home and abroad, pay attention to structural changes in aggregate demand, enhance the targeted, flexible, and forward-looking nature of macroeconomic measures, initiate fine-tuning and pre-emptive adjustments as appropriate, improve the quality of financial services to the real sector, effectively mitigate systemic financial risks and maintain stability in the financial sector, and keep overall price levels generally stable, so as to promote stable and fairly rapid economic growth.

First, through a mix of monetary policy instruments and improvements in the macro-prudential policy framework, and based on the principle of keeping proper aggregate volume in a prudential and flexible manner, the PBC will guide the stable and proper growth of money and credit aggregates and will keep the all-system financing aggregate at a proper level. Efforts will be made to continually optimize liquidity management, and, in view of foreign exchange inflows, changes in demand for and supply of market funds, short-term special factors, and other factors, make use of a combination of liquidity management instruments, such as reverse repo, repo, central bank bills, the deposit reserve requirement ratio, and so forth, to flexibly adjust liquidity in the banking system and guide stable movement in market interest rates. A counter-cyclical macro-prudential policy will be implemented, and the parameters will be adjusted based on changes in the economic climate, the soundness of financial institutions, and implementation of credit policy to guide financial institutions to support real sector development in a more targeted and pre-emptive manner.

Second, credit resource allocations will be optimized to support economic restructuring and to better serve the real sector. The coordination of credit and industrial policies will be enhanced, evaluations of the effect of credit policy will be advanced, and the role of the dynamic adjustment mechanism of the differentiated deposit reserve requirement ratio in optimizing the credit structure will be put into full play, so as to guide financial institutions to manage the pace and structure of credit extensions and to implement a differentiated credit policy. A multi-layered, diversified, and competitive rural financial service system will be built to better serve agriculture, rural areas, and farmers. Financial institutions will be encouraged to make innovations in financial products and services to increase effective credit inputs to enterprises that comply with industrial policies, in particular small- and micro-sized enterprises, and on-going key national projects and their follow-up projects. Emphasis will be placed on supporting people's welfare projects, under-developed regions, emerging strategic industries, modern services industries, high-end manufacturing sectors, the cultural industry, tourism industry, and so on. Continued efforts will be made to render credit support to the construction of government-subsidized housing projects and the purchase of ordinary commercial housings by first-time home-owners. Lending to high energy-consuming and highly polluting industries and those with excess capacity will be strictly controlled. The PBC will guide and urge commercial banks to establish a philosophy of "sound performance while earnestly supporting the real economy" to strengthen internal management and to rectify the supplemental clauses that include additional conditions and the charge of improper fees in their financial services.

Third, the market-based interest rate reform and the RMB exchange-rate regime reform will be advanced, and efforts will be made to improve the efficiency of resource allocations and to perfect the macroeconomic management mechanism. Measures will be taken to cultivate a system of market base rates to encourage financial institutions to enhance their risk-pricing capacity. The PBC will explore an effective approach for advancing the market-based interest rate reform, and the central bank's capacity to guide market rates will be further improved. The RMB exchange-rate regime will be improved to enhance RMB exchange-rate flexibility in both directions and to keep the exchange rate basically stable at an adaptive and equilibrium level. The PBC will continually improve its foreign exchange operations model, reduce the frequency of interventions, and enhance the flexibility of its policy conduct so that market demand and supply will play a greater role. Development of the foreign exchange market will be advanced and innovation in exchange-rate risk management instruments will be promoted. The use of RMB settlements in cross-border trade and investments will be expanded, and the channel for inflows and outflows of RMB funds will be broadened. Further progress will be made in opening the interbank foreign exchange market for trade with the emerging market currencies against the RMB to facilitate RMB settlements of cross-border trade. The impact of changes in the international situation on capital movements will be closely monitored and effective monitoring of cross-border capital flows will be enhanced.

Fourth, the sound development of the financial market will be promoted, and the reform of financial institutions will be deepened. Efforts will be made to step up support for direct financing, to promote innovations in financial markets, and to broaden the financing channels for small- and micro-sized enterprises. Emphasis will be placed on the role of the market mechanism, and measures will be adopted to consolidate and strengthen the building of a market infrastructure, and to enhance supervision and management and awareness of risk prevention, so as to promote the healthy and sound development of financial markets. The reform of large commercial banks will be advanced to continually improve corporate governance, the modern financial enterprise system, and internal governance and risk management, and to increase their innovative and development capacity and international competitiveness. The PBC will follow the progress and provide guidance to the pilot program for the reform of the County Area Banking Division of the Agricultural Bank of China and encourage the Agricultural Bank of China to improve its financial services to the agricultural sector. The development of policy financing will be considered comprehensively; the market reform of the China Development Bank will be deepened while the reform of the Export-Import Bank of China and the Agricultural Development Bank of China will be advanced based on the principle of one set of specific policies for each bank and specific guidance. The reform of the Postal Savings Bank of China will be deepened, and the commercial transformation of asset management companies will be advanced. Efforts will be made to implement the tasks of Wenzhou's pilot financial reform scheme and to promote the healthy development of private financing based on the laws and regulations. Private capital will be encouraged to take part in the reform of local financial institutions, and the development of new types of financial organizations will be advanced.

Fifth, effective measures will be adopted to mitigate systemic financial risks and to preserve stability in the financial system. Macro-prudential regulation will be enhanced to guide financial institutions to run their businesses soundly. Financial institutions will be urged to strengthen internal control and risk management, and monitoring and management of lending to local government financing platforms, financial institutions, off-balance sheet business, and the financing of the real estate sector will be strengthened. Measures will be adopted to prevent cross-sector and cross-market risks, and to prevent risks from spreading from the informal financial sector and related sectors to the financial system. It is necessary to prevent the contagion of financial risks and moral hazards and to safeguard the bottom line of allowing no systemic risks to occur locally.

附录一　2012年第一季度中国货币政策大事记

1月17日， 中国人民银行与阿联酋中央银行签署规模为350亿元人民币/200亿迪拉姆的双边本币互换协议,有效期为3年，经双方同意可以展期。

2月2日， 中国人民银行向全国人大财经委员会汇报2011年货币政策执行情况。

2月6日， 中国人民银行、财政部、商务部、海关总署、国家税务总局和中国银监会联合发布《关于出口货物贸易人民币结算企业管理有关问题的通知》（银发[2012]23号），明确参与出口货物贸易人民币结算的主体不再限于列入试点名单的企业，所有具有进出口经营资格的企业均可开展出口货物贸易人民币结算业务。

2月8日， 中国人民银行与马来西亚国家银行续签双边本币互换协议，互换规模由原来的800亿元人民币/400亿林吉特扩大至1 800亿元人民币/900亿林吉特，有效期为3年，经双方同意可以展期。

2月15日， 发布《2011年第四季度中国货币政策执行报告》。

2月16日， 中国人民银行办公厅印发《关于2012年中国农业银行改革试点县级“三农金融事业部”执行差别化存款准备金率政策有关事项的通知》（银办发[2012]24号），在原有中国农业银行四川、重庆、湖北、广西、甘肃、吉林、福建、山东8个省563家县支行的基础上，将黑龙江、河南、河北、安徽4个省379家县支行纳入执行差别化存款准备金率政策覆盖范围，对涉农贷款投放较多的县支行执行比中国农业银行低2个百分点的优惠存款准备金率。

2月18日， 中国人民银行决定从2012年2月24日起下调存款类金融机构人民币存款准备金率0.5个百分点。

2月20日， 中国人民银行、发展改革委、旅游局、中国银监会、中国证监会、中国保监会和外汇局联合发布《关于金融支持旅游业加快发展的若干意见》（银发[2012]32号），要求金融机构坚持区别对待、有扶有控的信贷原则，加强和改进对旅游业的信贷管理和服务；积极推动直接融资工具创新，支持旅游企业发展多元化融资渠道和方式；改进和完善旅游业支付结算服务，支持发展旅游消费信贷。

2月21日， 中国人民银行与土耳其中央银行签署规模为100亿元人民币/30亿土耳其里拉的双边本币互换协议，有效期为3年，经双方同意可以展期。

3月1日， 中国人民银行、发展改革委、财政部、水利部、中国银监会、中国证监会和中国保监会联合发布《关于进一步做好水利改革发展金融服务的意见》（银发[2012]51号），要求金融机构大力创新符合水利项目属性、模式和融资特点的金融产品和服务方式，积极引入多元化融资主体，创新项目融资方式，拓展融资渠道，进一步加大对水利建设的金融支持，积极探索建立金融支持水利改革发展的风险分散和政策保障机制。

3月6日， 中国人民银行印发《关于管好用好支农再贷款 支持扩大“三农”信贷投放的通知》（银发[2012]58号），安排增加支农再贷款100亿元，支持春耕备耕；要求中国人民银行各级分支行牢固树立金融服务实体经济的指导思想，管好用好支农再贷款，支持扩大涉农信贷投放。

3月8日， 中国人民银行农村信用社改革试点专项中央银行票据发行兑付考核评审委员会第22次例会决定，对海南省等2个省辖内乐东县等3个县（市）农村信用社兑付专项票据，额度为2.13亿元。

3月20日，中国人民银行与蒙古银行签署中蒙双边本币互换补充协议，互换规模由原来的50亿元人民币/1万亿图格里特扩大至100亿元人民币/2万亿图格里特。

3月22日，中国人民银行与澳大利亚储备银行签署规模为2 000亿元人民币/300亿澳大利亚元的双边本币互换协议，有效期为3年，经双方同意可以展期。

3月29日，中国人民银行货币政策委员会召开2012年第一季度例会。

3月31日，中国人民银行印发《关于认真组织落实2011年县域法人金融机构新增存款一定比例用于当地贷款考核政策和农村信用社改革试点专项票据兑付后续监测考核政策激励约束措施的通知》（银发[2012]86号），自2012年4月1日至2013年3月31日，对经考核达到新增存款一定比例用于当地贷款政策考核标准的县域法人金融机构，执行低于同类金融机构正常标准1个百分点的存款准备金率；对同时达到新增存款一定比例用于当地贷款政策和专项票据兑付后续监测考核政策标准的536个县（市）农村信用社和78个村镇银行，安排增加支农再贷款额度300亿元。

Appendix 1 Highlights of China's Monetary Policy in the First Quarter of 2012

On January 17, the PBC signed a bilateral local currency swap agreement with the Central Bank of the UAE. The amount of the agreement was RMB35 billion yuan/20 billion dirham. The currency swap agreement will expire in three years and can be extended upon mutual consent.

On February 2, the PBC reported to the Finance and Economic Committee of the National People's Congress on implementation of monetary policy in 2011.

On February 6, the PBC, jointly with the Ministry of Finance, the Ministry of Commerce, the General Administration of Customs, the State Administration of Taxation, and the China Banking Regulatory Commission, issued the *Notice on Issues Concerning RMB Settlement of Exports of Goods by Domestic Enterprises* (PBC Document[2012]No.23), which expanded the participants in RMB settlement of exports of goods from pilot enterprises to all enterprises that are eligible to engage in export/import businesses.

On February 8, the PBC renewed the bilateral local currency swap arrangement with the Bank Negara Malaysia, and increased its size from RMB80 billion yuan/40 billion ringgit to RMB180 billion yuan/90 billion ringgit. The new currency swap agreement will expire in three years and can be extended upon mutual consent.

On February 15, the *China Monetary Policy Report for Q4 2011* was released.

On February 16, the General Administration Office of the PBC issued the *Notice on Applying a Differentiated Deposit Reserve Requirement Ratio to Pilot County Area Banking Divisions of the Agricultural Bank of China* (PBC General Administration Department Document [2012] No. 24), and expanded the coverage to another 379 county-level sub-branches of the Agricultural Bank of China in Heilongjiang, Henan, Hebei, and Anhui provinces from the current 563 county-level sub-branches in Sichuan, Chongqing, Hubei, Guangxi, Gansu, Jilin, Fujian and Shandong provinces (municipalities/autonomous regions). Those sub-branches that have a relatively large amount of agro-linked loans will enjoy a preferential deposit reserve requirement ratio that is 2 percentage points lower than that which is applied to the Agricultural Bank of China.

On February 18, the PBC decided to cut the RMB deposit reserve requirement ratio of deposit-taking financial institutions by 0.5 percentage point, effective from February 24, 2012.

On February 20, the PBC, jointly with the National Development and Reform Commission, the National Tourism Administration, the China Banking Regulatory Commission, the China Securities Regulatory

Commission, the China Insurance Regulatory Commission, and the State Administration of Foreign Exchange, issued the *Opinions on Stepping Up Financial Support to Facilitate the Rapid Development of the Tourism Industry (PBC Document* [2012] No.32). According to the Opinions, financial institutions should take differentiated credit measures, strengthen management of credit extensions and financial services to the tourism industry, actively promote innovations in direct financing instruments, support tourism enterprises to develop diversified financing channels and patterns, improve payment and settlement services for the tourism industry, and foster the development of consumer credit in tourism.

On February 21, the PBC signed a bilateral local currency swap agreement with the Central Bank of the Republic of Turkey. The amount of the agreement was RMB10 billion yuan/3 billion Turkish lira. The effective period of the arrangement will be three years and can be extended upon mutual consent.

On March 1, the PBC, jointly with the National Development and Reform Commission, the Ministry of Finance, the Ministry of Water Resources, the China Banking Regulatory Commission, the China Securities Regulatory Commission, and the China Insurance Regulatory Commission, issued the *Opinions on Improving Financial Services to Facilitate the Development and Reform of Water Resource Projects* (PBC Document [2012] No.51). According to the *Opinions*, financial institutions should vigorously make innovations in financial products and services to meet the requirements of water resource projects, introduce diversified investor entities, create financing modes for new projects, broaden the financing channels, continually step up financial services to water resource projects, and actively explore ways to establish a risk-sharing and policy-friendly mechanism for rendering financial support for the reform and development of water resources.

On March 6, the PBC issued the *Notice on Beefing Up Credit Support for Agriculture, Rural Areas, and Farmers via Central Bank Loans* (PBC Document [2012] No.58). In addition, the PBC added RMB10 billion yuan of agro-linked central bank loans to assist spring planting activities, and urged branch offices at various levels of the PBC to abide by the principle of "finance serving the real sector," to manage the agro-linked central bank loans well, and to support the extension of agro-linked credits.

On March 8, at the 22nd regular meeting of the committee to review the redemption of special central bank notes under the pilot program initiated by the PBC for the reform of the rural credit cooperatives (RCCs) it was decided to redeem central bank notes issued to RCCs in Yuedong and 2 other counties and county-level cities in Hainan Province, with a total quota of RMB213 million yuan.

On March 20, the PBC signed a bilateral local currency swap supplemental agreement with the Bank of Mongolia. The amount of the agreement was increased from the original RMB5 billion yuan/1 trillion MNT to RMB10 billion yuan/2 trillion MNT.

On March 22, the PBC signed a bilateral local currency swap agreement with the Reserve

Bank of Australia. The amount of the agreement was RMB200 billion yuan/AUD30 billion. The currency swap agreement will expire in three years, but can be extended upon mutual consent.

On March 29, the Monetary Policy Committee of the PBC convened its first regular quarterly meeting of 2012.

On March 31, the PBC issued the *Notice on Earnestly Implementing the Measures (promulgated in 2011) for Encouraging Legal Person Financial Institutions at the County Level to Use Some Portion of Their Incremental Deposits for Local Lending and the Measures Concerning Follow-up Monitoring and Assessments of the Incentives and Restrictions on the Post-redemption of Special Central Bank Notes of the Rural Credit Cooperatives (RCCs)* (PBC Document [2012] No.86). According to the Notice, from April 1, 2012 to March 31, 2013, financial institutions with legal person status at the county-level that have used some portion of their incremental deposits for local lending shall be subject to the deposit reserve requirement ratio at one percentage point lower than other applicable financial institutions. In the meantime, an additional agro-linked central bank credit quota of RMB30 billion yuan was extended to 536 rural credit cooperatives at the county level and 78 village and township banks that meet both the requirement to use some portion of their incremental deposits for local lending and the requirement for post-redemption monitoring and assessment standards.

附录二 2012年第一季度主要经济体中央银行货币政策

一、美联储

为支持经济复苏，美联储在第一季度继续维持现有政策不变。2012年1月25日和3月13日，美国联邦公开市场委员会（FOMC）均决定继续维持0～0.25%的联邦基金利率目标区间，并表示极低的基准利率水平极有可能维持到2014年年底。1月25日的声明中，美联储还首次明确提出2%的长期通货膨胀目标，以锚定通货膨胀预期并促进价格稳定。另外，FOMC表示，将继续实施延长所持债券平均期限的政策，同时，继续将所持机构债和按揭贷款抵押债券到期获得的本金收入重新投资于按揭贷款抵押债券，并将到期国债收回的资金继续再投资。

二、欧洲中央银行

欧洲主权债务危机仍有进一步恶化可能，在此背景之下，欧洲中央银行进一步放松货币政策。第一季度三次例会上，欧洲中央银行均宣布维持1%的基准利率不变。2月29日，欧洲中央银行再次启动3年期再融资操作，共向市场投放5 295亿欧元流动性。至此，欧洲中央银行通过两次长期再融资操作（LTRO）在短短3个月内向市场注入低息流动性1.02万亿欧元。

三、日本银行

为增强经济增长动力，第一季度日本银行进一步加大货币政策宽松力度。一是继续将银行间无担保隔夜拆借利率保持在0～0.1%的区间;二是于2月14日将资产购买规模由55万亿日元扩大至65万亿日元，扩大的部分被指定用于购买日本国债；三是于3月13日将“增长支持基金工具”（the Growth-Supporting Funding Facility）的规模由3.5万亿日元扩大至5.5万亿日元。

四、英格兰银行

英格兰银行货币政策委员会在2012年第一季度三次例会上均决定维持0.5%的官方利率不变。2月9日，英格兰银行宣布将资产购买规模从2 750亿英镑扩大至3 250亿英镑。

Appendix 2 Monetary Policies of the Central Banks of the Major Economies in the First Quarter of 2012

I. U.S. Federal Reserve

To support the economic recovery, the U.S. Federal Reserve kept the current monetary policies unchanged in the first quarter of 2012. On January 25 and March 13, the Federal Open Market Committee (FOMC) announced that the federal funds target rate would remain unchanged within a band between 0 and 0.25 percent and that the exceptionally low benchmark interest rates would remain in place until late 2014. In its statement of January 25, for the first time the U.S. Federal Reserve clarified the 2 percent long-term inflation target, that is, to anchor inflation expectations and to promote price stability. The FOMC also decided to continue the program to extend the average maturity of its securities holdings and to reinvest principal payments in agency mortgage-backed securities (MBS) from the matured agency debt and the agency mortgage-backed securities and to maintain its existing policy of rolling over matured Treasury securities at auctions.

II. European Central Bank

Since the European debt crisis was likely to deteriorate, the European Central Bank (ECB) further strengthened its accommodative monetary policy. At its three regular meetings in the first quarter of 2012, the ECB announced that it would maintain the benchmark interest unchanged at 1 percent. On February 29, the ECB reactivated its 3-year refinancing operations to inject 529.5 billion euro into the market. To date, in the preceding 3 months, the ECB has injected a total of 1.02 trillion euro of low-cost liquidity into the market via longer-term refinancing operations (LTRO).

III. Bank of Japan

The Bank of Japan (BOJ) further relaxed its monetary policies to support economic growth. First, the BOJ kept its uncollateralized overnight call rate unchanged at 0-0.1 percent; second, on February 14, the BOJ increased the amount in its Asset Purchase Program from 55 trillion yen to 65 trillion yen, with the increment dedicated to the purchase of Japanese government bonds; third, on March 13, the BOJ increased the amount in the Growth-Supporting Funding Facility from 3.5 trillion yen to 5.5 trillion yen.

IV. Bank of England

At each of its three regular meetings in the first quarter of 2012, the Monetary Policy Committee of the Bank of England announced that it would keep the official rate unchanged at 0.5 percent. On February 9, the Bank of England announced it would expand its asset purchase program from GBP275 billion to GBP325 billion.

附录三 中国主要经济和金融指标

Appendix 3 China's Major Economic and Financial Indicators

一、经济增长与经济发展水平

1. Economic Growth

1978年以来我国经济增长与宏观经济政策

China's economic growth and macroeconomic policies since 1978

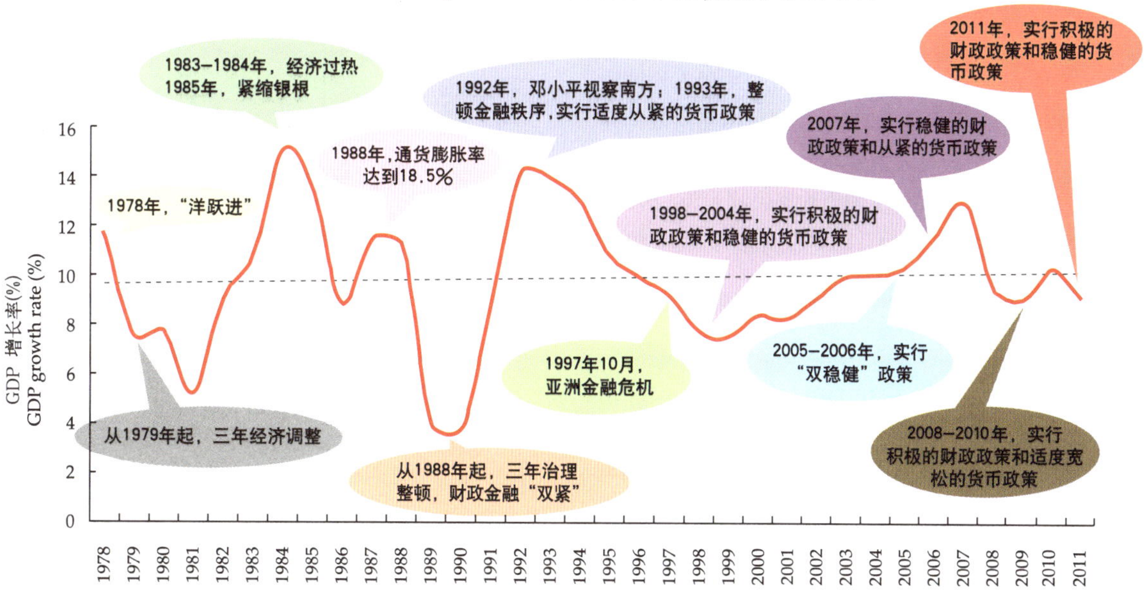

- "Great leap forward" in 1978
- 3-year economic adjustment between 1979 and 1981
- Over-heated economy between 1983 and 1984, tight monetary policy in 1985
- Inflation of 18.5% in 1988
- 3-year rectification from 1988 to 1991, "double tightening" of fiscal and monetary policy
- Deng Xiaoping's remarks on economic reform during his 1992 trip to South China, rectification of financial order and adoption of appropriately tight monetary policy in 1993
- Asian financial crisis of October 1997
- Proactive fiscal policy and sound monetary policy from 1998 to 2004
- "Double sound" fiscal and monetary policy in 2005 and 2006
- Sound fiscal policy and tight monetary policy in 2007
- Proactive financial policy and moderately loose monetary policy in 2008 to 2010
- Proactive financial policy and sound monetary policy in 2011

人均国内生产总值

Per capita GDP

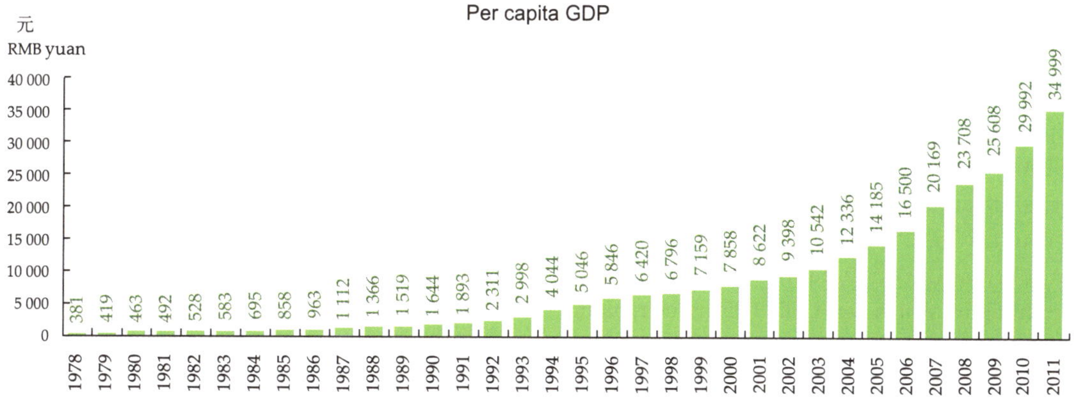

注：图中数据根据国家统计局最新数据修订。

Note: Data are revised by National Bureau of Statistics of China.

GDP总量：据世界银行按汇率套算，2010年中国GDP总量为5.88万亿美元，占世界GDP总量63.05万亿美元的9.3%，位居第二，排在美国之后。根据《2011年世界发展指标》，按购买力平价方法计算，2010年中国GDP总量为10.08万亿美元，占世界GDP总量76.3万亿美元的13.2%，位居第二，排在美国之后。

人均GDP：2011年，我国人均GDP为34 999元人民币，按年末汇率折算为5 555美元。

人均国民收入：据世界银行按汇率折算方法测算，2010年，世界人均国民收入为9 097美元，中国人均国民收入为4 260美元，位居世界215个经济体由高向低排列的第121位，属于中等收入国家中的较低收入组。按购买力平价方法计算，2010年中国人均国民收入为7 570美元，相当于世界人均国民收入11 058美元的68.5%，位居世界215个经济体由高向低排列的第118位，依然属于中等收入国家中的较低收入组。

Gross Domestic Product (GDP): The World Bank estimated that the world total GDP and China's GDP in 2010 were USD63.05 trillion and USD5.88 trillion respectively based on the current exchange rate. Accounting for 9.3 percent of the world total, China's GDP ranked 2nd in the world after U.S.. The World Bank estimated that the world total GDP and China's GDP in 2010 were USD76.3 trillion and USD10.08 trillion respectively based on a PPP basis, according to the *World Development Indicators 2011*. Accounting for 13.2 percent of the world total, China's GDP ranked 2nd in the world, after the U.S.

GDP per capita: In 2011, China's GDP per capita reached RMB34,999 yuan, or USD5,555 based on the exchange rate at the end of 2011.

Gross National Income (GNI) per capita: The World Bank estimated that in 2010 the GNI per capita for the world as a whole was USD9,097 based on Atlas methodology. The GNI per capita in China was USD4,260, ranking 121st among 215 worldwide economies, meaning that China is a lower-middle-income country. In PPP terms, the GNI per capita in China in 2010 was USD7,570, equivalent to 68.5 percent of the world figure which was USD11,058, thus ranking 118th among the 215 worldwide economies, and a ranking that still indicates China's status as a lower-middle-income country.

2010年世界银行按汇率折算方法估算的GDP总量前10名排序

Top ten economies in terms of GDP based on current exchange rate in 2010 (World Bank estimation)

排名 Rank	国家 Country		GDP(万亿美元) GDP (USD trillion)	占世界GDP总量的比重(%) As a percent of the world total (%)
1	美国	U.S.	14.58	23.1
2	**中国**	**China**	**5.88**	**9.3**
3	日本	Japan	5.50	8.7
4	德国	Germany	3.31	5.2
5	法国	France	2.56	4.1
6	英国	U.K.	2.25	3.6
7	巴西	Brazil	2.09	3.3
8	意大利	Italy	2.05	3.3
9	印度	India	1.73	2.7
10	加拿大	Canada	1.57	2.5
	世界	**World total**	**63.05**	**100**

2010年世界银行按购买力平价方法估算的GDP总量前10名排序

Top ten economies in terms of GDP based on PPP in 2010 (World Bank estimation)

排名 Rank	国家 Country		GDP(万亿美元) GDP (USD trillion)	占世界GDP总量的比重(%) As a percent of the world total (%)
1	美国	U.S.	14.58	19.1
2	中国	China	**10.08**	**13.2**
3	日本	Japan	4.33	5.7
4	印度	India	4.20	5.5
5	德国	Germany	3.07	4.0
6	俄罗斯	Russia	2.81	3.7
7	英国	U.K.	2.23	2.9
8	法国	France	2.19	2.9
9	巴西	Brazil	2.17	2.8
10	意大利	Italy	1.91	2.5
	世界	**World total**	**76.3**	**100**

世界银行估算的2010年人均国民收入

National income per capita in 2010 (estimated by the World Bank)

单位：美元 Unit: USD

	世界平均 Global average	低收入国家 Low-income countries	中等收入国家 Middle-income countries			高收入国家 High-income countries
				较低收入组 Lower-middle-income countries	较高收入组 Upper-middle-income countries	
汇率折算法 Atlas methodology	9 097	510	3 764	1 658	5 884	38 658
购买力平价法 On a PPP basis	11 058	1 246	6 780	3 701	9 904	37 183

国内生产总值
Gross domestic product

年/季 Year /Quarter		国内生产总值 GDP		第一产业 Primary industry		第二产业 Secondary industry		第三产业 Tertiary industry	
		绝对值(亿元) Absolute value (RMB 100 million yuan)	增长(%) Growth(%)	绝对值(亿元) Absolute value (RMB 100 million yuan)	增长(%) Growth(%)	绝对值(亿元) Absolute value (RMB 100 million yuan)	增长(%) Growth(%)	绝对值(亿元) Absolute value (RMB 100 million yuan)	增长(%) Growth(%)
2007	I	53 058	13.0	3 654	4.4	26 465	14.6	22 940	12.7
	I–II	112 458	13.4	9 283	4.0	57 615	15.0	45 561	13.5
	I–III	174 428	13.4	17 937	4.3	86 405	14.8	70 086	14.0
	I–IV	257 306	13.0	28 627	3.7	124 799	14.7	103 880	13.8
2008	I	66 284	11.3	4 679	2.8	31 658	11.5	27 097	10.9
	I–II	140 478	11.0	11 697	3.4	70 543	11.3	53 596	10.7
	I–III	217 026	10.6	21 869	4.4	105 889	11.2	81 989	11.2
	I–IV	314 045	9.6	33 702	5.4	149 003	9.9	131 340	10.4
2009	I	69 817	6.6	4 627	3.5	32 658	5.8	32 531	7.9
	I–II	148 204	7.5	11 831	3.8	71 703	7.1	64 670	8.5
	I–III	231 303	8.2	22 142	4.0	109 101	8.1	100 060	9.3
	I–IV	340 903	9.1	35 226	4.2	157 639	9.9	148 038	9.3
2010	I	82 613	12.1	5 144	3.8	39 436	14.5	38 034	10.5
	I–II	174 879	11.2	13 379	3.6	86 261	13.3	75 239	9.9
	I–III	272 627	10.7	25 623	4.0	129 947	12.6	117 056	9.7
	I–IV	401 513	10.5	40 534	4.3	187 383	12.3	173 596	9.8
2011	I	97 101	9.7	5 980	3.5	46 978	11.1	44 143	9.1
	I–II	205 775	9.6	15 700	3.2	102 605	10.9	87 470	9.2
	I–III	321 219	9.4	30 340	3.8	154 675	10.8	136 204	9.0
	I–IV	471 564	9.2	47 712	4.5	220 592	10.6	203 260	8.9
2012	I	107 995	8.1	6 922	3.8	51 451	9.1	49 623	7.5

注：① 表中绝对数按当年价格计算，"比上年同期增长"按不变价格计算。
② 表中数据根据国家统计局最新数据修订。

Notes: 1. Absolute figures in this table are calculated at current prices, and the year-on-year growth rates are calculated at constant prices.
2. Data are revised by National Bureau of Statistics of China.

1978年以来GDP及其增长率
GDP and its annual growth rate since 1978

年 Year	GDP(万亿元) GDP(RMB trillion yuan)	GDP增长率(%) GDP growth rate(%)
1978	0.4	11.7
1979	0.4	7.6
1980	0.5	7.8
1981	0.5	5.3
1982	0.5	9.0
1983	0.6	10.9
1984	0.7	15.2
1985	0.9	13.5
1986	1.0	8.9
1987	1.2	11.6
1988	1.5	11.3
1989	1.7	4.1
1990	1.9	3.8
1991	2.2	9.2
1992	2.7	14.2
1993	3.5	14.0
1994	4.8	13.1
1995	6.1	10.9
1996	7.1	10.0
1997	7.9	9.3
1998	8.4	7.8
1999	9.0	7.6
2000	9.9	8.4
2001	11.0	8.3
2002	12.0	9.1
2003	13.6	10.0
2004	16.0	10.1
2005	18.3	10.4
2006	21.2	11.6
2007	25.7	13.0
2008	31.4	9.6
2009	34.1	9.2
2010	40.2	10.4
2011	47.2	9.2

注：表中数据根据国家统计局最新数据修订。
Note: Data are revised by National Bureau of Statistics of China.

1978年以来GDP及其增长率
GDP and its annual growth rate since 1978

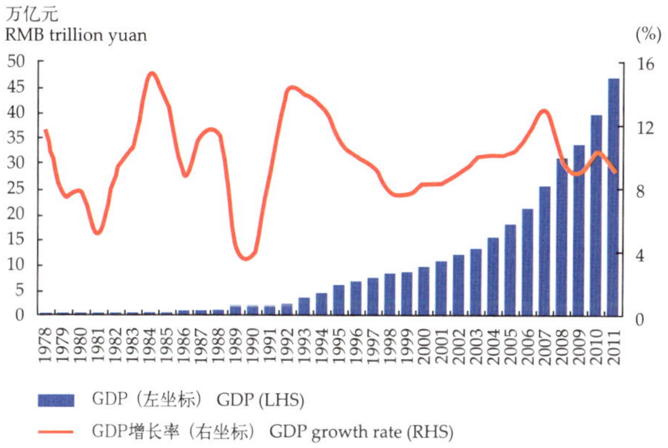

2000年以来年度GDP中三大产业比重
Shares of industries in GDP since 2000

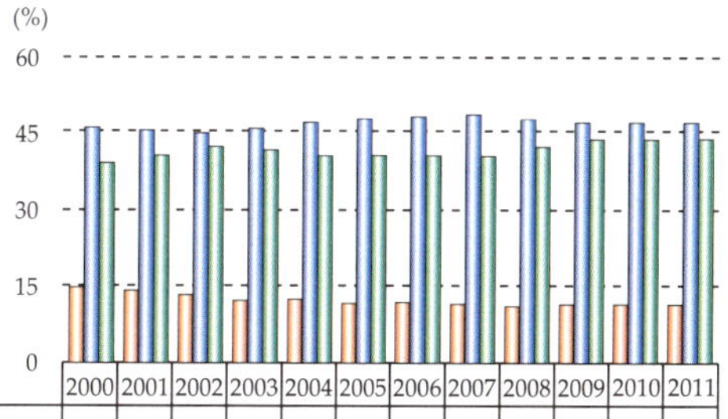

	2000	2001	2002	2003	2004	2005	2006	2007	2008	2009	2010	2011
第一产业 Primary industry	14.8	14.1	13.5	12.6	13.1	12.2	11.1	11.1	10.7	10.3	10.1	10.1
第二产业 Secondary industry	45.9	45.2	44.8	46.0	46.2	47.7	47.9	48.5	47.4	46.2	46.7	46.8
第三产业 Tertiary industry	39.3	40.7	41.7	41.4	40.7	40.1	40.0	40.4	41.8	43.4	43.2	43.1

注：图中数据根据国家统计局最新数据修订。
Note: Data are revised by National Bureau of Statistics of China.

季度GDP三次产业所占的比重与增长率变化
Shares of industries in GDP and their growth rates on a quarterly basis

单位：% Unit: %

年/季 Year/Quarter	第一产业所占的比重 Share of primary industry	第二产业所占的比重 Share of secondary industry	第三产业所占的比重 Share of tertiary industry	第一产业同比累计增长 YOY accumulated growth of primary industry	第二产业同比累计增长 YOY accumulated growth of secondary industry	第三产业同比累计增长 YOY accumulated growth of tertiary industry
2007Q1	6.9	49.9	43.2	4.4	14.6	12.7
2007Q2	8.3	51.2	40.5	4.0	15.0	13.5
2007Q3	10.3	49.5	40.2	4.3	14.8	14.0
2007Q4	11.1	48.5	40.4	3.7	14.7	13.8
2008Q1	7.4	49.9	42.7	2.8	11.5	10.9
2008Q2	8.8	51.5	39.8	3.5	11.3	10.7
2008Q3	10.6	50.0	39.4	4.5	10.6	10.5
2008Q4	10.7	47.4	41.8	5.5	9.3	9.5
2009Q1	7.1	48.6	44.2	3.5	5.3	7.4
2009Q2	8.6	50.1	41.3	3.8	6.6	8.3
2009Q3	10.3	48.9	40.8	4.0	7.5	8.8
2009Q4	10.3	46.2	43.4	4.2	9.9	9.3
2010Q1	6.2	47.7	46.0	3.8	14.5	10.5
2010Q2	7.7	49.3	43.0	3.6	13.3	9.9
2010Q3	9.4	47.7	42.9	4.0	12.6	9.7
2010Q4	10.1	46.7	43.2	4.3	12.3	9.8
2011Q1	6.2	48.4	45.5	3.5	11.1	9.1
2011Q2	7.6	49.9	42.5	3.2	10.9	9.2
2011Q3	9.4	48.2	42.4	3.8	10.8	9.0
2011Q4	10.1	46.8	43.1	4.5	10.6	8.9
2012Q1	6.4	47.6	45.9	3.8	9.1	7.5

注：① 从2006年第一季度开始，根据《国民经济行业分类》(2002)，将“农林牧渔服务业”从第三产业调整到第一产业。
② 表中数据根据国家统计局最新数据修订。

Notes: 1. Beginning from the first quarter 2006,according to the *Classification of National Economic Sectors* (2002)， services for agriculture,forestry, animal husbandry and fishery have been readjusted for tertiary industry to primary industry.
2. Data are revised by National Bureau of Statistics of China.

季度GDP三次产业所占的比重与增长率变化
Shares of industries in GDP and their growth rates on a quarterly basis

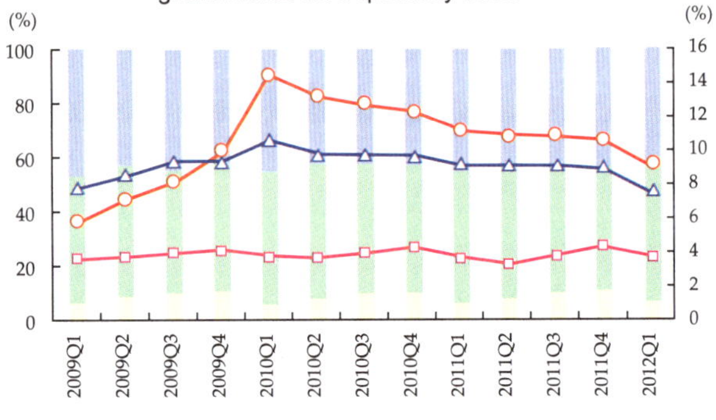

2004年以来GDP季度累计增长率
Quarterly accumulated GDP growth rates since 2004

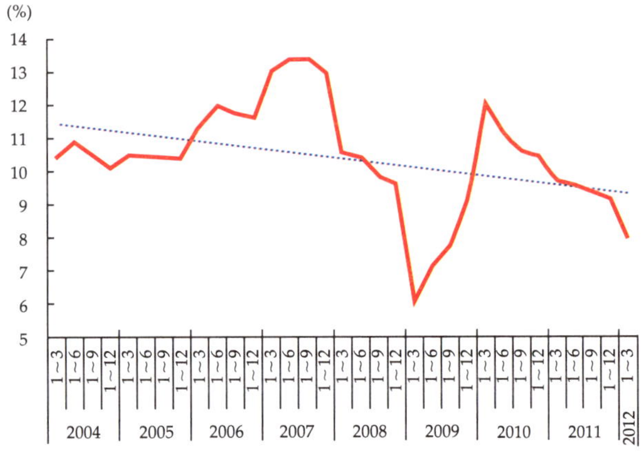

工业增加值增长速度
Growth rate of value added of industry

单位：% Unit: %

年/月 Year/Month		工业增加值 Value added	轻工业 Light industry	重工业 Heavy industry	国有及国有控股企业 State-owned and state-holding enterprises	集体企业 Collectively-owned enterprises	股份制企业 Joint-stock enterprises	外商及港澳台投资企业 Enterprises with foreign, Hongkong, Macau, and Taiwan investment
		比上年同期增长(%) Year-on-year growth rate(%)						
2007		18.5	16.3	19.6	13.8	11.5	20.6	17.5
2008		12.9	12.3	13.2	9.1	8.1	15.0	9.9
2009		11.0	9.7	11.5	6.9	10.2	10.3	6.2
2010		15.7	13.6	16.5	13.7	9.4	16.8	14.5
2011	1	—	—	—	—	—	—	—
	2	14.9	13.1	15.6	10.5	11.7	16.5	12.2
	3	14.8	12.8	15.6	12.9	8.9	16.5	11.6
	4	13.4	11.9	14.0	10.4	8.1	15.4	9.7
	5	13.3	12.9	13.5	8.9	9.5	15.2	9.5
	6	15.1	13.9	15.6	10.7	11.2	17.2	11.3
	7	14.0	12.8	14.5	9.5	9.2	15.8	10.6
	8	13.5	13.4	13.5	9.4	8.7	15.5	10.0
	9	13.8	12.8	14.3	9.9	7.2	16.0	10.1
	10	13.2	12.1	13.7	8.9	9.2	15.1	9.6
	11	12.4	12.4	12.4	7.8	6.8	14.4	8.4
	12	12.8	12.6	13.0	9.2	11.4	14.7	8.7
2012	1	—	—	—	—	—	—	—
	2	21.3	23.6	20.4	14.7	15.8	23.8	17.1
	3	11.9	13.9	11.2	8.0	9.3	13.7	8.2
2011	1～2	14.1	13.3	14.4	10.6	10.5	15.6	12.2
	1～3	14.4	13.1	14.9	11.4	10.2	15.9	11.9
	1～4	14.2	12.9	14.7	11.2	9.4	15.9	11.4
	1～5	14.0	12.9	14.4	10.7	9.4	15.8	10.9
	1～6	14.3	13.1	14.7	10.7	9.6	16.1	11.1
	1～7	14.3	13.1	14.7	10.6	9.6	16.2	11.1
	1～8	14.2	13.1	14.6	10.4	9.6	16.1	10.9
	1～9	14.2	13.1	14.6	10.4	9.6	16.1	10.9
	1～10	14.1	13.0	14.5	10.1	9.1	16.0	10.7
	1～11	14.0	13.0	14.4	9.9	9.0	16.0	10.6
	1～12	13.9	13.0	14.3	9.9	9.3	15.8	10.4
2012	1～2	11.4	12.7	10.9	7.3	9.9	13.9	5.0
	1～3	11.6	13.2	11.0	7.2	9.7	13.8	6.4

注：①自2011年起，工业统计范围调整为年主营收入2 000万元及以上的工业企业。
②本表中"比上年同期增长"按可比价格计算。
Notes: 1. Since 2011, the statistical coverage of industry has been adjusted to industrial enterprises with the annual sales income from main business of RMB20 million yuan and above.
2. The year-on-year changes in this table are calculated at comparable prices.

工业增加值增长速度及工业产品销售率
Growth rate of industrial value added and ratio of sales to output of industrial products

单位：% Unit: %

年/月 Year/Month		当月工业增加值同比增长 YOY growth of monthly industrial value added	工业增加值月度累计同比增长 YOY growth of monthly accumulated industrial value added	当月销售率 Monthly ratio of sales to output
2010	7	13.4	17.0	98.1
	8	13.9	16.6	98.2
	9	13.3	16.3	98.0
	10	13.1	16.1	97.8
	11	13.3	15.8	97.5
	12	13.5	15.7	98.9
2011	1	—	—	—
	2	14.9	14.1	97.9
	3	14.8	14.4	97.8
	4	13.4	14.2	98.4
	5	13.3	14.0	98.1
	6	15.1	14.3	97.6
	7	14.0	14.3	98.5
	8	13.5	14.2	98.2
	9	13.8	14.2	97.8
	10	13.2	14.1	97.8
	11	12.4	14.0	97.5
	12	12.8	13.9	98.8
2012	1	—	—	—
	2	21.3	11.4	97.7
	3	11.9	11.6	97.3

工业增加值增长速度及工业产品销售率
Growth rate of industrial value added and ratio of sales to output of industrial products

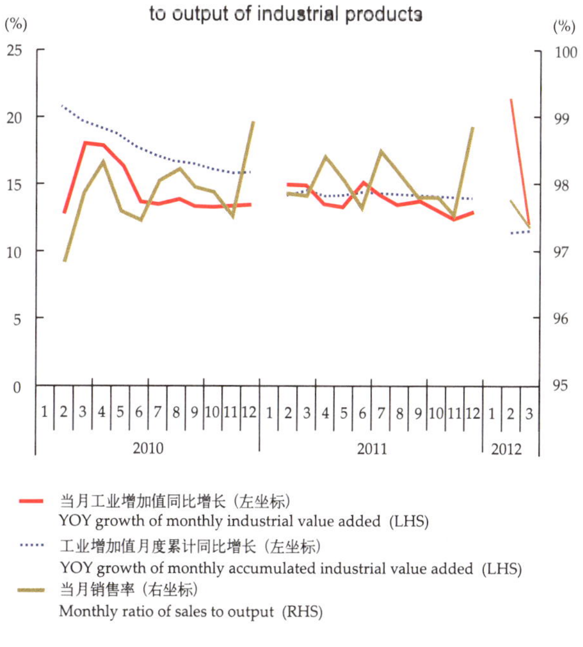

二、价格走势
2. Price Development

1. 各种价格指数一览
(1) Overview of price indices

各种价格指数变动表

Changes in price indices

单位：% Unit: %

年/月 Year/Month	居民消费价格指数 CPI			农业生产资料价格指数 Agricultural production materials price index		工业生产者购进价格指数 Purchasing price index for industrial producers		工业生产者出厂价格指数 Producer price index for manufactured goods		固定资产投资价格指数 Fixed-asset investment price index		进出口同比价格指数 Import-export price index (YOY)		
	月环比 MOM	当月同比 YOY	累计同比 Accumulated YOY	当月同比 YOY	累计同比 Accumulated YOY	当月同比 YOY	累计同比 Accumulated YOY	当月同比 YOY	累计同比 Accumulated YOY	当季同比 YOY	累计同比 Accumulated YOY	出口 Exports	进口 Imports	贸易条件 Terms of trade
2010 1	0.6	1.5	1.5	-0.4	-0.4	8.0	8.0	4.3	4.3	—	—	-5.3	13.5	83.4
2	1.2	2.7	2.1	0.3	-0.1	10.3	9.1	5.4	4.9	—	—	-5.5	15.6	81.7
3	-0.7	2.4	2.2	0.9	0.3	11.5	9.9	5.9	5.2	1.9	1.9	1.4	17.6	86.2
4	0.2	2.8	2.4	1.2	0.5	12.0	10.4	6.8	5.6	—	—	-0.7	19.4	83.2
5	-0.1	3.1	2.5	2.1	0.8	12.2	10.8	7.1	5.9	—	—	2.2	19.2	85.7
6	-0.6	2.9	2.6	2.5	1.1	10.8	10.8	6.4	6.0	3.6	2.7	3.4	17.4	88.1
7	0.4	3.3	2.7	2.9	1.3	8.5	10.5	4.8	5.8	—	—	4.0	12.8	92.2
8	0.6	3.5	2.8	3.5	1.6	7.5	10.1	4.3	5.6	—	—	6.5	10.5	96.4
9	0.6	3.6	2.9	3.9	1.9	7.1	9.8	4.3	5.5	3.5	3.0	4.9	9.5	95.8
10	0.7	4.4	3.0	5.2	2.2	8.1	9.6	5.0	5.5	—	—	4.8	10.4	94.9
11	1.1	5.1	3.2	6.5	2.6	9.7	9.6	6.1	5.5	—	—	7.6	8.9	98.8
12	0.5	4.6	3.3	6.0	2.9	9.5	9.6	5.9	5.5	5.4	3.6	4.9	10.1	95.3
2011 1	1.0	4.9	4.9	5.4	5.4	9.7	9.7	6.6	6.6	—	—	11.0	11.7	99.4
2	1.2	4.9	4.9	6.5	6.0	10.4	10.0	7.2	6.9	—	—	11.4	16.6	95.5
3	-0.2	5.4	5.0	8.6	6.9	10.5	10.2	7.3	7.1	6.5	6.5	7.5	15.5	93.1
4	0.1	5.3	5.1	10.2	7.7	10.4	10.3	6.8	7.0	—	—	10.9	12.9	98.2
5	0.1	5.5	5.2	11.4	8.4	10.2	10.2	6.8	7.0	—	—	9.4	16.7	93.7
6	0.3	6.4	5.4	13.5	9.3	10.5	10.3	7.1	7.0	6.7	6.6	10.9	15.7	95.9
7	0.5	6.5	5.5	14.6	10.1	11.0	10.4	7.5	7.1	—	—	10.3	15.0	95.9
8	0.3	6.2	5.6	14.7	10.6	10.6	10.4	7.3	7.1	—	—	9.2	15.6	94.5
9	0.5	6.1	5.7	15.0	11.1	10.0	10.4	6.5	7.0	7.3	6.8	9.5	14.8	95.4
10	0.1	5.5	5.6	13.7	11.4	8.0	10.1	5.0	6.8	—	—	9.5	13.6	96.4
11	-0.2	4.2	5.5	11.2	11.4	5.1	9.7	2.7	6.4	—	—	9.6	10.5	99.2
12	0.3	4.1	5.4	10.4	11.3	3.5	9.1	1.7	6.0	5.7	6.6	11.1	9.1	101.8
2012 1	1.5	4.5	4.5	9.8	9.8	2.0	2.0	0.7	0.7	—	—	6.9	7.0	99.9
2	-0.1	3.2	3.9	9.3	9.5	1.0	1.5	0.0	0.4	—	—	5.1	5.4	99.7
3	0.2	3.6	3.8	8.0	9.0	0.1	1.0	-0.3	0.1	2.3	2.3	2.1	0.0	102.1

注：国家统计局从2011年1月开始实施新的工业生产者价格统计调查制度方法。“工业品价格统计”改称为“工业生产者价格统计”，相应地将“原材料、燃料、动力购进价格指数”改称为“工业生产者购进价格指数”，将“工业品出厂价格指数”改称为“工业生产者出厂价格指数”。

Notes: Since January 2011, NBS begins to conduct new statistical system and survey methods on PPI. "prices statistics on industrial goods" is renamed to "prices statistics on industrial producers". Accordingly, "purchasing prices for raw material,fuels and power" is renamed to "purchasing price for industrial producers", "producer price index of industrial products" is renamed to "producer price index for manufactured goods".

居民消费价格月环比指数变动
Change in CPI (month-on-month)

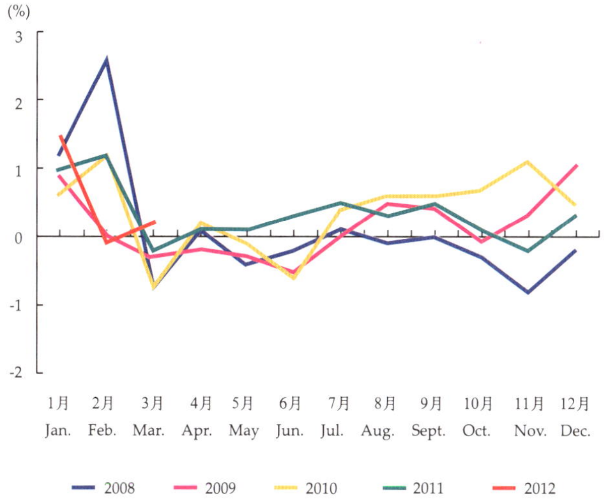

居民消费价格同比指数变动
Change in CPI (year-on-year)

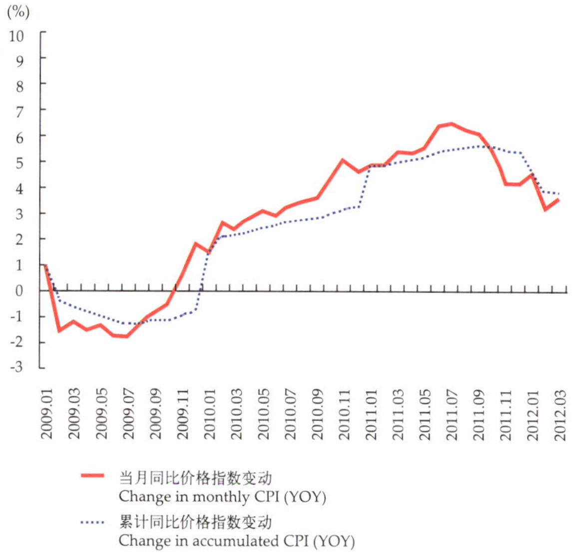

居民消费价格指数与生产价格指数的比较
Comparison between changes in CPI and PPI

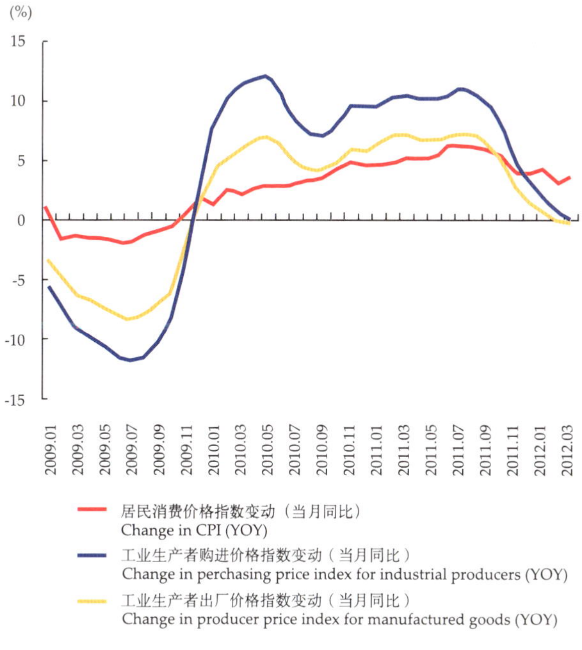

进出口价格指数和贸易条件
Import-export price index and terms of trade

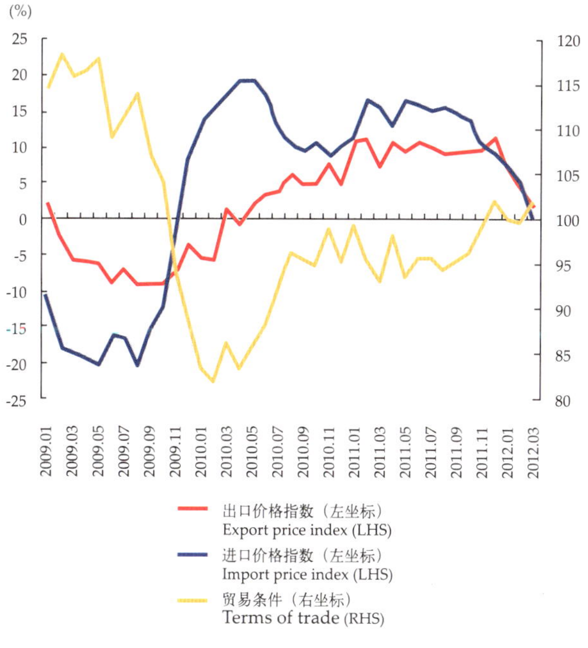

2. 分类指数

(2) Breakdown of indices

居民消费价格当月同比分类指数变动

Breakdown of changes in CPI (YOY)

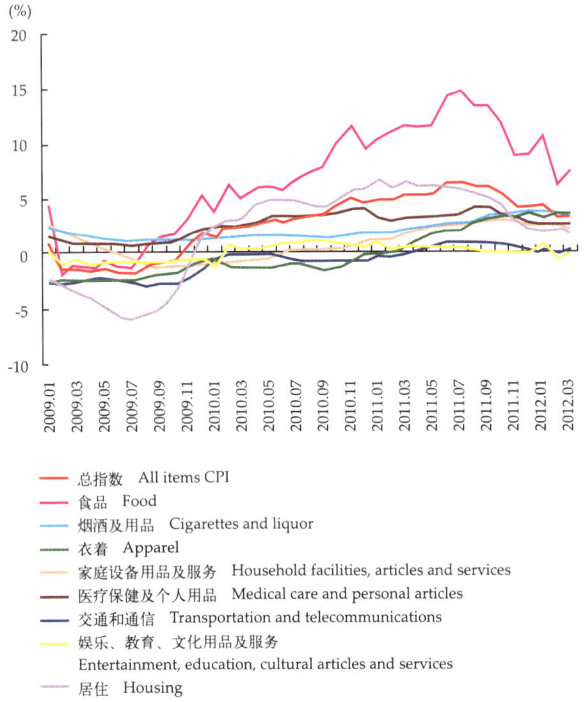

工业生产者出厂价格当月同比指数变动
按生产资料和生活资料分类

Breakdown of changes in producer price index (PPI) for manufactured goods by means of production and means of consumer goods (YOY)

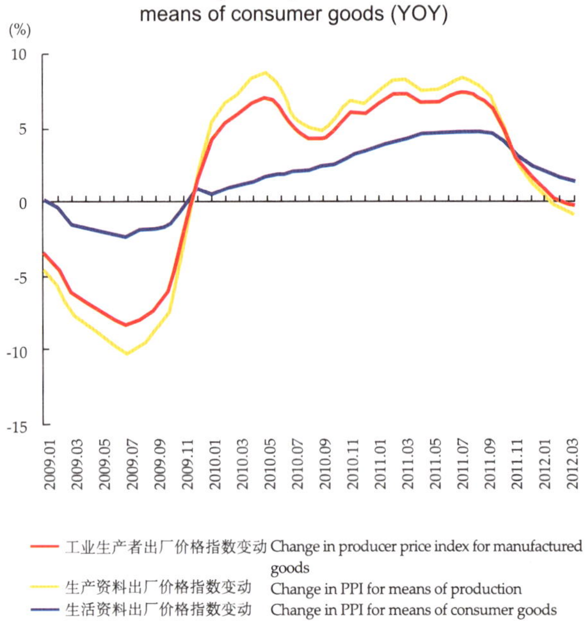

生活资料出厂价格当月同比分类指数变动

Breakdown of changes in PPI for means of consumer goods (YOY)

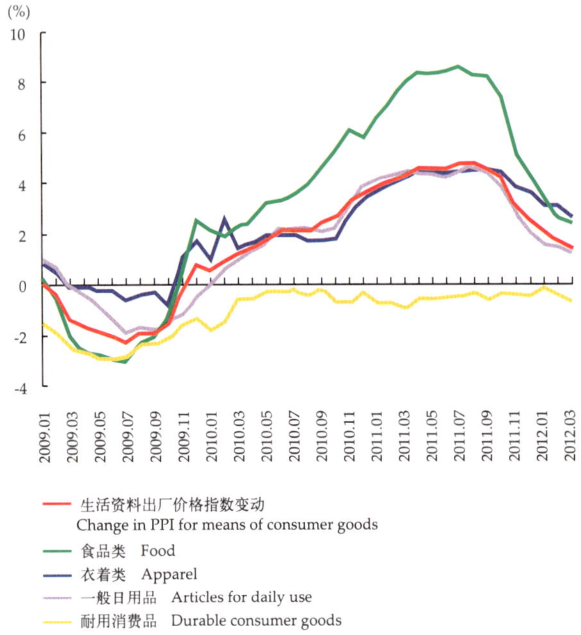

生产资料出厂价格当月同比分类指数变动

Breakdown of changes in PPI for means of production (YOY)

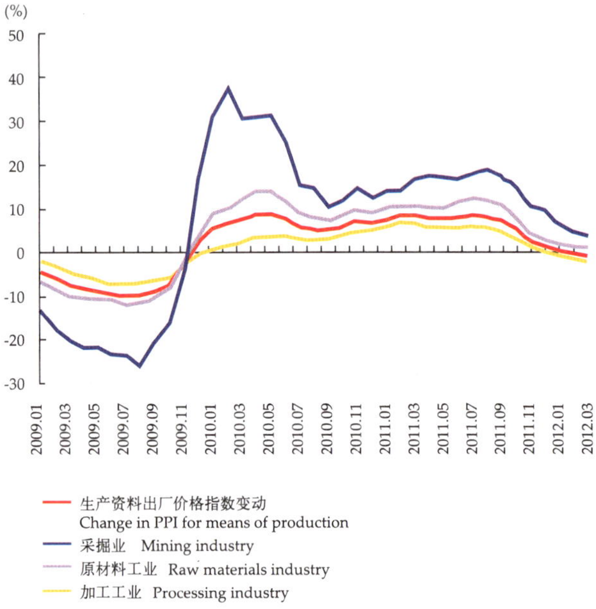

三、就业、失业与收入
3. Employment, Unemployment and Income

人口与就业基本情况
Population and employment

年 Year	年底总人口（亿人） Population at the end of the year (100 million people)	城镇 Urban	比重(%) Share (%)	乡村 Rural	比重(%) Share (%)	15~64岁人口数(亿人) Population between 15~64 years of age (100 million people)	就业人员(亿人) Employment (100 million people)
2002	12.8	5.0	39	7.8	61	9.0	7.3
2003	12.9	5.2	41	7.7	59	9.1	7.4
2004	13.0	5.4	42	7.6	58	9.2	7.4
2005	13.1	5.6	43	7.5	57	9.4	7.5
2006	13.1	5.8	44	7.3	56	9.5	7.5
2007	13.2	6.1	46	7.1	54	9.6	7.5
2008	13.3	6.2	47	7.0	53	9.7	7.6
2009	13.3	6.5	48	6.9	52	9.7	7.6
2010	13.4	6.7	50	6.7	50	10.0	7.6
2011	13.5	6.9	51	6.6	49	10.0	7.6

注：表中根据第六次人口普查数据重新修订。
Note:Data are revised according to the 6th National Population Census.

就业人员按城乡和产业分类
Employment in urban and rural areas and in industries

年 Year	就业人员(亿人) Employment (100 million people)	按城乡分 Urban and rural: 城镇 Urban	比重(%) Share (%)	乡村 Rural	比重(%) Share (%)	按产业分 Industries: 第一产业 Primary industry	比重(%) Share (%)	第二产业 Secondary industry	比重(%) Share (%)	第三产业 Tertiary industry	比重(%) Share (%)
2004	7.43	2.73	36.8	4.70	63.2	3.48	46.9	1.67	22.5	2.27	30.6
2005	7.46	2.84	38.0	4.63	62.0	3.34	44.8	1.78	23.8	2.34	31.4
2006	7.50	2.96	39.5	4.53	60.5	3.19	42.6	1.89	25.2	2.41	32.2
2007	7.53	3.10	41.1	4.44	58.9	3.07	40.8	2.02	26.8	2.44	32.4
2008	7.56	3.21	42.5	4.35	57.5	2.99	39.6	2.06	27.2	2.51	33.2
2009	7.58	3.33	43.9	4.25	56.1	2.89	38.1	2.11	27.8	2.59	34.1
2010	7.61	3.47	45.6	4.14	54.4	2.79	36.7	2.18	28.7	2.63	34.6
2011	7.64	3.59	47.0	4.05	53.0	2.66	34.8	2.25	29.5	2.73	35.7

注：表中根据第六次人口普查数据重新修订。
Note:Data are revised according to the 6th National Population Census.

城乡居民家庭人均收入
Urban and rural household income (per capita)

年/季 Year/Quarter	农村居民家庭人均现金收入 Rural household cash income (per capita): 绝对值(元) Absolute value (RMB yuan)	同比实际增长(%) Growth in real terms (YOY) (%)	城镇居民家庭人均可支配收入 Urban household disposable income (per capita): 绝对值(元) Absolute value (RMB yuan)	同比实际增长(%) Growth in real terms (YOY) (%)
2010 I	1 814	9.2	5 308	7.5
I-II	3 078	9.5	9 757	7.5
I-III	4 869	9.7	14 334	7.5
I-IV	7 089	—	19 109	7.8
2011 I	2 187	14.3	5 963	7.1
I-II	3 706	13.7	11 041	7.6
I-III	5 875	13.6	16 301	7.8
I-IV	8 639	—	21 810	8.4
2012 I	2 560	12.7	6 796	9.8

城镇失业人数和失业率
Unemployed urban population and unemployment rate

年/季度末 Year/End of quarter	城镇登记失业人数(万人) Registered unemployment in urban areas (10 000 people)	城镇登记失业率(%) Registered unemployment rate in urban areas(%)
2010 I	919	4.2
II	911	4.2
III	905	4.1
IV	908	4.1
2011 I	909	4.1
II	908	4.1
III	911	4.1
IV	922	4.1
2012 I	907	4.1

四、国内需求
4. Domestic Demand

1.按支出法计算的国内生产总值
(1) Expenditure-based GDP

按支出法计算的国内生产总值及其构成
Expenditure-based GDP and its composition

年 Year	按支出法计算的国内生产总值(亿元) Expenditure-based GDP (RMB100 million yuan)	最终消费 Final consumption	居民消费 Household consumption	城镇居民 Urban	农村居民 Rural	政府消费 Government consumption	资本形成总额 Total capital formation	固定资本形成 Fixed capital formation	存货增加 Increased inventory	货物和服务净出口 Net exports of goods and services
	绝对值(亿元) Absolute value (RMB100 million yuan)									
2000	98,749	61,516	45,855	30,707	15,147	15,661	34,843	33,844	998	2,390
2001	109,028	66,934	49,436	33,645	15,791	17,498	39,769	37,755	2,015	2,325
2002	120,476	71,817	53,057	36,785	16,272	18,760	45,565	43,632	1,933	3,094
2003	136,635	77,686	57,650	41,344	16,306	20,036	55,963	53,491	2,472	2,986
2004	160,800	87,553	65,219	47,529	17,690	22,334	69,168	65,118	4,051	4,079
2005	187,437	99,358	72,959	53,281	19,372	26,399	77,857	74,233	3,624	10,223
2006	222,712	113,104	82,576	60,842	21,261	30,528	92,954	87,954	5,000	16,654
2007	266,557	132,233	96,333	71,488	24,122	35,900	110,943	103,949	6,995	23,381
2008	315,977	153,423	111,670	83,100	27,495	41,752	138,325	128,084	10,241	24,229
2009	348,771	169,275	123,585	92,296	28,834	45,690	164,463	156,680	7,783	15,033
2010	402,819	194,115	140,759	102,394	30,897	53,356	193,604	183,615	9,989	15,100
2011	465,999	224,741	162,813	—	—	61,928	229,102	215,197	13,905	12,156
	构成(%) Composition (%)									
2000	100	62.3	46.4	31.1	15.3	15.9	35.3	34.3	1.0	2.4
2001	100	61.4	45.3	30.9	14.5	16.0	36.5	34.6	1.8	2.1
2002	100	59.6	44.0	30.5	13.5	15.6	37.8	36.2	1.6	2.6
2003	100	56.9	42.2	30.3	11.9	14.7	41.0	39.1	1.8	2.2
2004	100	54.4	40.6	29.6	11.0	13.9	43.0	40.5	2.5	2.5
2005	100	53.0	38.9	28.4	10.3	14.1	41.5	39.6	1.9	5.5
2006	100	50.8	37.1	27.3	9.5	13.7	41.7	39.5	2.2	7.5
2007	100	49.6	36.1	26.8	9.0	13.5	41.6	39.0	2.6	8.8
2008	100	48.6	35.3	26.3	8.7	13.2	43.8	40.5	3.2	7.7
2009	100	48.5	35.4	26.5	8.3	13.1	47.2	44.9	2.2	4.3
2010	100	48.2	34.9	25.4	7.7	13.2	48.1	45.6	2.5	3.7
2011	100	48.2	34.9	—	—	13.3	49.2	46.2	3.0	2.6

注：表中数据根据国家统计局最新数据修订。
Note: Data are revised by National Bureau of Statistics of China.

按支出法计算的国内生产总值构成变化
Changes in the composition of GDP (based on expenditures)

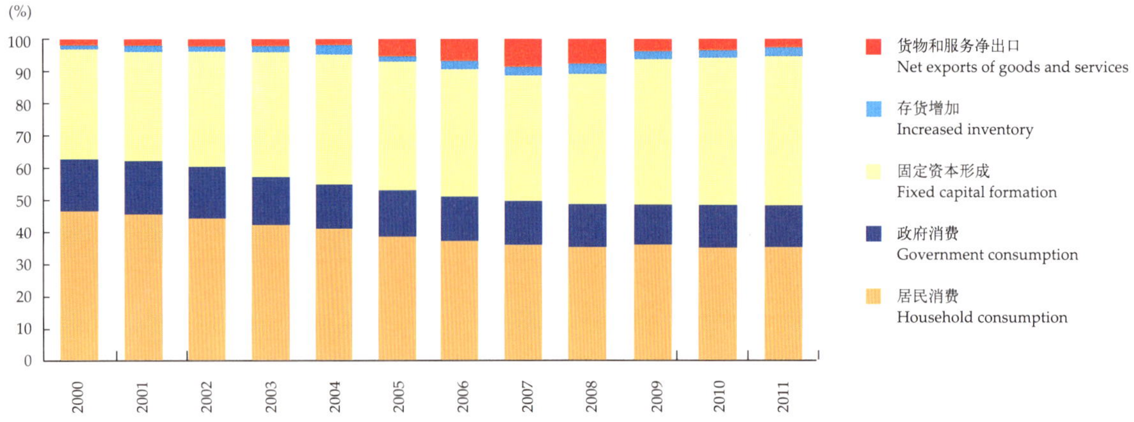

投资率和消费率
Investment ratio and consumption ratio

单位：%　Unit: %

年 Year	资本形成率(投资率) Capital formation ratio (investment ratio)	最终消费率(消费率) Final consumption ratio (consumption ratio)
1980	34.8	65.5
1981	32.5	67.1
1982	31.9	66.5
1983	32.8	66.4
1984	34.2	65.8
1985	38.1	66.0
1986	37.5	64.9
1987	36.3	63.6
1988	37.0	63.9
1989	36.6	64.5
1990	34.9	62.5
1991	34.8	62.4
1992	36.6	62.4
1993	42.6	59.3
1994	40.5	58.2
1995	40.3	58.1
1996	38.8	59.2
1997	36.7	59.0
1998	36.2	59.6
1999	36.2	61.1
2000	35.3	62.3
2001	36.5	61.4
2002	37.8	59.6
2003	41.0	56.9
2004	43.0	54.4
2005	41.5	53.0
2006	41.7	50.8
2007	41.6	49.6
2008	43.8	48.6
2009	47.2	48.5
2010	48.1	48.2
2011	49.2	48.2

注：表中数据根据国家统计局最新数据修订。
Note: Data are revised by National Bureau of Statistics of China.

生产法现价GDP与支出法现价GDP及其增长率比较
Comparison between production-based GDP and expenditure-based GDP at current price

年 Year	(1)生产法GDP Production-based GDP		(2)支出法GDP Expenditure-based GDP		(1)−(2)	
	绝对量(亿元) Absolute value (RMB100 million yuan)	现价增速(%) Growth rate at current price(%)	绝对量(亿元) Absolute value (RMB100 million yuan)	现价增速(%) Growth rate at current price(%)	绝对量(亿元) Absolute value (RMB100 million yuan)	现价增速(%) Growth rate at current price(%)
1980	4,546	11.9	4,593	12.2	-47	-0.33
1981	4,892	7.6	5,009	9.1	-117	-1.45
1982	5,323	8.8	5,590	11.6	-267	-2.77
1983	5,963	12.0	6,216	11.2	-254	0.81
1984	7,208	20.9	7,363	18.4	-155	2.45
1985	9,016	25.1	9,077	23.3	-61	1.80
1986	10,275	14.0	10,509	15.8	-233	-1.80
1987	12,059	17.4	12,277	16.8	-219	0.53
1988	15,043	24.8	15,389	25.3	-346	-0.59
1989	16,992	13.0	17,311	12.5	-319	0.47
1990	18,668	9.9	19,348	11.8	-680	-1.90
1991	21,781	16.7	22,577	16.7	-796	-0.01
1992	26,923	23.6	27,565	22.1	-642	1.52
1993	35,334	31.2	36,938	34.0	-1,604	-2.76
1994	48,198	36.4	50,217	36.0	-2,020	0.46
1995	60,794	26.1	63,217	25.9	-2,423	0.24
1996	71,177	17.1	74,164	17.3	-2,987	-0.24
1997	78,973	11.0	81,659	10.1	-2,685	0.84
1998	84,402	6.9	86,532	6.0	-2,129	0.90
1999	89,677	6.2	91,125	5.3	-1,448	0.94
2000	99,215	10.6	98,749	8.4	466	2.27
2001	109,655	10.5	109,028	10.4	627	0.11
2002	120,333	9.7	120,476	10.5	-143	-0.76
2003	135,823	12.9	136,635	13.4	-812	-0.54
2004	159,878	17.7	160,800	17.7	-922	0.02
2005	184,937	15.7	187,437	16.6	-2,500	-0.89
2006	216,314	17.0	222,712	18.8	-6,398	-1.85
2007	265,810	22.9	266,557	19.7	-746	3.19
2008	314,045	18.1	315,977	18.5	-1,932	-0.39
2009	340,903	8.6	348,771	10.4	-7,869	-1.83
2010	401,513	17.8	402,819	15.5	-1,306	2.28
2011	471,564	17.4	465,999	15.7	5,565	1.76

注：表中数据根据国家统计局最新数据修订。
Note: Data are revised by National Bureau of Statistics of China.

投资率和消费率
Investment ratio and consumption ratio

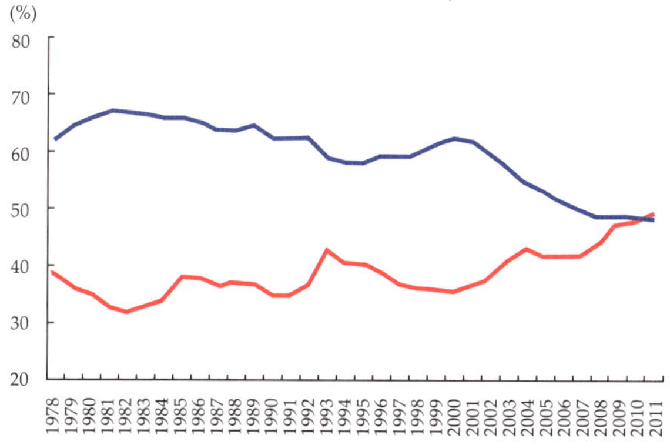

资本形成率（投资率）　Capital formation ratio (investment ratio)
最终消费率（消费率）　Final consumption ratio (consumption ratio)

生产法现价GDP与支出法现价GDP增速比较
Comparison of growth rate at current prices between production-based GDP and expenditure-based GDP

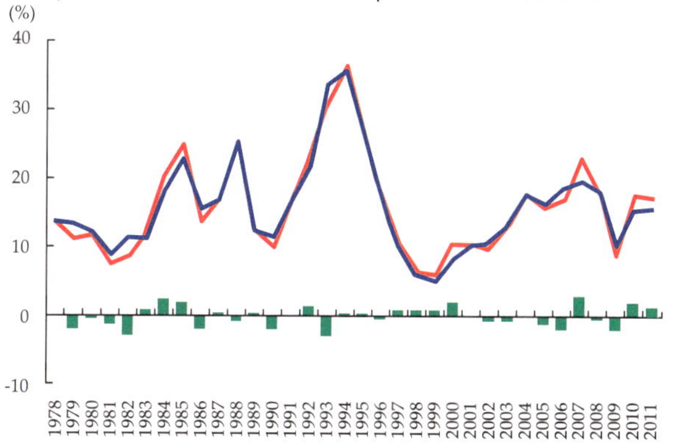

生产法现价GDP增速−支出法现价GDP增速　Gap between the two growth rates
生产法现价GDP增速　Growth rate of production-based GDP at current prices
支出法现价GDP增速　Growth rate of expenditure-based GDP at current prices

2.社会消费品零售额
(2) Retail sales of consumer goods

社会消费品零售总额
Retail sales of consumer goods

单位：亿元
Unit: RMB 100 million yuan

年/月 Year/Month	当月社会消费品零售总额 Monthly retail sales of consumer goods	当月同比增长率(%) Monthly growth rate (YOY)(%)	社会消费品零售总额累计 Accumulative retail sales of consumer goods	累计同比增长率(%) Accumulative growth rate (YOY)(%)
2011.01	15 249	19.9	15 249.0	19.9
2011.02	13 769	11.6	29 018.0	15.8
2011.03	13 588	17.4	42 921.8	16.3
2011.04	13 649	17.1	56 570.8	16.5
2011.05	14 697	16.9	71 267.6	16.6
2011.06	14 565	17.7	85 832.7	16.8
2011.07	14 408	17.2	100 240.7	16.8
2011.08	14 705	17.0	114 945.7	16.9
2011.09	15 865	17.7	130 810.8	17.0
2011.10	16 546	17.2	147 357.2	17.0
2011.11	16 129	17.3	163 486.1	17.0
2011.12	17 740	18.1	181 225.8	17.1
2012.01	—	—	—	—
2012.02	—	—	33 669.0	14.7
2012.03	15 650	15.2	49 319.2	14.8

注：为消除春节日期不固定因素带来的影响，增强数据的可比性，按照国家统计制度，历年1~2月数据一起调查、一起发布。

Note: In order to eliminate the impact of the different date of "Spring Festival" of each year,and enchance the comparability of data, in accordance with the national statistical system,the data in January and February was investigated and released together.

社会消费品零售总额与最终消费增长率的比较
Comparison of growth rate at current prices between retail sales of consumer goods and final consumption expenditure

单位：万亿元
Unit: RMB trillion yuan

年 Year	社会消费品零售总额 Retail sales of consumer goods	最终消费 Final consumption	社会消费品零售总额现价增长率(%) Growth rate at current prices of retail sales of consumer goods(%)	最终消费现价增长率(%) Growth rate at current prices of final consumption expenditure(%)
1991	0.94	1.41	13.4	16.6
1992	1.10	1.72	16.8	22.1
1993	1.43	2.19	29.8	27.3
1994	1.86	2.92	30.5	33.5
1995	2.36	3.67	26.8	25.7
1996	2.84	4.39	20.1	19.5
1997	3.13	4.81	10.2	9.6
1998	3.34	5.16	6.8	7.2
1999	3.56	5.56	6.8	7.8
2000	3.91	6.15	9.7	10.6
2001	4.31	6.69	10.1	8.8
2002	4.81	7.18	11.8	7.3
2003	5.25	7.77	9.1	8.2
2004	5.95	8.76	13.3	12.7
2005	6.84	9.94	14.9	13.5
2006	7.91	11.31	15.8	13.8
2007	9.36	13.22	18.2	16.9
2008	11.48	15.34	22.7	16.0
2009	13.27	16.93	15.5	10.3
2010	15.70	19.41	18.3	14.7
2011	18.39	22.47	17.1	15.8

注：表中数据根据国家统计局最新数据修订。

Note: Data are revised by National Bureau of Statistics of China.

累计社会消费品零售总额及其增长率
Accumulative retail sales and growth rates of consumer goods

社会消费品零售总额及最终消费增长趋势
Growth trend of retail sales of consumer goods and final consumption expenditure

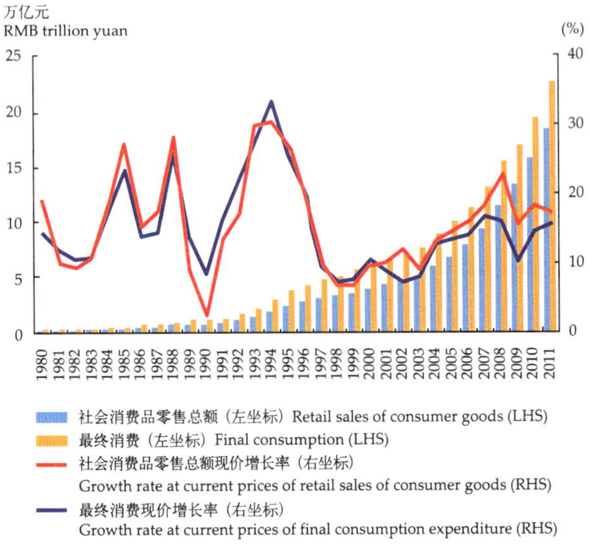

3. 固定资产投资完成额

(3) Completed fixed-asset investment

固定资产投资（不含农户）完成额

Completed investment in fixed asset (excluding rural households)

单位：亿元
Unit: RMB 100 million yuan

年/月 Year/Month	投资完成额 Investment completed	增长率(%) Growth rate (%)
	—	—
2011 1-2	17 444.2	24.9
1-3	39 464.9	25.0
1-4	62 716.2	25.4
1-5	90 254.5	25.8
1-6	124 566.7	25.6
1-7	152 419.9	25.4
1-8	180 607.6	25.0
1-9	212 274.0	24.9
1-10	241 365.1	24.9
1-11	269 452.1	24.5
1-12	301 932.8	23.8
	—	—
2012 1-2	21 188.8	21.5
1-3	47 865.4	20.9

注：自2011年起，投资项目统计起点标准由原来的50万元调整为500万元，“固定资产投资（不含农户）”等于原口径的城镇固定资产投资加上农村企事业组织项目投资。

Notes: Snice 2011, investment indicators are calculated using new threshold criteria of RMB5 million yuan instead of RMB500 thousand yuan in the past."investment in fixed assets (excluding rural households)" equals to "investment in fixed assets in urban area" under the old criteria plus "investment of rural enterprises and institutions".

固定资产投资完成额和固定资本形成总额的比较

Comparison of completed fixed-asset investment and gross capital formation

单位：万亿元
Unit: RMB trillion yuan

年 Year	全社会固定资产投资完成额 Total completed fixed-asset investment	固定资本形成总额 Gross capital formation	全社会固定资产投资现价增长率(%) Growth rate of total fixed-asset investment at current prices(%)	固定资本形成总额现价增长率(%) Growth rate of gross capital formation at current prices(%)
1991	0.56	0.61	23.9	25.7
1992	0.81	0.85	44.4	40.3
1993	1.31	1.33	61.8	56.3
1994	1.70	1.73	30.4	30.1
1995	2.00	2.09	17.5	20.6
1996	2.29	2.40	14.8	15.1
1997	2.49	2.60	8.8	8.0
1998	2.84	2.86	13.9	10.0
1999	2.99	3.30	5.1	6.9
2000	3.29	3.48	10.3	5.7
2001	3.72	3.98	13.0	14.1
2002	4.35	4.56	16.9	14.6
2003	5.56	5.60	27.7	22.8
2004	7.05	6.92	26.8	23.6
2005	8.88	7.79	26.0	12.6
2006	11.00	9.30	23.9	19.4
2007	13.73	11.09	24.8	19.4
2008	17.28	13.83	25.9	24.7
2009	22.46	16.45	30.0	18.9
2010	27.81	19.36	23.8	17.7
2011	31.10	22.91	11.8	18.3

注：表中数据根据国家统计局最新数据修订。
Note: Data are revised by National Bureau of Statistics of China.

固定资产投资（不含农户）完成额

Completed investment in fixed assets (excluding rural households)

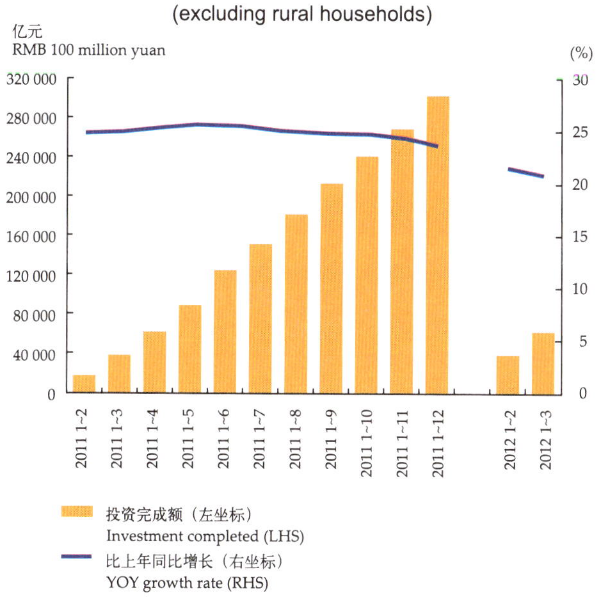

固定资产投资完成额和固定资本形成总额

Completed fixed-asset investment and gross capital formation

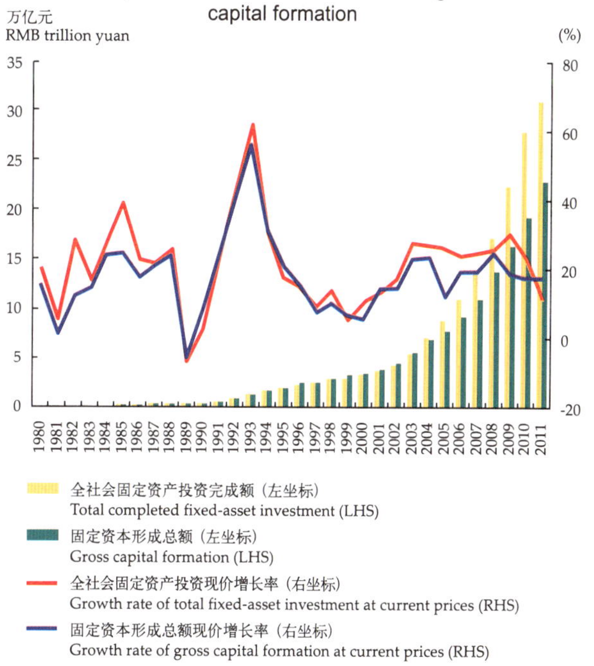

按建设性质分固定资产投资（不含农户）累计完成额及增长率

Completed investment in fixed assets (excluding rural households) and growth rate by type of construction

年/月 Year/Month	绝对值(亿元) Absolute value (RMB 100 million yuan)			增长率(%) Growth rate (%)		
	新建 New construction	扩建 Expansion	改建 Transformation	新建 New construction	扩建 Expansion	改建 Transformation
	—	—	—	—	—	—
2011 1-2	8 460.4	2 248.8	1 875.0	29.8	12.6	14.4
1-3	19 059.2	5 388.8	4 657.0	29.7	11.9	16.5
1-4	30 687.5	8 652.1	7 655.2	29.8	11.8	20.2
1-5	44 231.4	12 671.8	11 166.0	29.0	14.0	23.1
1-6	60 275.5	17 410.0	15 760.2	29.1	14.6	23.2
1-7	73 498.9	21 484.5	19 503.9	28.2	14.2	22.8
1-8	87 052.0	25 617.4	23 081.0	28.1	14.9	21.2
1-9	102 195.4	29 994.5	27 287.1	28.0	14.9	20.7
1-10	115 613.0	34 045.0	31 826.7	27.4	15.6	22.1
1-11	128 538.4	37 929.5	36 036.5	26.5	16.6	22.0
1-12	143 794.4	42 169.6	41 081.2	26.5	16.3	21.2
	—	—	—	—	—	—
2012 1-2	9 934.5	2 658.9	2 352.5	17.4	18.2	25.5
1-3	22 992.2	6 224.5	6 003.3	20.6	15.5	28.9

注：按建设性质分组的投资不含房地产投资。
Note: Investment grouped by type of construction does not include real estate investment.

按建筑性质分固定资产投资（不含农户）完成额构成变化

Completed investment in fixed assets (excluding rural households) by type of construction

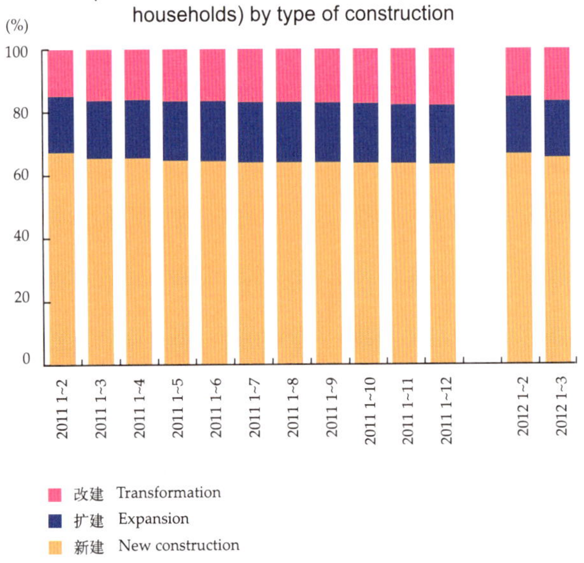

按建筑性质分固定资产投资（不含农户）完成额增长趋势

Growth of monthly accumulated completed investment in fixed assets (excluding rural households) by type of construction

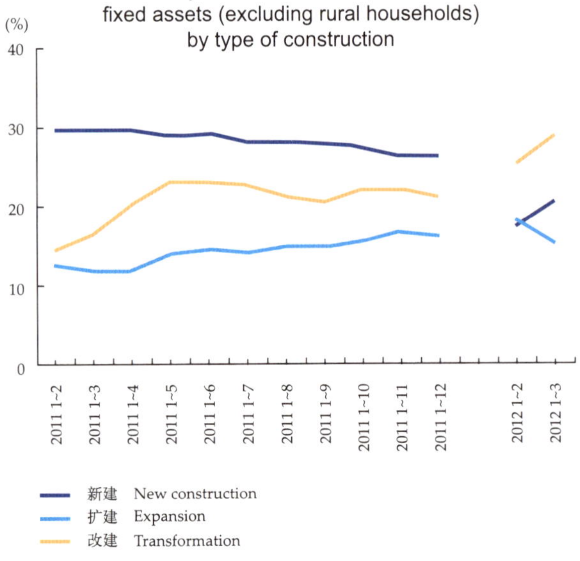

按隶属关系分固定资产投资（不含农户）累计完成额及增长率

Composition of monthly accumulated completed investment in fixed assets (excluding rural households) and growth rate by administrative relationship

年/月 Year/Month	绝对值(亿元) Absolute value (RMB 100 million yuan)		增长率(%) Growth rate (%)	
	中央项目 Central government projects	地方项目 Local government projects	中央项目 Central government projects	地方项目 Local government projects
	—	—	—	—
2011 1-2	1 385	16 060	6.3	26.9
1-3	2 540	36 925	3.0	26.8
1-4	4 124	58 593	2.6	27.4
1-5	5 670	84 584	0.3	28.0
1-6	7 360	117 207	-3.8	28.1
1-7	9 075	143 345	-4.7	28.0
1-8	10 722	169 885	-8.9	28.1
1-9	12 445	199 829	-7.5	27.7
1-10	14 260	227 105	-8.5	27.9
1-11	16 212	253 241	-8.5	27.5
1-12	20 209	281 724	-9.7	27.2
	—	—	—	—
2012 1-2	1 276	19 913	-7.9	24.0
1-3	2 393	45 473	-9.7	23.1

按隶属关系分固定资产投资（不含农户）完成额

Completed investment in fixed assets (excluding rural households) by administrative relationship

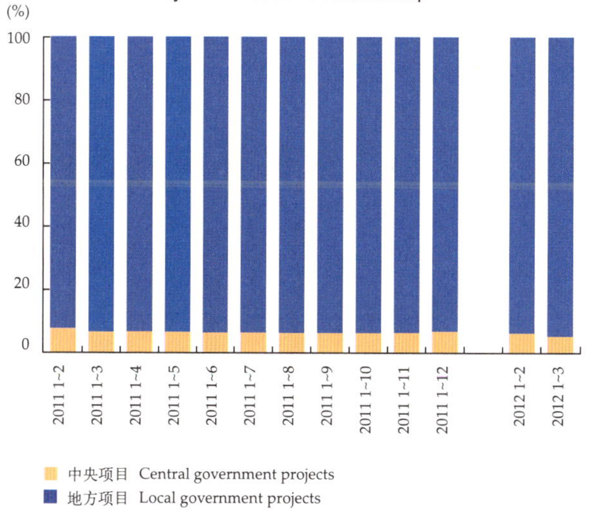

按隶属关系分固定资产投资（不含农户）完成额增长趋势

Growth of monthly accumulated completed investment in fixed assets (excluding rural households) by administrative relationship

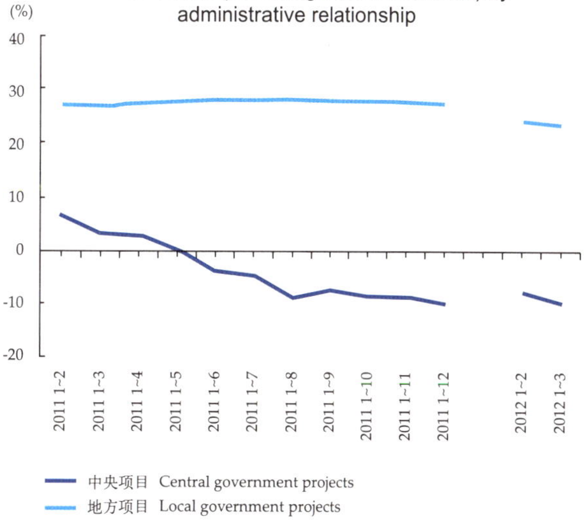

固定资产投资月度累计新开工项目数
Number of monthly accumulated urban newly started projects of fixed-asset investment

单位：万个 Unit: 10 000

	2008	2009	2010	2011	2012
1月 Jan.	—	—	—	—	—
2月 Feb.	1.45	1.85	1.85	1.72	2.16
3月 Mar.	3.85	5.29	5.88	5.33	6.18
4月 Apr.	5.97	8.64	8.52	8.73	—
5月 May	8.44	12.39	11.81	12.46	—
6月 Jun.	12.30	17.61	17.52	16.71	—
7月 Jul.	14.45	20.57	20.48	19.80	—
8月 Aug.	16.57	23.49	23.23	22.71	—
9月 Sept.	19.07	26.93	25.68	25.69	—
10月 Oct.	20.81	29.34	28.03	28.77	—
11月 Nov.	22.88	31.70	30.19	31.37	—
12月 Dec.	25.26	34.48	33.00	33.29	—

注：自2011年起，固定资产投资等于原口径的城镇固定资产投资加上农村企事业组织项目投资（不含农户）。

Note: Since 2011, "investment in fixed assets" equals to "investment in fixed assets in urban area" under the old criteria plus "investment of rural enterprises and institutions(excluding rural households)".

固定资产投资月度累计施工项目数
Number of monthly accumulated urban under-construction projects of fixed-asset investment

单位：万个 Unit: 10 000

	2008	2009	2010	2011	2012
1月 Jan.	—	—	—	—	—
2月 Feb.	6.74	7.87	9.28	9.81	10.88
3月 Mar.	10.84	12.91	15.37	16.06	17.29
4月 Apr.	13.79	17.25	18.99	20.70	—
5月 May	16.85	21.64	23.48	25.21	—
6月 Jun.	21.40	27.53	29.93	30.17	—
7月 Jul.	23.85	30.89	33.78	33.64	—
8月 Aug.	26.10	33.98	36.27	36.80	—
9月 Sept.	28.83	37.65	38.95	39.98	—
10月 Oct.	30.68	40.22	41.52	43.33	—
11月 Nov.	32.90	42.95	43.98	46.10	—
12月 Dec.	35.72	46.15	47.19	48.32	—

固定资产投资月度累计新开工项目数
Number of monthly accumulated newly started projects of fixed-asset investment

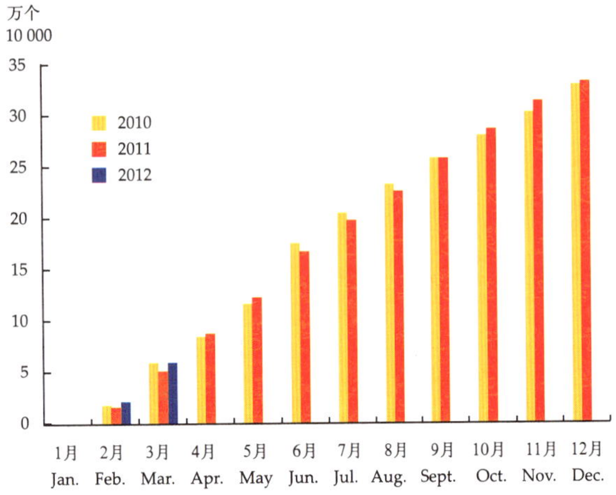

固定资产投资月度累计施工项目数
Number of monthly accumulated under-construction projects of fixed-asset investment

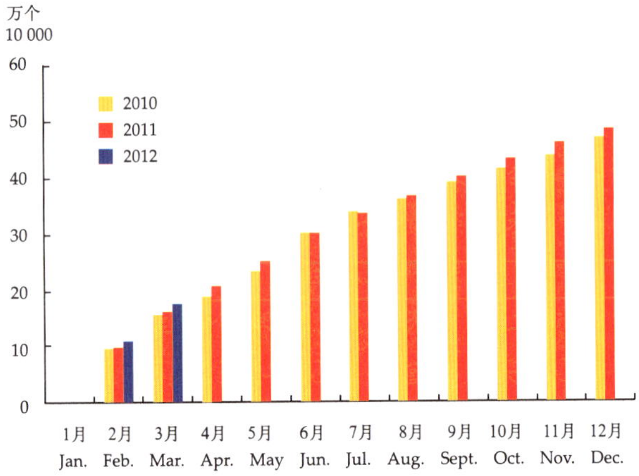

2012年第一季度分省固定资产投资（不含农户）完成额及增长率
Accumulated completed investment in fixed assets (excluding rural households) and growth rate by province in the first quarter of 2012

单位：亿元 Unit: RMB 100 million yuan

	固定资产投资（不含农户）完成额 Accumulated completed investment in fixed assets (excluding rural households)	增长率(%) Growth rate (%)
Tibet 西 藏	28.4	40.9
Gansu 甘 肃	372.8	39.5
Guizhou 贵 州	729.3	38.8
Ningxia 宁 夏	133.9	33.2
Fujian 福 建	2 030.0	30.6
Heilongjiang 黑龙江	191.5	30.5
Hubei 湖 北	2 282.6	30.2
Jiangxi 江 西	1 419.2	30.1
Xinjiang 新 疆	239.6	29.5
Jilin 吉 林	272.9	29.5
Liaoning 辽 宁	1 659.6	28.6
Qinghai 青 海	93.4	27.3
Guangxi 广 西	1 422.2	27.1
Yunnan 云 南	1 165.4	27.0
Shanxi 山 西	1 205.1	26.8
Hunan 湖 南	1 711.3	26.6
Anhui 安 徽	2 613.0	25.8
Sichuan 四 川	3 332.4	25.6
Henan 河 南	2 469.3	25.6
Hainan 海 南	357.7	24.0
Hebei 河 北	2 186.8	23.2
Chongqing 重 庆	1 320.5	23.0
Tianjin 天 津	1 295.0	22.8
Shandong 山 东	4 187.3	20.6
Shaanxi 陕 西	543.0	20.2
Jiangsu 江 苏	6 531.4	19.4
Inner Mongolia 内蒙古	518.2	18.3
Zhejiang 浙 江	2 738.1	15.6
Guangdong 广 东	2 750.1	13.0
Beijing 北 京	800.8	5.1
Shanghai 上 海	869.0	-3.9

2012年第一季度分省固定资产投资（不含农户）完成额及增长率
Accumulated completed investment in fixed assets (excluding rural households) and growth rate by province in the first quarter of 2012

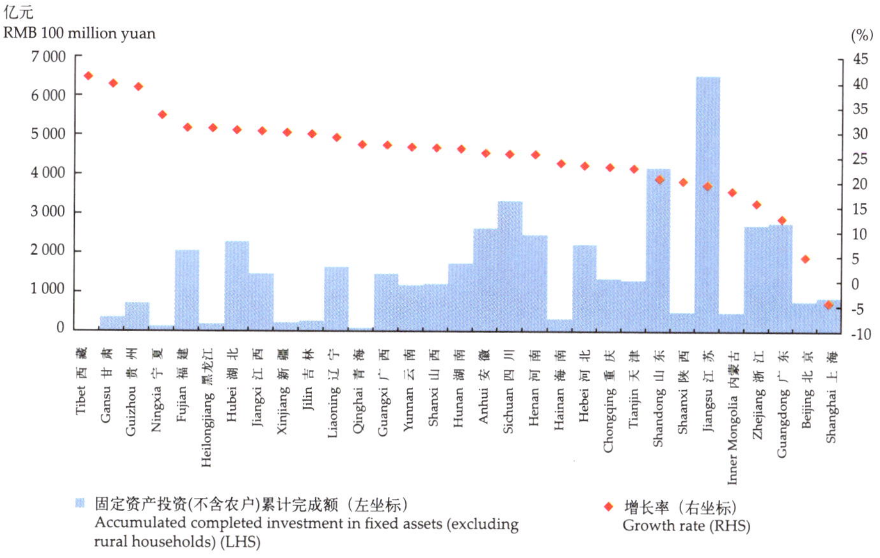

4.房地产

(4) Real estate development

房地产开发投资按工程用途分的完成额及增长率

Real estate development investment completed and growth rate by purpose of engineering

单位：亿元　Unit: RMB 100 million yuan

年/月 Year/Month	房地产开发投资完成额 Real estate development investment completed		按工程用途分 By purpose of engineering							
			住宅投资 Residential building investment		办公楼投资 Office building investment		商业用房投资 Commercial and business building investment		其他投资 Other investment	
	绝对值 Absolute value	增长率(%) Growth rate (%)	绝对值 Absolute value	增长率(%) Growth rate (%)	绝对值 Absolute value	增长率(%) Growth rate (%)	绝对值 Absolute value	增长率(%) Growth rate (%)	绝对值 Absolute value	增长率(%) Growth rate (%)
2010.07	23 865	37.2	16 709	34.5	983	48.4	2 779	35.3	3 395	50.9
2010.08	28 355	36.7	19 876	33.9	1 134	40.8	3 291	34.3	4 054	53.6
2010.09	33 511	36.4	23 512	33.8	1 300	36.0	3 865	33.3	4 834	54.6
2010.10	38 070	36.5	26 683	33.8	1 447	33.4	4 375	33.9	5 564	55.2
2010.11	42 697	36.5	30 022	34.2	1 616	34.1	4 898	34.3	6 161	52.1
2010.12	48 267	33.2	34 038	32.9	1 807	31.2	5 599	33.9	6 824	34.6
2011.01	—	—	—	—	—	—	—	—	—	—
2011.02	4 250	35.2	3 014	34.9	193	29.6	507	36.7	537	37.4
2011.03	8 846	34.1	6 253	37.4	361	19.1	1 058	40.2	1 174	19.2
2011.04	13 340	34.3	9 497	38.6	541	21.0	1 547	34.7	1 756	18.4
2011.05	18 737	34.6	13 290	37.8	748	26.5	2 193	36.0	2 506	21.0
2011.06	26 250	32.9	18 641	36.1	1 068	26.2	3 147	38.6	3 394	15.5
2011.07	31 873	33.6	22 789	36.4	1 286	30.9	3 807	37.0	3 991	17.6
2011.08	37 781	33.2	27 118	36.4	1 508	33.0	4 509	37.0	4 647	14.6
2011.09	44 225	32.0	31 788	35.2	1 742	34.0	5 259	36.1	5 436	12.5
2011.10	49 923	31.1	35 832	34.3	2 029	40.2	5 927	35.5	6 134	10.2
2011.11	55 483	29.9	39 857	32.8	2 278	41.0	6 614	35.0	6 734	9.3
2011.12	61 740	27.9	44 308	30.2	2 544	40.7	7 370	30.5	7 518	10.9
2012.01	—	—	—	—	—	—	—	—	—	—
2012.02	5 431	27.8	3 713	23.2	253	31.0	722	42.5	743	38.4
2012.03	10 927	23.5	7 443	19.0	518	43.4	1 420	34.2	1 546	31.7

房地产开发投资按工程用途分的构成变化

Change in composition of real estate development investment by purpose of engineering

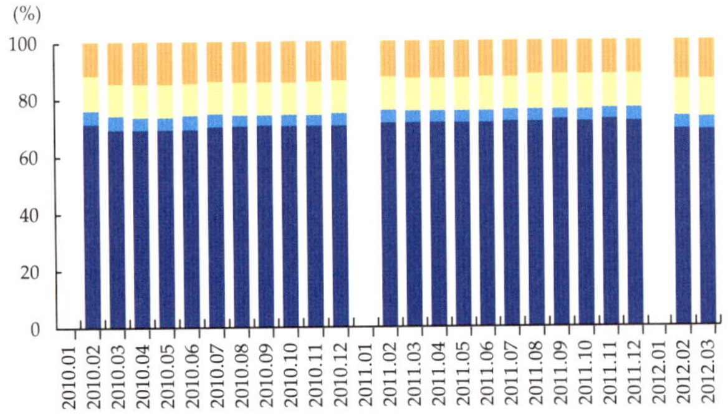

其他投资　Other investment
商业用房投资　Commercial and business building investment
办公楼投资　Office building investment
住宅投资　Residential building investment

房地产开发投资按工程用途分的增长趋势

Growth of composition of real estate development investment by purpose of engineering

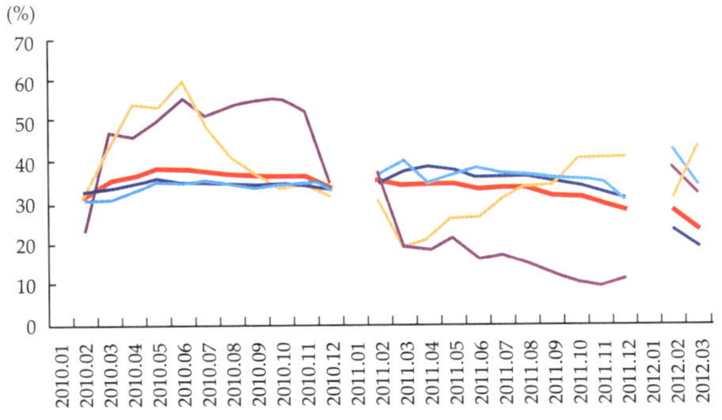

房地产开发投资完成额　Real estate development investment completed
住宅投资　Residential building investment
办公楼投资　Office building investment
商业用房投资　Commercial and business building investment
其他投资　Other investment

房地产开发投资按地区分的完成额及增长率
Real estate development investment completed and growth rate by region

单位：亿元　Unit: RMB 100 million yuan

年／月 Year/Month	东部地区投资 Investment in eastern area		中部地区投资 Investment in central area		西部地区投资 Investment in western area	
	绝对值 Absolute value	增长率(%) Growth rate (%)	绝对值 Absolute value	增长率(%) Growth rate (%)	绝对值 Absolute value	增长率(%) Growth rate (%)
2010.07	14 188	38.8	4 915	33.1	4 762	37.0
2010.08	16 742	38.1	5 910	32.5	5 704	37.3
2010.09	19 711	38.3	7 077	32.1	6 723	35.8
2010.10	22 293	38.3	8 113	32.6	7 664	35.8
2010.11	24 907	37.8	9 094	33.1	8 696	36.6
2010.12	28 009	32.7	10 517	32.5	9 741	35.4
2011.01	—	—	—	—	—	—
2011.02	2 641	30.7	770	39.7	840	46.8
2011.03	5 465	31.2	1 647	39.3	1 735	39.0
2011.04	8 119	32.7	2 538	36.0	2 684	37.7
2011.05	11 240	31.2	3 655	36.5	3 842	43.6
2011.06	15 438	30.2	5 413	35.7	5 400	38.5
2011.07	18 594	31.1	6 645	35.2	6 634	39.3
2011.08	21 855	30.5	7 965	34.8	7 961	39.6
2011.09	25 476	29.2	9 417	33.1	9 331	38.8
2011.10	28 712	28.8	10 649	31.3	10 562	37.8
2011.11	31 997	28.5	11 754	29.2	11 731	34.9
2011.12	35 607	27.1	13 197	25.5	12 936	32.8
2012.01	—	—	—	—	—	—
2012.02	3 327	26.0	996	29.4	1 108	31.9
2012.03	6 593	20.6	2 070	25.7	2 264	30.5

房地产开发投资按地区分的构成变化
Change in composition of real estate development investment by region

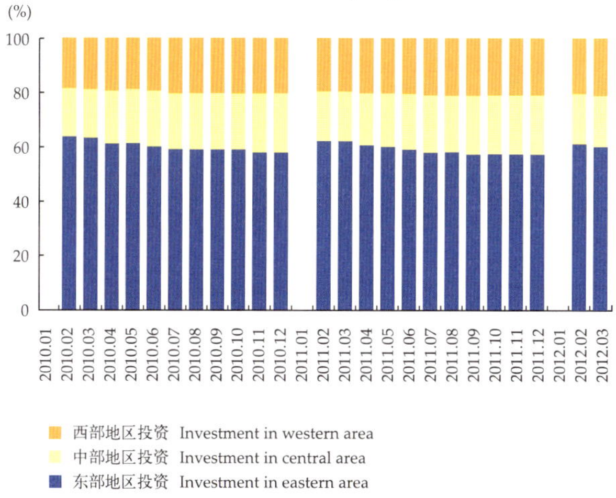

房地产开发投资按地区分的增长趋势
Growth of composition of real estate development investment by region

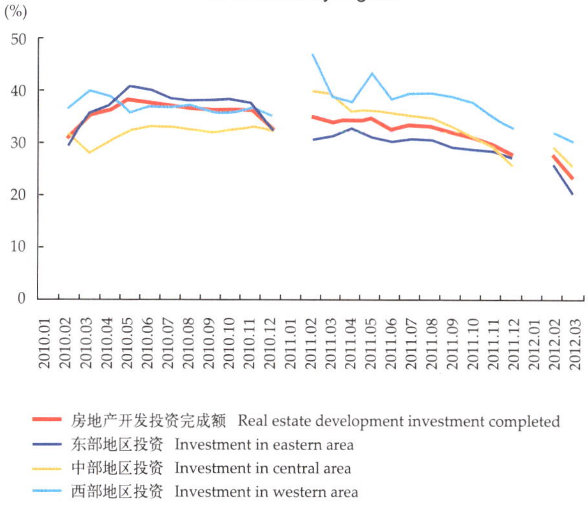

商品房建筑与销售
Construction and sales of commercial buildings

单位：亿平方米、亿元
Unit: 100 million square meters, RMB 100 million yuan

年/月 Year/Month	施工面积 Area under construction	同比增长(%) YOY growth(%)	竣工面积 Area completed	同比增长(%) YOY growth(%)	销售面积 Area sold	同比增长(%) YOY growth(%)	销售面积与竣工面积之比 Ratio of sold to completed areas	月度累计销售额 Monthly accumulated sales volume	增长率(%) Growth rate (%)
2010.07	32.4	29.4	2.9	12.6	4.6	9.7	160	22 886	16.8
2010.08	33.9	29.1	3.2	10.7	5.3	6.7	163	26 418	12.6
2010.09	35.5	28.1	3.7	10.4	6.3	8.2	171	31 917	15.9
2010.10	37.0	28.3	4.2	11.4	7.2	9.1	173	36 992	17.3
2010.11	38.4	28.6	4.8	9.6	8.3	9.8	170	42 278	17.5
2010.12	40.6	26.9	7.6	8.2	10.4	11.3	137	52 479	19.3
2011.01	—	—	—	—	—	—	—	—	—
2011.02	29.1	39.0	0.7	13.9	0.8	13.8	117	5 242	27.4
2011.03	32.7	35.2	1.3	15.4	1.8	14.9	137	10 152	27.3
2011.04	35.2	33.2	1.7	14.0	2.5	6.3	145	14 078	13.3
2011.05	37.8	32.4	2.2	12.9	3.3	9.1	152	18 620	18.1
2011.06	40.6	31.6	2.8	12.8	4.4	12.9	161	24 589	24.1
2011.07	42.4	30.8	3.2	13.4	5.2	13.6	160	28 852	26.1
2011.08	44.3	30.5	3.7	14.7	6.0	13.6	161	33 264	25.9
2011.09	46.1	29.7	4.3	17.8	7.1	12.9	164	39 312	23.2
2011.10	47.5	28.4	5.0	18.5	8.0	10.0	160	43 826	18.5
2011.11	49.1	27.9	5.9	22.3	9.0	8.5	151	49 047	16.0
2011.12	50.8	25.3	8.9	17.5	11.0	5.4	123	59 119	12.7
2012.01	—	—	—	—	—	—	—	—	—
2012.02	39.5	35.5	1.0	45.2	0.7	-14.0	69	4 145	-20.9
2012.03	40.9	25.0	1.8	39.3	1.5	-13.6	85	8 672	-14.6

商品房施工面积、竣工面积与销售面积
Area of commercial housing under construction, completed, and sold

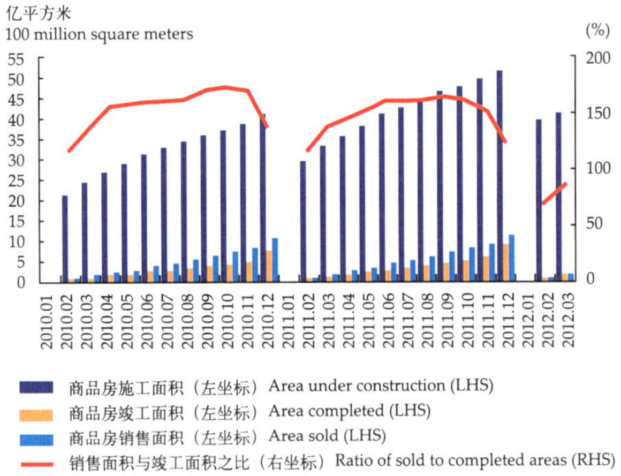

商品房施工面积、竣工面积与销售面积增长趋势
Growth of area of commercial housing under construction, completed, and sold

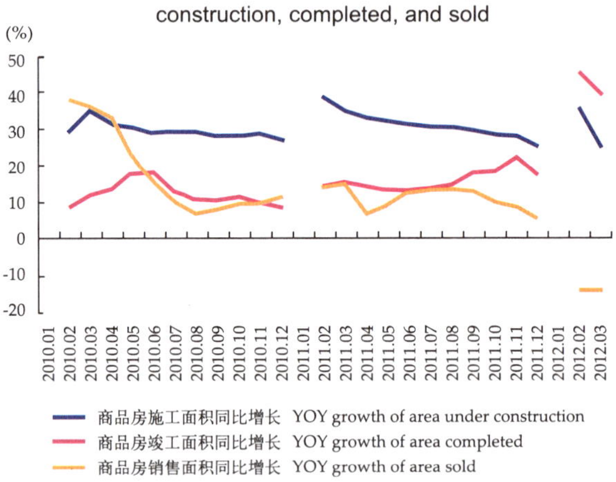

商品房销售额及其增长率
Sales volume of commercial housing and its growth rate

住宅在商品房施工面积、竣工面积与销售面积中所占的比重
Share of residences in commercial housing under construction, completed, and sold

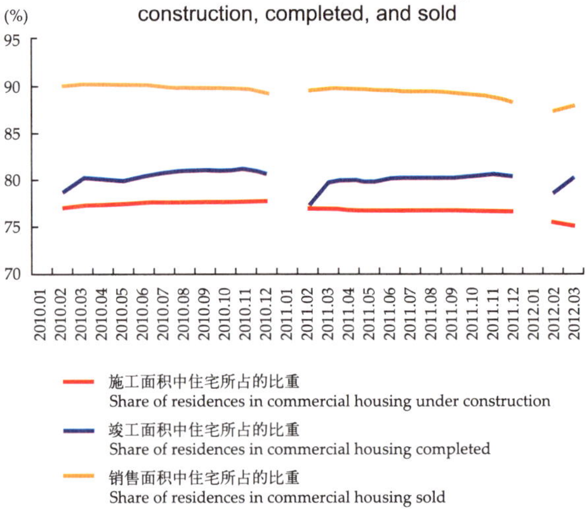

主要经济指标环比增速
MOM growth rates of main economic indicators

年/季 Year/Quarter	国内生产总值 Gross domestic product (%)	年/月 Year/Month		规模以上工业增加值 Value added of industry (%)	固定资产投资（不含农户） Completed investment in fixed assets（excluding rural households）(%)	社会消费品零售总额 Retail sales of consumer goods (%)
2011		2011	1			
			2	0.93	-0.23	1.35
I	2.2		3	1.09	2.58	1.35
			4	0.91	1.71	1.33
			5	0.94	1.83	1.29
II	2.3		6	1.33	1.38	1.43
			7	0.80	1.66	1.28
			8	0.90	1.39	1.34
III	2.4		9	1.09	2.01	1.37
			10	0.85	1.85	1.34
			11	0.86	1.04	1.29
IV	1.9		12	1.10	1.14	1.45
2012		2012	1	0.63	1.47	1.02
			2	0.84	1.91	1.31
I	1.8		3	1.22	0.64	1.18

注：1. 自2011年4月起，国家统计局对外公布国内生产总值、规模以上工业增加值、固定资产投资（不含农户）、社会消费品零售总额四项统计指标的经季节调整的环比数据。
2. 表中数据根据国家统计局最新数据修订。

Notes:1. From April 2011, National Bureau of Statistics began to pubilsh four seasonally-adjusted MOM indices, namely: gross domestic product, value added of industry, completed investment in fixed assets (excluding rural households), retail sales of consumer goods.
2. Data are revised by National Bureau of Statistics of China.

五、对外部门
5. External Sector

1.外贸
(1)Foreign trade

据世界贸易组织统计，2010年，我国货物贸易出口总值为15 780亿美元，占世界货物贸易出口总值15.24万亿美元的10.4%，比2009年上升了0.8个百分点，在全球货物贸易出口排名中居第1位。2010年，我国货物贸易进口总值为13 950亿美元，占世界货物贸易进口总值15.38万亿美元的9.1%，比2009年提高了1.1个百分点，在全球货物贸易进口中排名居第2位，位居美国之后。

According to WTO statistics, in 2010, China's export volume of goods totaled USD1,578 billion, and its share in the world total of USD15.24 trillion rose by 0.8 percentage point to 10.4 percent, ranking 1st in the world. China's import volume of goods reached USD1,395 billion, accounting for 9.1 percent of the world total of USD15.38 trillion, 1.1 percentage points higher than that in 2009. China ranks 2nd in the world after the U.S. in terms of goods imports.

2010年世界货物贸易出口前十位排名
Top ten economies in the world in terms of goods exported in 2010

			出口(10亿美元) Exports (USD billion)	比重(%) Share (%)
	世界	**World total**	**15 238**	**100.0**
1	**中国**	**China**	**1 578**	**10.4**
2	美国	U.S.	1 278	8.4
3	德国	Germany	1 269	8.3
4	日本	Japan	770	5.1
5	荷兰	Netherlands	572	3.8
6	法国	France	521	3.4
7	韩国	Korea	466	3.1
8	意大利	Italy	448	2.9
9	比利时	Belgium	411	2.7
10	英国	U.K.	405	2.7

2010年世界货物贸易进口前十位排名
Top ten economies in the world in terms of goods imported in 2010

			进口(10亿美元) Imports (USD billion)	比重(%) Share (%)
	世界	**World total**	**15 376**	**100.0**
1	美国	U.S.	1 968	12.8
2	**中国**	**China**	**1 395**	**9.1**
3	德国	Germany	1 067	6.9
4	日本	Japan	693	4.5
5	法国	France	606	3.9
6	英国	U.K.	558	3.6
7	荷兰	Netherlands	517	3.4
8	意大利	Italy	484	3.1
9	中国香港	HK SAR of China	442	2.9
10	比利时	Belgium	425	2.8

年度进出口额及其增长率
Annual imports & exports and growth rates

单位：亿美元
Unit: USD 100 million

年 Year	进出口 Imports & Exports		出口 Exports		进口 Imports		进出口差额 Trade balance
	总额 Total value	增长率(%) Growth rate (%)	总额 Total value	增长率(%) Growth rate (%)	总额 Total value	增长率(%) Growth rate (%)	
1986	738	6.1	309	13.1	429	1.6	-120
1987	827	11.9	394	27.5	432	0.7	-38
1988	1 028	24.4	475	20.5	553	27.9	-78
1989	1 117	8.7	525	10.6	591	7.0	-66
1990	1 154	3.4	621	18.2	533	-9.8	87
1991	1 357	17.6	719	15.8	638	19.6	81
1992	1 655	22.0	849	18.1	806	26.3	44
1993	1 957	18.2	917	8.0	1 040	29.0	-122
1994	2 366	20.9	1 210	31.9	1 156	11.2	54
1995	2 809	18.7	1 488	23.0	1 321	14.2	167
1996	2 899	3.2	1 510	1.5	1 388	5.1	122
1997	3 252	12.2	1 828	21.0	1 424	2.5	404
1998	3 239	-0.4	1 837	0.5	1 402	-1.5	435
1999	3 606	11.3	1 949	6.1	1 657	18.2	292
2000	4 743	31.5	2 492	27.8	2 251	35.8	241
2001	5 097	7.5	2 661	6.8	2 436	8.2	225
2002	6 208	21.8	3 256	22.4	2 952	21.2	304
2003	8 510	37.1	4 382	34.6	4 128	39.8	255
2004	11 546	35.7	5 933	35.4	5 612	36.0	321
2005	14 219	23.2	7 620	28.4	6 600	17.6	1 020
2006	17 604	23.8	9 689	27.2	7 915	19.9	1 775
2007	21 766	23.6	12 205	25.9	9 561	20.8	2 643
2008	25 633	17.8	14 307	17.2	11 326	18.5	2 981
2009	22 075	-13.9	12 016	-16.0	10 059	-11.2	1 957
2010	29 740	34.7	15 778	31.3	13 962	38.8	1 815
2011	36 419	22.5	18 986	20.3	17 435	24.9	1 551

注：图中数据根据海关总署最新数据修订。
Note: Data are revised by General Administration of Customs of the People's Republic of China.

出口总值与GDP之比
Total exports over GDP

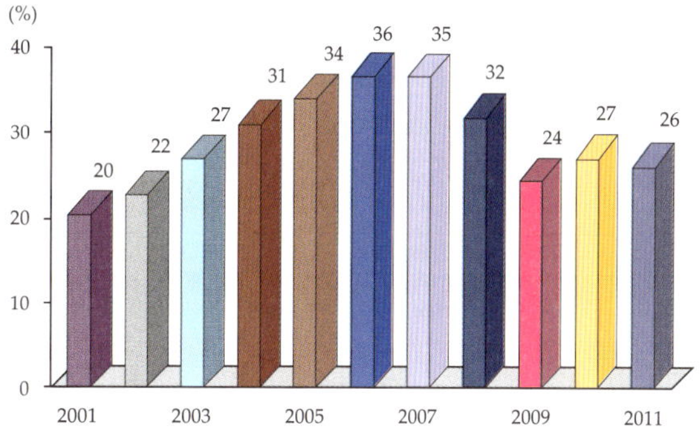

注：图中数据根据国家统计局最新数据修订。
Note: Data are revised by National Bureau of Statistics of China.

贸易差额
Trade balance

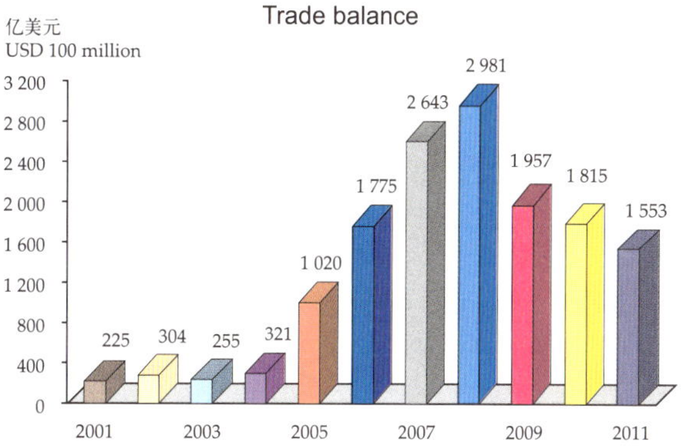

贸易总额及其增长趋势
Total trade volume and growth rates

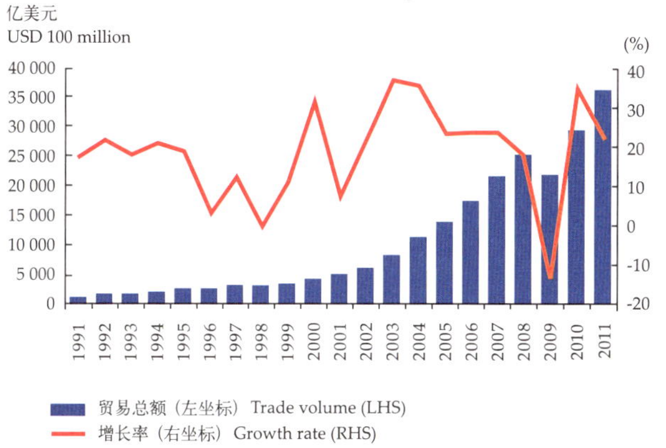

贸易总额与GDP之比
Total trade volume over GDP

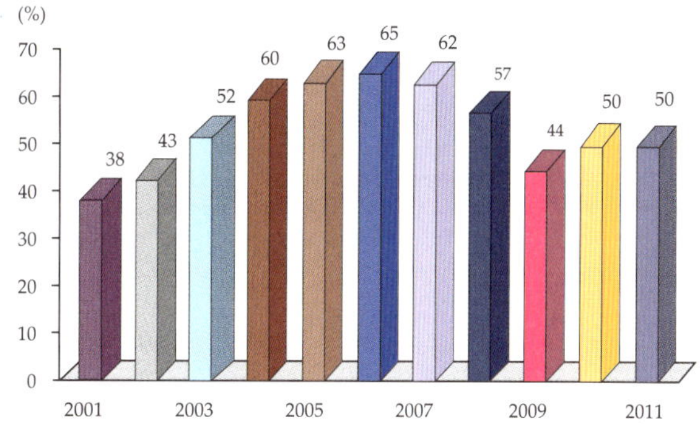

注：图中数据根据国家统计局最新数据修订。
Note: Data are revised by National Bureau of Statistics of China.

当月进出口总值及其增长率
Total monthly imports, exports, and growth rates

单位：亿美元
Unit: USD 100 million

年/月 Year/Month	出口总值 Total exports	进口总值 Total imports	出口同比增长率(%) Growth rate of exports (YOY)(%)	进口同比增长率(%) Growth rate of imports (YOY)(%)	当月差额 Monthly trade balance
2010.07	1 455	1 168	38.1	22.7	287
2010.08	1 393	1 193	34.4	35.2	200
2010.09	1 450	1 281	25.1	24.1	169
2010.10	1 360	1 088	22.9	25.3	271
2010.11	1 533	1 304	34.9	37.7	229
2010.12	1 541	1 411	17.9	25.6	131
2011.01	1 507	1 443	37.7	51.0	65
2011.02	967	1 041	2.4	19.5	-73
2011.03	1 522	1 521	35.8	27.3	1
2011.04	1 557	1 443	29.9	21.8	114
2011.05	1 572	1 441	19.4	28.4	130
2011.06	1 620	1 397	17.9	19.3	223
2011.07	1 751	1 436	20.3	23.0	315
2011.08	1 733	1 556	24.4	30.4	178
2011.09	1 697	1 552	17.0	21.1	145
2011.10	1 575	1 405	15.8	29.1	170
2011.11	1 745	1 599	13.8	22.6	145
2011.12	1 747	1 582	13.3	12.1	165
2012.01	1 499	1 227	-0.5	-15.0	273
2012.02	1 145	1 460	18.3	40.3	-315
2012.03	1 657	1 603	8.8	5.4	53

月度累计进出口总值及其增长率
Total accumulated monthly imports,exports, and growth rates

单位：亿美元
Unit: USD 100 million

年/月 Year/Month	累计出口总值 Accumulated total exports	累计进口总值 Accumulated total imports	累计出口同比增长率(%) Growth rate of accumulated exports (YOY) (%)	累计进口同比增长率(%) Growth rate of accumulated imports (YOY) (%)	累计贸易差额 Accumulated trade balance
2010.07	8 505	7 666	35.6	47.2	8 505
2010.08	9 897	8 858	35.5	45.5	9 897
2010.09	11 346	10 140	34.0	42.4	11 346
2010.10	12 706	11 228	32.7	40.5	12 706
2010.11	14 238	12 534	33.0	40.3	14 238
2010.12	15 781	13 945	31.3	38.6	15 781
2011.01	1 507	1 443	37.7	51.0	1 507
2011.02	2 475	2 484	21.3	36.0	2 475
2011.03	3 996	4 006	26.5	32.6	3 996
2011.04	5 553	5 450	27.4	29.6	5 553
2011.05	7 124	6 894	25.5	29.4	7 124
2011.06	8 744	8 291	24.0	27.6	8 744
2011.07	10 492	9 745	23.4	27.1	10 492
2011.08	12 225	11 301	23.5	27.6	12 225
2011.09	13 921	12 852	22.7	26.7	13 921
2011.10	15 495	14 253	21.9	26.9	15 495
2011.11	17 239	15 852	21.1	26.5	17 239
2011.12	18 986	17 435	20.3	25.0	18 986
2012.01	1 499	1 227	-0.5	-15.0	1 499
2012.02	2 644	2 686	6.8	8.1	2 644
2012.03	4 301	4 289	7.6	7.1	4 301

注：表中数据根据海关总署最新数据修订。
Note: Data are revised by General Administration of Customs of the People's Republic of China.

当月进出口总值及其增长率
Total monthly imports, exports, and growth rates

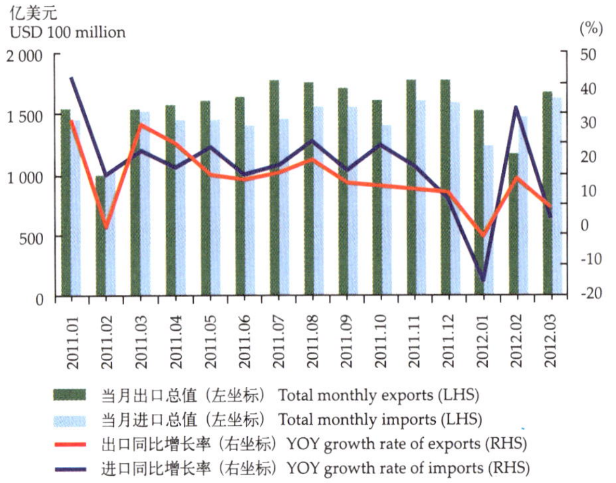

月度累计进出口总值及其增长率
Total accumulated monthly imports, exports, and growth rates

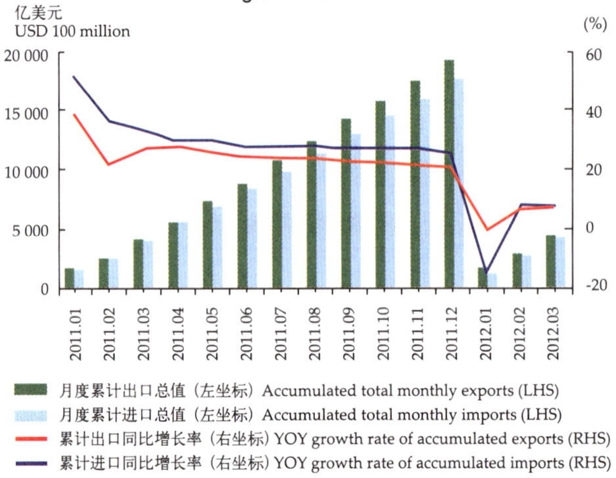

贸易差额月度变动趋势
Movement of monthly trade balance

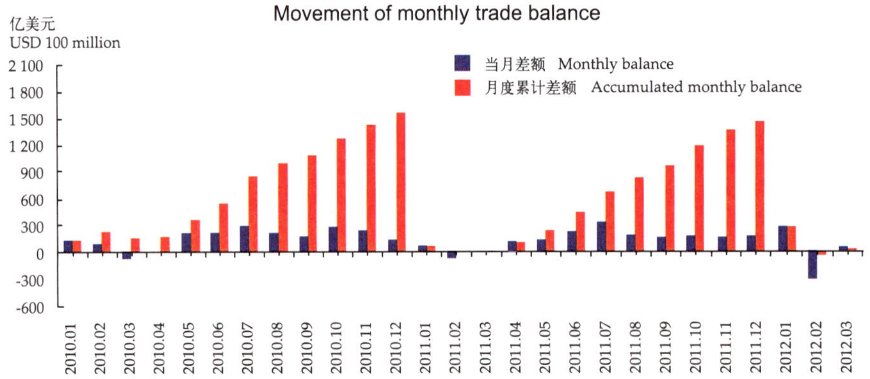

贸易差额构成
Composition of trade balance

单位：亿美元
Unit: USD 100 million

年 Year	贸易差额总计 Total trade balance	一般贸易 General trade	加工贸易 Processing trade	其他贸易 Other trade
1998	435	306	359	-230
1999	292	121	373	-202
2000	241	51	451	-261
2001	225	-16	535	-293
2002	304	71	577	-344
2003	255	-57	789	-477
2004	321	-46	1 063	-697
2005	1 020	354	1 425	-759
2006	1 775	831	1 889	-945
2007	2 643	1 098	2 491	-971
2008	2 981	899	2 968	-912
2009	1 957	-40	2 646	-646
2010	1 815	-473	3 229	-926
2011	1 553	-903	3 656	-1 200

注："贸易差额总计"根据《海关统计》月报修正。
Note: "Total trade balance" are revised by *China Monthly Exports and Imports*.

月度累计贸易差额按企业性质分
Accumulated monthly trade balance by enterprise

单位：亿美元
Unit: USD 100 million

年/月 Year/Month	国有企业 State-owned enterprises	外资企业 Foreign-funded enterprises	其他企业 Other enterprises
2010.07	-865	576	1 128
2010.08	-987	688	1 338
2010.09	-1 141	809	1 529
2010.10	-1 233	969	1 741
2010.11	-1 367	1 125	1 946
2010.12	-1 532	1 243	2 120
2011.01	-184	61	188
2011.02	-367	111	247
2011.03	-578	197	372
2011.04	-760	297	568
2011.05	-957	389	797
2011.06	-1 120	518	1 052
2011.07	-1 272	678	1 356
2011.08	-1 485	776	1 637
2011.09	-1 679	889	1 862
2011.10	-1 844	1 034	2 050
2011.11	-2 057	1 159	2 283
2011.12	-2 262	1 305	2 508
2012.01	-171	188	256
2012.02	-452	176	234
2012.03	-691	296	403

贸易差额构成
Composition of trade balance

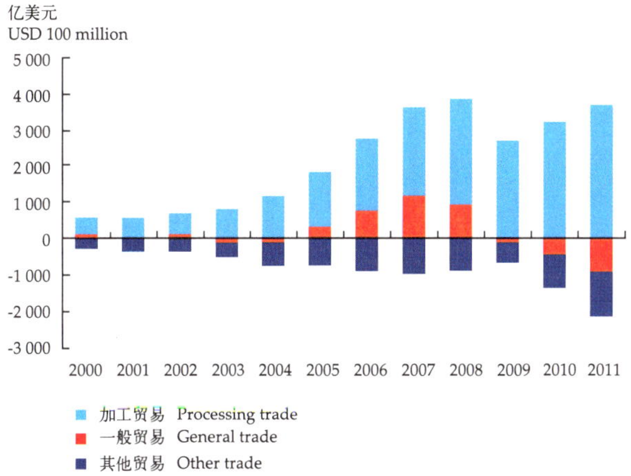

月度累计贸易差额按企业性质分
Accumulated monthly trade balance by enterprise

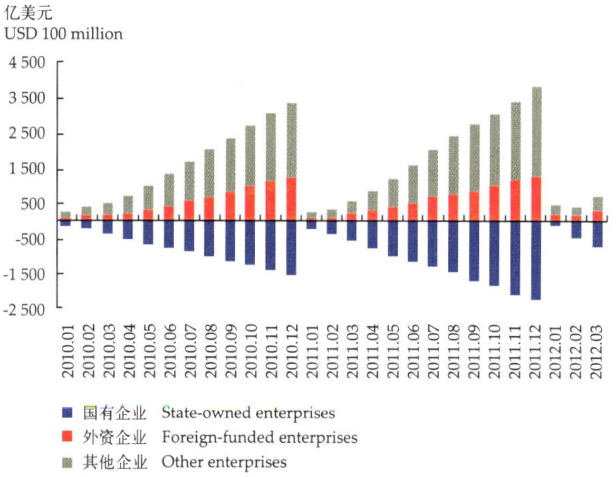

一般贸易累计进出口及其增长率
Accumulated imports and exports under general trade and growth rates

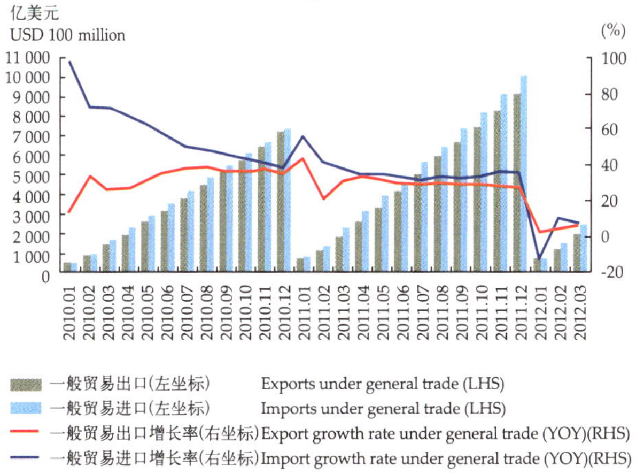

加工贸易累计进出口及其增长率
Accumulated imports and exports under processing trade and growth rates

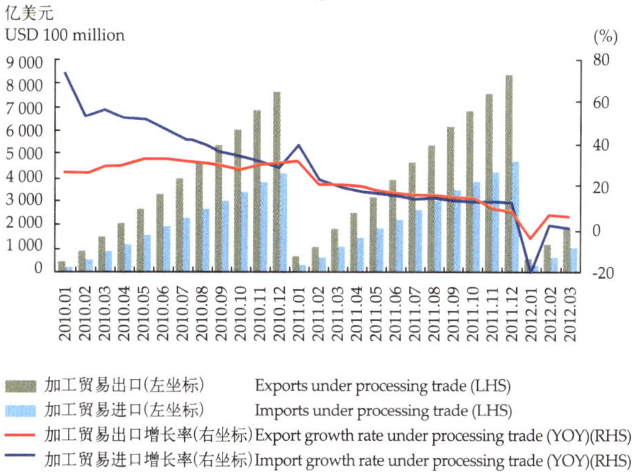

中国大陆对美国进出口及其增长趋势

Mainland China's imports from and exports to the U.S. and their growth

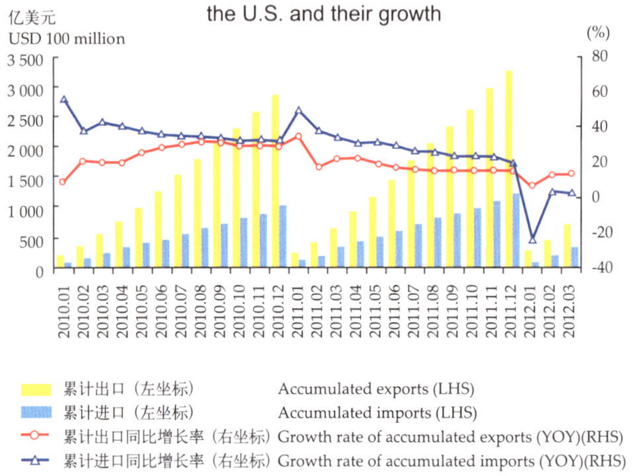

中国大陆对美国贸易总额和贸易差额

Mainland China's trade volume and trade balance with the U.S.

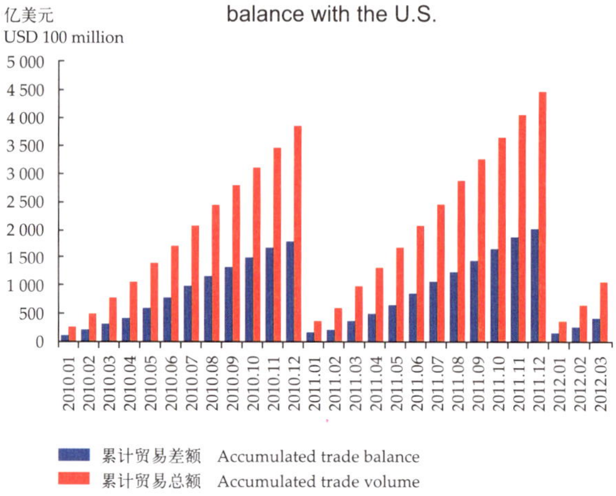

中国大陆对欧盟进出口及其增长趋势

Mainland China's imports from and exports to the EU and their growth

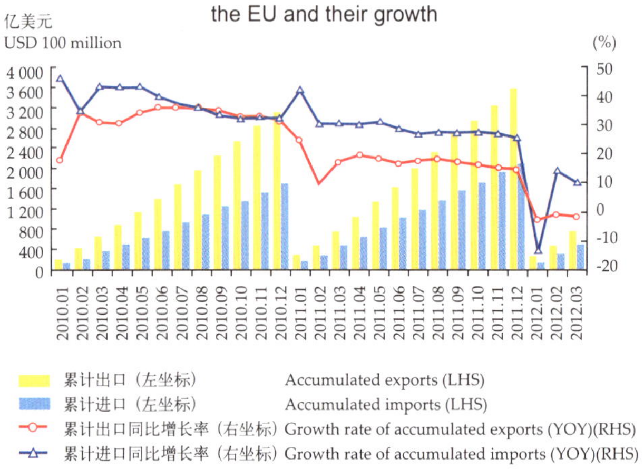

中国大陆对欧盟贸易总额和贸易差额

Mainland China's trade volume and trade balance with the EU

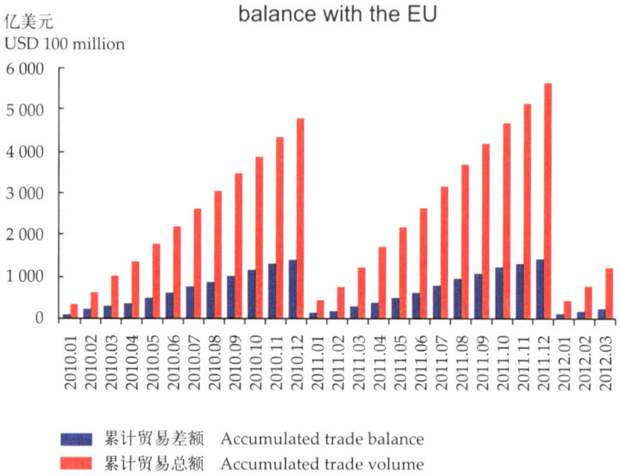

中国大陆对日本进出口及其增长趋势

Mainland China's imports from and exports to Japan and their growth

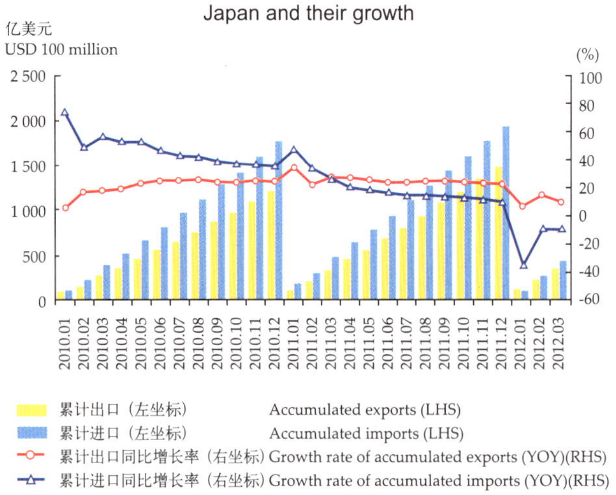

中国大陆对日本贸易总额和贸易差额

Mainland China's trade volume and trade balance with Japan

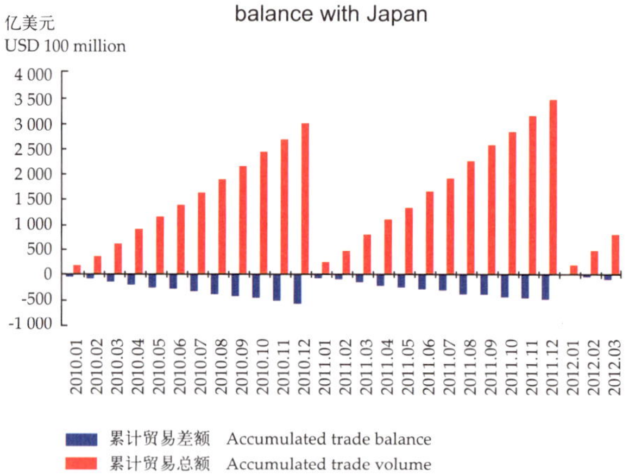

中国大陆对东盟进出口及其增长趋势
Mainland China's imports from and exports to ASEAN and their growth

中国大陆对东盟贸易总额和贸易差额
Mainland China's trade volume and trade balance with ASEAN

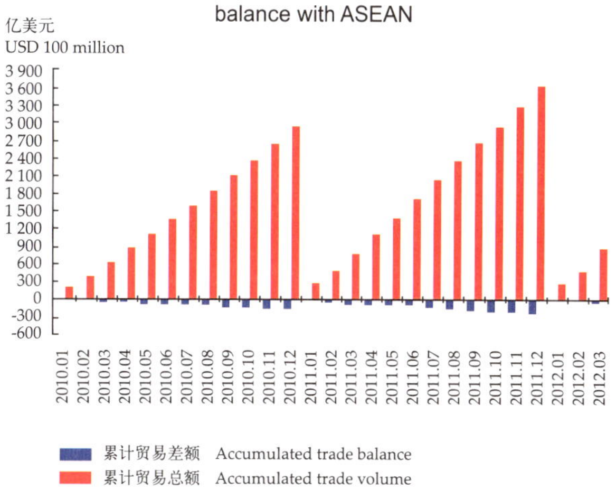

中国大陆对中国香港地区进出口及其增长趋势
Mainland China's imports from and exports to Hong Kong SAR of China and their growth

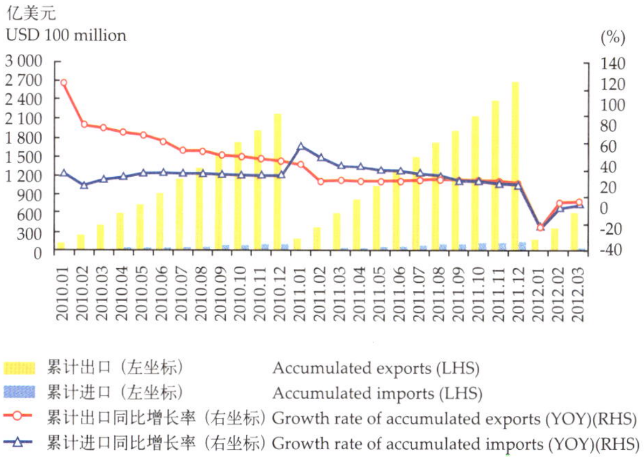

中国大陆对中国香港地区贸易总额和贸易差额
Mainland China's trade volume and trade balance with Hong Kong SAR of China

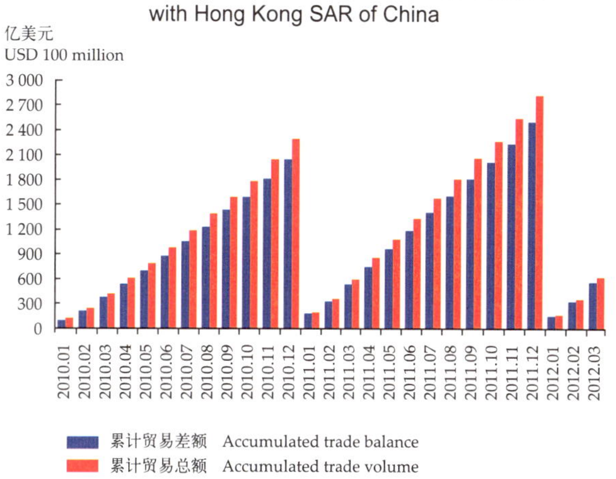

中国大陆对中国台湾地区进出口及其增长趋势
Mainland China's imports from and exports to China Taiwan and their growth

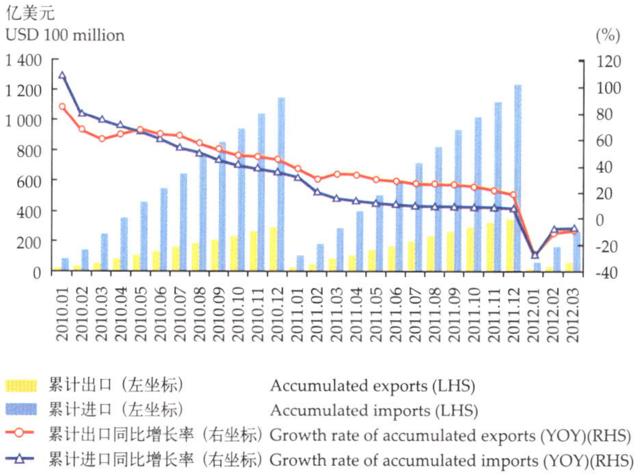

中国大陆对中国台湾地区贸易总额和贸易差额
Mainland China's trade volume and trade balance with China Taiwan

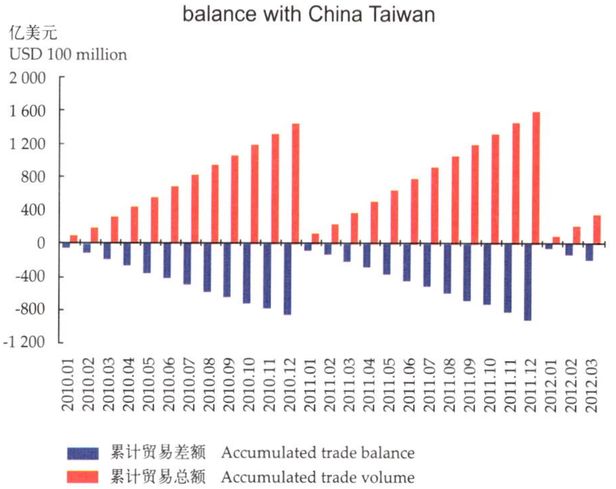

2.外资

(2) Foreign investment

据联合国贸易与发展会议2011年7月发布的《2011年世界投资报告》，中国以1 060亿美元流入量成为2010年全球发展中国家中第一大外国直接投资接受国，该报告指出：2010年全球外国直接投资流入量为1.24万亿美元，较上年增长5%。

另据商务部统计，2011年，新批设立外商投资企业27 712家，实际使用外资金额1 160.1亿美元。

According to the UNCTAD's *World Investment Report 2011* published in July 2011, China became the world's number 1 recipient of foreign direct investment (FDI) among developing countries in 2010, with capital inflows of USD106.0 billion. It is pointed out in the report that global FDI inflows increased by 5% to USD1.24 trillion in 2010.

According to statistics of the Ministry of Commerce, in 2011, 27,712 foreign-invested enterprises were approved for incorporation in China, with actual utilized FDI reaching USD 116.01 billion.

实际利用外商直接投资及其增长趋势

Actual utilized foreign direct investments and growth rates

单位：亿美元
Unit: USD 100 million

年 Year	绝对值 Absolute value	增长率(%) Growth rate (%)
1991	43.7	28.7
1992	110.1	152.1
1993	275.2	150.0
1994	337.7	22.7
1995	375.2	11.1
1996	417.3	11.2
1997	452.6	8.5
1998	454.6	0.5
1999	403.2	-11.3
2000	407.2	1.0
2001	468.5	14.9
2002	527.4	12.6
2003	535.1	1.4
2004	606.3	13.3
2005	603.3	-0.5
2006	630.2	4.5
2007	747.7	13.6
2008	924.0	23.6
2009	900.3	-2.6
2010	1 057.0	17.4
2011	1 160.1	9.7

实际利用外商直接投资及其增长率

Actual utilized foreign direct investments and growth rates

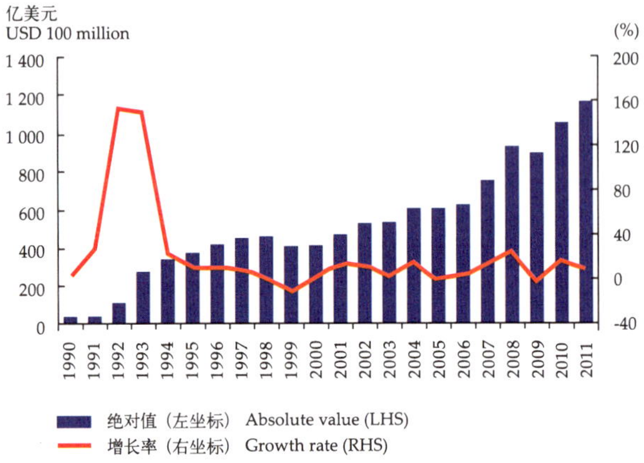

月度累计实际外商直接投资
Accumulated utilized FDI on a monthly basis

单位：亿美元
Unit: USD 100 million

年／月 Year/Month	实际外商直接投资累计金额 Accumulated utilized FDI	实际外商直接投资累计同比增长率(%) Growth rate of accumulated utilized FDI(YOY)(%)
2010.07	584	20.6
2010.08	660	18.1
2010.09	743	16.6
2010.10	820	15.7
2010.11	917	17.7
2010.12	1 057	17.4
2011.01	100	23.4
2011.02	178	27.1
2011.03	304	29.5
2011.04	388	26.1
2011.05	480	23.4
2011.06	609	18.4
2011.07	692	18.6
2011.08	776	17.7
2011.09	867	16.6
2011.10	950	15.9
2011.11	1 038	13.2
2011.12	1 160	9.7
2012.01	100	-0.3
2012.02	177	-0.6
2012.03	295	-2.8

月度累计实际外商直接投资
Accumulated utilized FDI on a monthly basis

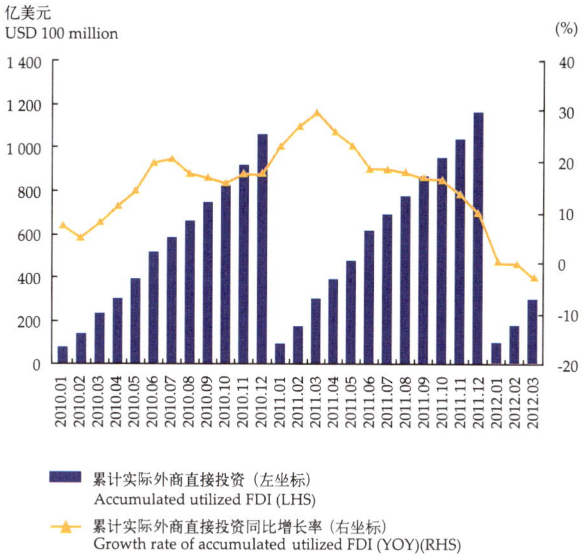

3. 国际收支
(3) Balance of payments (BOP)

中国国际收支变化趋势
Movement of China's balance of payments

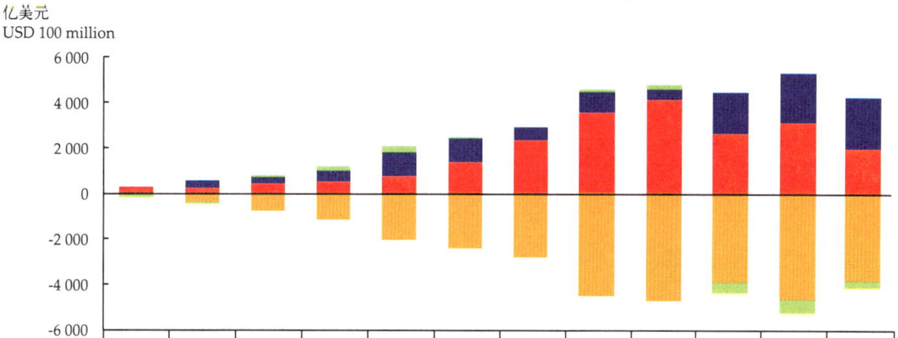

	2000	2001	2002	2003	2004	2005	2006	2007	2008	2009	2010	2011
净误差与遗漏差额 Balance of errors and omissions (net)	-199	-49	78	184	270	155	-6	116	209	-435	-597	-350
储备资产差额 Balance of reserve assets	-105	-473	-755	-1 170	-2 064	-2 506	-2 848	-4 607	-4 795	-3 894	-4 717	-3 878
资本和金融项目差额 Balance of capital and financial accounts	19	358	323	527	1 107	1 010	526	951	463	1 808	2 260	2 211
经常项目差额 Balance of current account	205	174	354	459	687	1 341	2 327	3 540	4 124	2 611	3 054	2 017

注：储备资产的增加用负值表示，储备资产的减少用正值表示。
Note: The increase in the reserve assets is expressed in a negative figure and the decrease in the reserve assets is expressed in a positive figure.

2011年国际收支平衡表简
BOP sheet in 2011

单位：亿美元
Unit: USD 100 million

项 目	Items	差额 Balance	贷方 Credit	借方 Debit
一、经常项目	**Current account**	2 017	22 868	20 851
A．货物和服务	Goods and services	1 883	20 867	18 983
a.货物	Goods	2 435	19 038	16 603
b.服务	Services	-552	1 828	2 381
B．收益	Yields	-119	1 446	1 565
C．经常转移	Current transfers	253	556	303
二、资本和金融项目	**Capital and financial accounts**	2 211	13 982	11 772
A．资本项目	Capital account	54	56	2
B．金融项目	Financial account	2 156	13 926	11 770
1.直接投资	Direct investment	1 704	2 717	1 012
1.1 我国在外直接投资	FDI outflow	-497	174	671
1.2 外国在华直接投资	FDI inflow	2 201	2 543	341
2.证券投资	Portfolio investment	196	519	323
2.1 资产	Assets	62	255	192
2.2 负债	Liabilities	134	265	131
3.其他投资	Other investment	255	10 690	10 435
三、储备资产	**Reserve assets**	-3 878	10	3 888
3.1 货币黄金	Monetary gold	0	0	0
3.2 特别提款权	SDRs	5	5	0
3.3 在国际货币基金组织的储备头寸	Reserve position in IMF	-34	6	40
3.4 外汇	Foreign exchange	-3 848	0	3 848
3.5 其他债权	Other claims	0	0	0
四、净误差与遗漏	**Errors and omissions (net)**	-350	0	350

4.外汇储备
(4) Foreign exchange reserves

外汇储备及其增长率
Foreign exchange reserves and growth rates

单位：亿美元
Unit: USD 100 million

年/月 Year/Month	外汇储备 Foreign exchange reserves	同比增长率(%) Growth rate (YOY)(%)
2010.07	25 389	16.8
2010.08	25 478	15.2
2010.09	26 483	16.5
2010.10	27 609	18.6
2010.11	27 678	15.9
2010.12	28 473	18.7
2011.01	29 317	21.4
2011.02	29 914	23.4
2011.03	30 447	24.4
2011.04	31 458	26.3
2011.05	31 660	29.8
2011.06	31 975	30.3
2011.07	32 453	27.8
2011.08	32 625	28.0
2011.09	32 017	20.9
2011.10	32 738	18.6
2011.11	32 209	16.4
2011.12	31 811	11.7
2012.01	32 536	11.0
2012.02	33 097	10.6
2012.03	33 050	8.5

外汇储备及其增长率
Foreign exchange reserves and growth rates

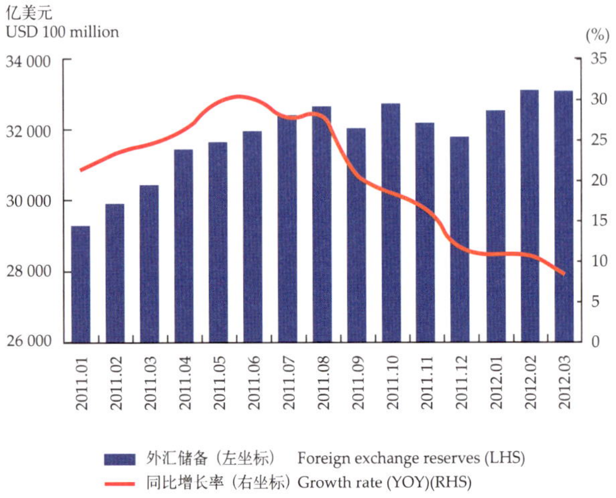

5.外债
(5) External debt

外债余额与外债债务率
Balance and ratio of external debt to foreign exchange income

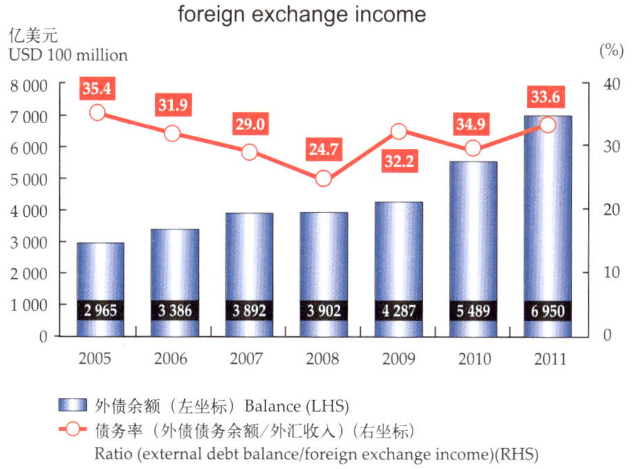

外债余额与外债负债率
Balance and ratio of external debt to GDP

注：图中数据根据国家外汇管理局最新数据修订。
Note: Data are revised by State Administration of Foreign Exchange.

2011年年末外债数据
External debt balance at the end of 2011

单位：亿美元
Unit: USD 100 million

	登记外债 Registered external debt	国务院部委 Government ministries	中资金融机构 Chinese financial institutions	外商投资企业 Foreign investment enterprises	中资企业 Chinese enterprises	境内外资金融机构 Domestic foreign financial institutions	其他 Others	贸易信贷 Trade credit	合计 Total
外债余额 Debt balance	4 457.97	373.71	2 119.53	1 363.60	59.25	540.54	1.34	2 492.00	6 949.97
比重(%) Share (%)	100	8.48	48.11	30.95	1.34	12.27	0.03	—	—

注：2011年中国新借入中长期外债444.47亿美元，还本331.65亿美元，付息22.75亿美元。
Note: In 2011, China borrowed medium and long-term external debts totaling USD44.447 billion, repaid principal in the amount of USD33.165 billion and interest in the amount of USD2.275 billion.

2011年年末外债债务结构
External debt structure at the end of 2011

短期外债余额占比为72.1%
Balance of short-term external debt accounted for 72.1 percent

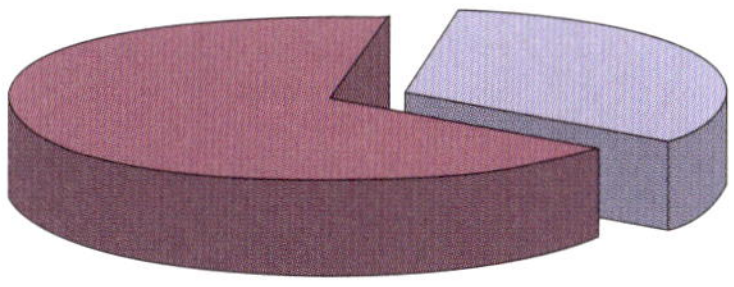

中长期外债余额占比为27.9%
Balance of medium- and long-term external debt accounted for 27.9 percent

2011年年末，中国外债余额为6 949.79亿美元，其中，中长期外债余额为1 940.96亿美元，占外债余额的27.9%；短期外债余额为5 009.01亿美元，占外债余额的72.1%。

China's outstanding balance of external debt was USD694.997 billion at the end of 2011, among which USD194.096 billion or 27.9 percent was medium- and long-term external debt, and USD500.901 billion or 72.1 percent was short-term debt.

六、财政收支与债务
6. Fiscal Revenue, Expenditure and Debt

年度财政收入、财政支出及其增长趋势
Annual budgetary revenue, budgetary expenditure, and their growth

单位：亿元
Unit: RMB 100 million yuan

年 Year	财政收入 Budgetary revenue	财政支出 Budgetary expenditure	财政收入同比增长率(%) Growth rate of budgetary revenue (YOY) (%)	财政支出同比增长率(%) Growth rate of budgetary expenditure (YOY)(%)
1993	4 349	4 642	24.8	24.1
1994	5 218	5 793	20.0	24.8
1995	6 242	6 824	19.6	17.8
1996	7 408	7 938	18.7	16.3
1997	8 651	9 234	16.8	16.3
1998	9 876	10 798	14.2	16.9
1999	11 444	13 188	15.9	22.1
2000	13 395	15 887	17.0	20.5
2001	16 386	18 903	22.3	19.0
2002	18 904	22 053	15.4	16.7
2003	21 715	24 650	14.9	11.8
2004	26 396	28 487	21.6	15.6
2005	31 649	33 930	19.9	19.1
2006	38 760	40 423	22.5	19.1
2007	51 322	49 781	32.4	23.2
2008	61 330	62 593	19.5	25.4
2009	68 518	76 300	11.7	21.9
2010	83 080	89 575	21.3	17.4
2011	103 740	108 930	24.8	21.2

注：表中数据根据财政部最新数据修订。
Note: Data are revised by Ministry of Finance People's Republic of China.

月度累计财政收支增长率与收支差额
Monthly growth rate and balance of accumulated fiscal revenue and expenditure

单位：亿元
Unit: RMB 100 million yuan

年/月 Year/Month	财政收入累计同比增长率(%) Growth rate of accumulated fiscal revenue(YOY)(%)	财政支出累计同比增长率(%) Growth rate of accumulated fiscal expenditure(YOY)(%)	累计财政收支差额 Balance of accumulated fiscal revenue and expenditure
2010.07	25.7	16.9	11 511
2010.08	23.6	19.2	10 716
2010.09	22.4	20.6	8 535
2010.10	21.5	22.3	9 907
2010.11	21.1	27.3	5 148
2010.12	21.3	17.4	-10 000
2011.01	32.8	84.9	5 089
2011.02	36.0	24.7	8 011
2011.03	33.1	26.0	8 072
2011.04	31.4	27.4	10 850
2011.05	32.0	30.9	13 194
2011.06	31.2	31.4	12 441
2011.07	30.5	29.7	15 355
2011.08	30.9	29.2	14 824
2011.09	29.5	27.5	12 183
2011.10	28.1	27.2	13 292
2011.11	26.8	24.3	8 353
2011.12	24.9	21.6	-6 500
2012.01	12.3	9.6	5 886
2012.02	13.1	32.8	6 994
2012.03	14.7	33.6	5 858

注：表中数据根据财政部最新数据修订。
Note: Data are revised by Ministry of Finance People's Republic of China.

年度财政收入、财政支出及其增长趋势
Annual budgetary revenue, budgetary expenditure, and their growth

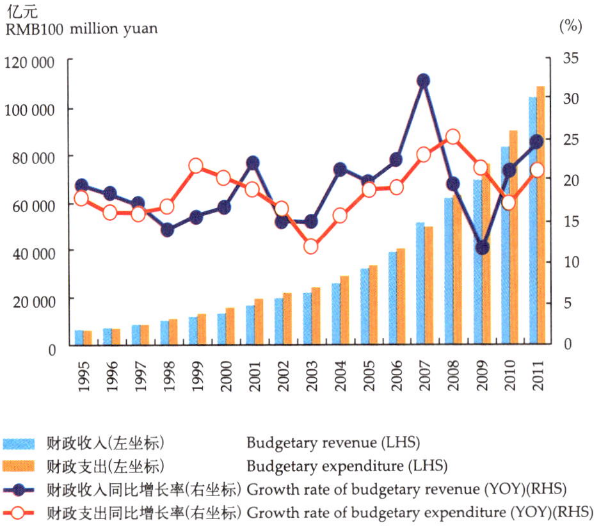

月度累计财政收支增长率与收支差额
Monthly growth rate and balance of accumulated fiscal revenue and expenditure

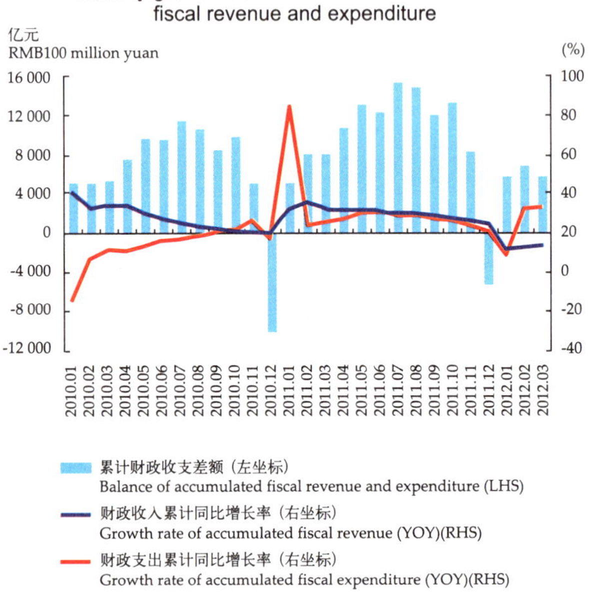

中央财政收支在全部财政收支中所占的比重
Ratio of revenues and expenditures of the central government to total fiscal revenues and expenditures

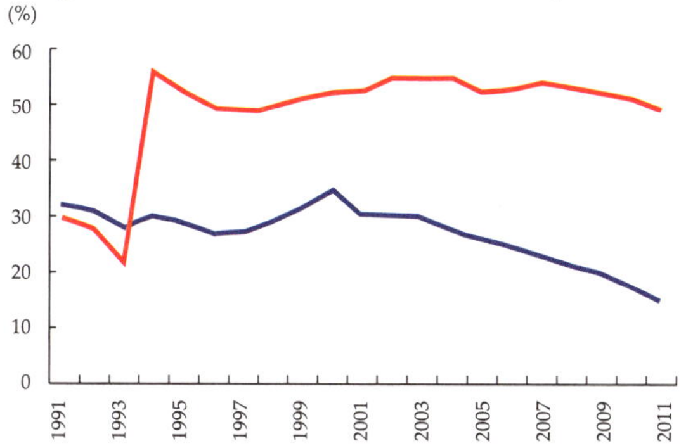

中央财政收入占全部财政收入的百分比
Revenues of central government as a percentage of total fiscal revenues
中央财政支出占全部财政支出的百分比
Expenditures of central government as a percentage of total fiscal expenditures

财政风险
Fiscal risks

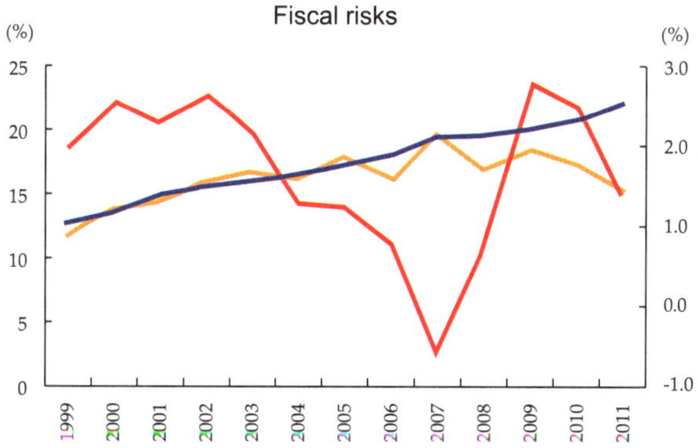

财政赤字/GDP（右坐标）
Fiscal deficit to GDP ratio (RHS)
财政收入/GDP（左坐标）
Fiscal revenue to GDP ratio (LHS)
国债余额/GDP（左坐标）
Outstanding government debt to GDP ratio (LHS)

2012年主要预算指标：

2012年，中央财政预算收入为55 920亿元，比2011年执行数（下同）增长9%。从中央预算稳定调节基金中调入2 700亿元。合计收入总量为58 620亿元。中央财政预算支出总量为64 120亿元，增长13.7%。中央财政收支总量相抵，赤字为5 500亿元，比上年预算数减少1 000亿元。中央财政国债余额限额为82 708亿元。

汇总中央预算和地方预算安排，2012年全国财政收入113 600亿元，增长9.5%，加上从中央预算稳定调节基金调入2 700亿元，可安排的收入总量为116 300亿元；全国财政支出为124 300亿元，增长14.1%。全国财政收支差额为8 000亿元。

Budgetary targets for 2012:

In 2012 Revenue in the central budget will reach RMB5.592 trillion yuan, 9% over the figure for 2011 (here and below). The central budget stabilization fund will contribute RMB270 billion yuan, bringing total revenue to RMB5.862 trillion yuan. Expenditures in the central budget will reach RMB6.412 trillion yuan, an increase of 13.7%. Expenditures in the central budget will exceed revenue, resulting in a deficit of RMB550 billion yuan, an decrease of RMB100 billion yuan than previous year's budget. The limit for the outstanding balance of government bonds issued by the central government will be RMB8.2708 trillion yuan.

Total combined revenue of central and local governments is budgeted at RMB11.36 trillion yuan, an increase of 9.5%. Adding RMB270 billion yuan from the central budget stabilization fund, total national revenue is projected to reach RMB11.63 trillion yuan. Total national expenditures are budgeted at RMB12.43 trillion yuan, up 14.1%. Total expenditures will exceed total revenue by RMB0.8 trillion yuan.

七、货币银行
7. Money and Banking

1.货币供应量
(1) Money supply

年度M0、M1、M2及其变化趋势
Annual M0, M1, and M2 and their changes

单位：万亿元
Unit: RMB trillion yuan

年 Year	M0	M1	M2	M0同比增长率(%) Growth rate of M0 (YOY)(%)	M1同比增长率(%) Growth rate of M1 (YOY)(%)	M2同比增长率(%) Growth rate of M2 (YOY)(%)
1999	1.4	4.6	12.0	20.1	17.7	14.7
2000	1.5	5.3	13.5	8.9	16.0	12.3
2001	1.6	6.0	15.8	7.1	12.7	14.4
2002	1.7	7.1	18.5	10.1	16.8	16.8
2003	2.0	8.4	22.1	14.3	18.7	19.6
2004	2.2	9.6	25.4	8.7	13.6	14.7
2005	2.4	10.7	29.9	11.9	11.8	17.6
2006	2.7	12.6	34.6	12.7	17.5	16.9
2007	3.0	15.3	40.3	12.1	21.0	16.7
2008	3.4	16.6	47.5	12.7	9.1	17.8
2009	3.8	22.0	60.6	11.8	32.4	27.7
2010	4.5	26.7	72.6	16.7	21.2	19.7
2011	5.1	29.0	85.2	13.8	7.9	13.6

月度M0、M1、M2及其变化趋势
Monthly M0, M1, and M2 and their changes

单位：万亿元
Unit: RMB trillion yuan

年/月 Year/Month	M0	M1	M2	M0同比增长率(%) Growth rate of M0 (YOY)(%)	M1同比增长率(%) Growth rate of M1 (YOY)(%)	M2同比增长率(%) Growth rate of M2 (YOY)(%)
2010.04	4.0	23.4	65.7	15.8	31.3	21.5
2010.05	3.9	23.6	66.3	15.2	29.9	21.0
2010.06	3.9	24.1	67.4	15.7	24.6	18.5
2010.07	4.0	24.1	67.4	15.5	22.9	17.6
2010.08	4.0	24.4	68.8	16.0	21.9	19.2
2010.09	4.2	24.4	69.6	13.8	20.9	19.0
2010.10	4.2	25.3	70.0	16.6	22.1	19.3
2010.11	4.2	26.0	71.0	16.3	22.1	19.5
2010.12	4.5	26.7	72.6	16.7	21.2	19.7
2011.01	5.8	26.3	73.4	42.5	13.6	17.2
2011.02	4.7	25.9	73.6	10.3	14.5	15.7
2011.03	4.5	26.6	75.8	14.8	15.0	16.6
2011.04	4.5	26.7	75.7	14.7	12.9	15.3
2011.05	4.5	26.9	76.3	15.4	12.7	15.1
2011.06	4.4	27.5	78.1	14.4	13.1	15.9
2011.07	4.5	27.1	77.3	14.3	11.6	14.7
2011.08	4.6	27.3	78.1	14.7	11.2	13.5
2011.09	4.7	26.7	78.7	12.7	8.9	13.0
2011.10	4.7	27.7	81.7	11.9	8.4	12.9
2011.11	4.7	28.1	82.6	12.0	7.8	12.7
2011.12	5.1	29.0	85.2	13.8	7.9	13.6
2012.01	6.0	27.0	85.6	3.0	3.1	12.4
2012.02	5.1	27.0	86.7	8.8	4.3	13.0
2012.03	5.0	27.8	90.0	10.6	4.4	13.4

货币供应量与货币流动性
Money supply and monetary liquidity

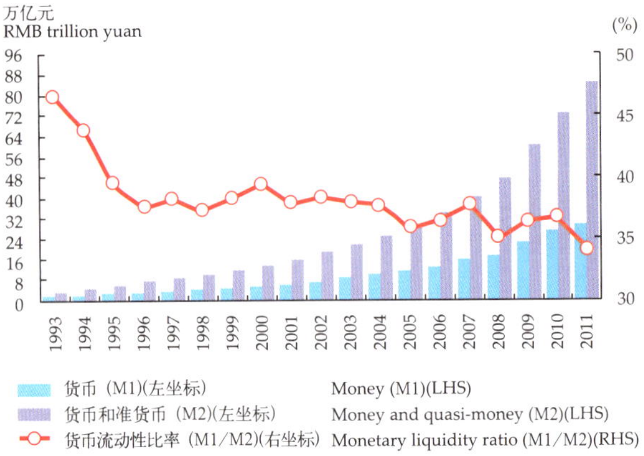

年度M0、M1、M2及其变化趋势
Annual M0, M1 and M2 and their changes

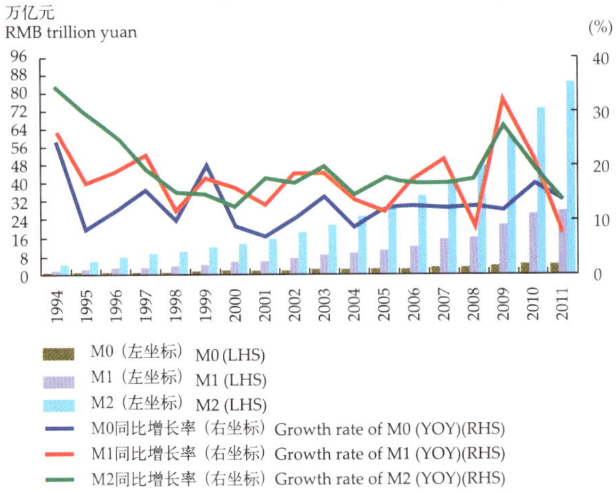

月度M0、M1、M2及其变化趋势
Monthly M0, M1 and M2 and their changes

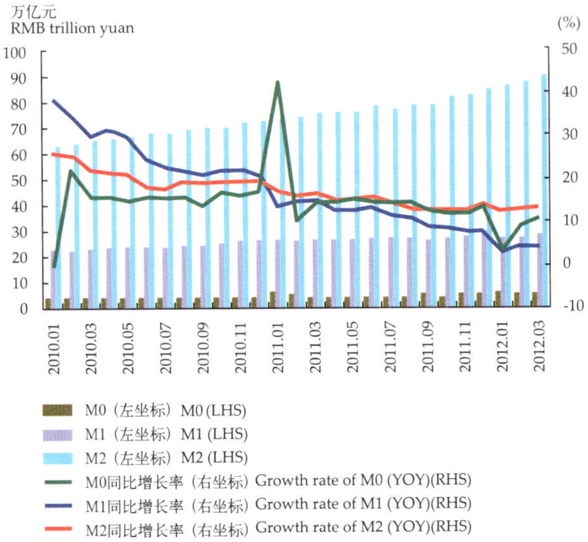

货币供应量构成
Composition of money supply

单位：亿元
Unit: RMB 100 million yuan

年/月 Year/Month	货币和准货币 Money & quasi-money M2	货币 Money M1	流通中现金 Currency in circulation M0	单位活期存款 Coporate demand deposits	准货币 Quasi-money	单位定期存款 Coporate time deposits	个人存款 Personal deposits	其他存款 Other deposits
2011.01	733 885	261 765	58 064	203 701	472 120	143 050	318 425	10 646
2011.02	736 131	259 201	47 270	211 930	476 930	140 989	320 944	14 997
2011.03	758 131	266 255	44 845	221 409	491 874	148 781	331 319	11 785
2011.04	757 385	266 767	45 489	221 278	490 618	153 313	326 673	10 632
2011.05	763 409	269 290	44 603	224 687	494 119	156 371	327 473	10 276
2011.06	780 821	274 663	44 478	230 185	506 158	159 300	337 570	9 288
2011.07	772 924	270 546	45 183	225 363	502 378	160 322	331 071	10 984
2011.08	780 852	273 394	45 775	227 618	507 459	163 846	331 418	12 194
2011.09	787 406	267 193	47 145	220 048	520 213	171 105	341 792	7 315
2011.10	816 829	276 553	46 579	229 973	540 277	162 366	334 498	43 412
2011.11	825 494	281 416	47 317	234 099	544 078	162 640	336 627	44 810
2011.12	851 591	289 848	50 748	239 099	561 743	166 616	352 797	42 330
2012.01	855 899	270 010	59 821	210 190	585 888	165 955	370 564	49 370
2012.02	867 171	270 312	51 449	218 863	596 859	168 851	372 271	55 737
2012.03	895 566	277 998	49 596	228 402	617 567	177 917	385 443	54 207

广义货币供应量M2变动
Changes in the composition of broad money M2

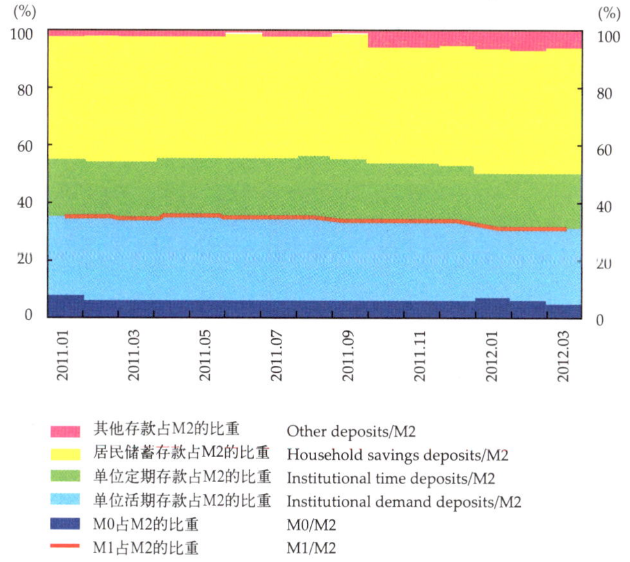

2012年3月末货币供应量构成
Composition of money supply at the end of March 2012

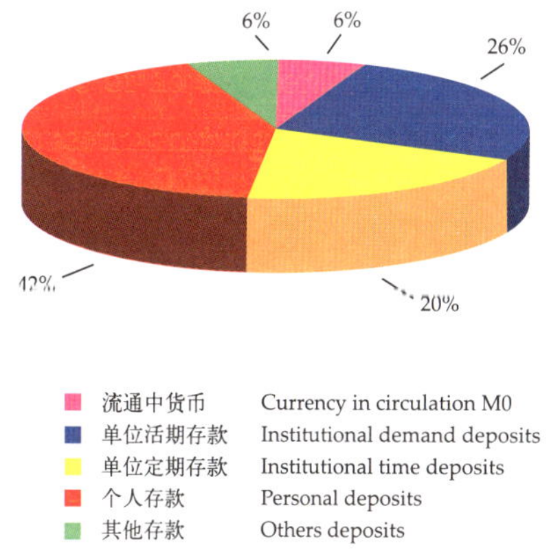

存款性公司概览
Depository corporations survey

单位：万亿元
Unit: RMB trillion yuan

年/月 Year/Month	国外净资产 Net foreign assets	国内信贷 Domestic credit	对政府债权(净) Claims on government (net)	对非金融部门债权 Claims on non-financial sectors	对其他金融部门债权 Claims on other financial sectors	其他 Others	货币和准货币 Money & quasi-money M2
2010.04	20.40	52.69	2.62	47.31	2.77	-7.44	65.66
2010.05	20.54	53.04	2.33	48.02	2.69	-7.25	66.34
2010.06	20.73	54.07	2.37	48.58	3.11	-7.40	67.39
2010.07	21.03	54.20	2.17	49.09	2.95	-7.82	67.41
2010.08	21.29	55.06	2.22	49.71	3.12	-7.60	68.75
2010.09	21.60	55.98	2.49	50.44	3.05	-7.93	69.65
2010.10	21.98	56.39	2.24	51.08	3.07	-8.39	69.98
2010.11	22.27	57.12	2.49	51.69	2.94	-8.36	71.03
2010.12	22.60	58.73	3.46	52.17	3.11	-8.74	72.59
2011.01	22.97	59.42	3.24	53.03	3.15	-8.85	73.39
2011.02	23.15	59.92	2.96	53.62	3.34	-9.03	73.61
2011.03	23.53	61.11	3.19	54.23	3.69	-9.20	75.81
2011.04	23.71	61.09	2.80	55.04	3.25	-9.06	75.74
2011.05	23.97	61.59	2.60	55.67	3.32	-9.22	76.34
2011.06	24.35	63.05	2.66	56.28	4.10	-9.32	78.08
2011.07	24.57	62.67	2.38	56.85	3.44	-9.95	77.29
2011.08	24.73	63.61	2.40	57.45	3.77	-10.25	78.09
2011.09	24.87	64.76	2.79	57.94	4.03	-10.89	78.74
2011.10	25.00	65.01	2.52	58.69	3.80	-8.33	81.68
2011.11	25.04	66.36	3.02	59.35	3.99	-8.85	82.55
2011.12	25.16	68.80	4.24	60.06	4.50	-8.80	85.16
2012.01	25.37	69.12	3.95	60.90	4.28	-8.90	85.59
2012.02	25.55	70.03	3.85	61.72	4.46	-8.86	86.72
2012.03	25.81	72.20	4.21	62.90	5.09	-8.45	89.56

国外净资产及国内信贷对广义货币的影响
The impact of net foreign assets and domestic credit on broad money M2

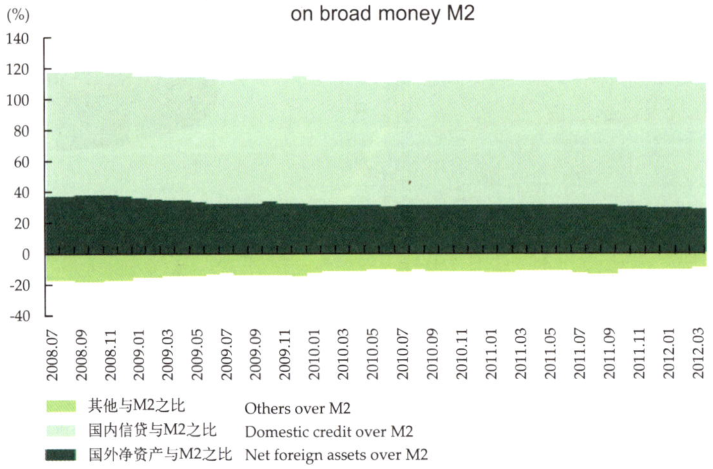

2.存贷款
(2) Deposits and loans

金融机构人民币各项存贷款余额及其增长趋势
Outstanding amounts of total deposits & loans and their growth in financial institutions

单位：万亿元
Unit: RMB trillion yuan

年/月 Year/Month	各项存款 Total deposits	各项贷款 Total loans	各项存款同比增长率(%) Growth rate of deposits (YOY)(%)	各项贷款同比增长率(%) Growth rate of loans (YOY)(%)
2010.04	65.0	43.4	22.0	32.0
2010.05	66.1	44.0	21.0	21.5
2010.06	67.4	44.6	19.0	18.2
2010.07	67.6	45.1	18.5	18.4
2010.08	68.6	45.7	19.6	18.6
2010.09	70.1	46.3	20.0	18.5
2010.10	70.3	46.9	19.8	19.3
2010.11	70.9	47.4	19.6	19.8
2010.12	71.8	47.9	20.2	19.9
2011.01	71.2	48.3	17.3	18.5
2011.02	72.6	48.9	17.6	17.7
2011.03	75.3	49.5	19.0	17.9
2011.04	75.6	50.2	17.3	17.5
2011.05	76.7	50.8	17.1	17.1
2011.06	78.6	51.4	17.6	16.9
2011.07	78.0	51.9	16.3	16.6
2011.08	78.7	52.4	15.5	16.4
2011.09	79.4	52.9	14.2	15.9
2011.10	79.2	53.5	13.6	15.8
2011.11	79.5	54.1	13.1	15.6
2011.12	80.9	54.8	13.5	15.8
2012.01	80.1	55.5	12.4	15.0
2012.02	81.7	56.2	12.6	15.2
2012.03	84.7	57.2	12.5	15.7

金融机构当年累计新增人民币存款
Accumulated new RMB deposits in financial institutions

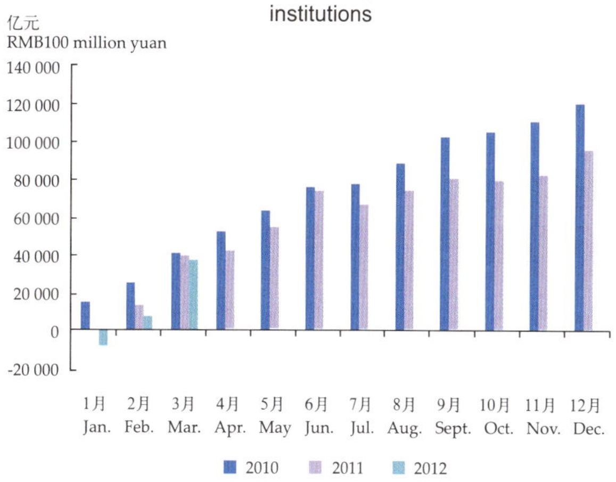

金融机构当月新增人民币存款
New RMB deposits in financial institutions by month

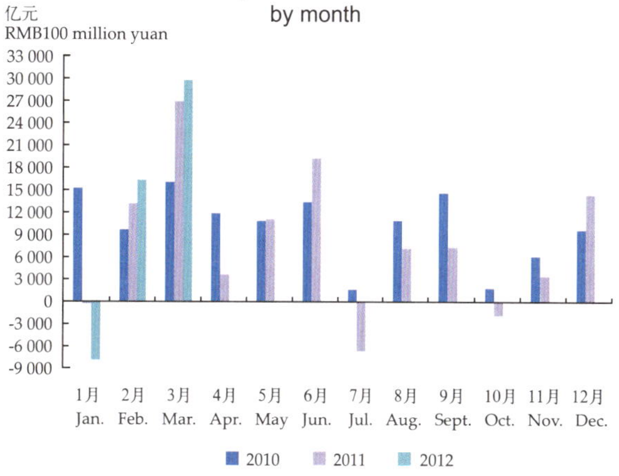

金融机构人民币各项存贷款余额及其增长趋势
Outstanding amounts of total deposits & loans and their growth in financial institutions

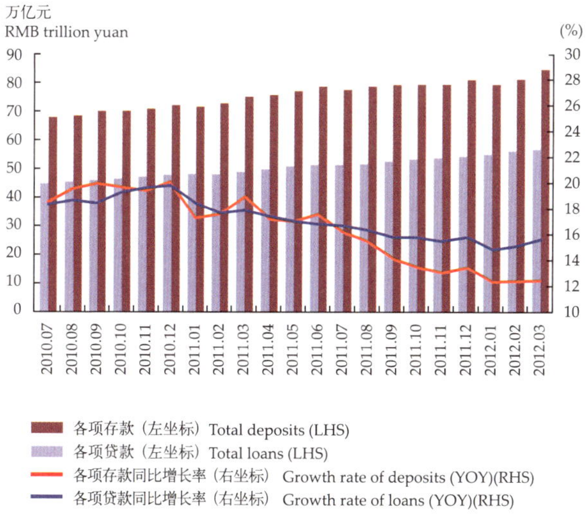

2012年3月末人民币存款余额
Outstanding amounts of RMB deposits at the end of March, 2012

单位：亿元
Unit: RMB 100 million yuan

		余额 Outstanding amount
各项存款	**Total deposits**	**846 932**
单位存款	Corporate deposits	414 030
个人存款	Personal deposits	385 098
财政性存款	Fiscal deposits	26 887
临时性存款	Temporary deposits	1 707
委托存款	Designated deposits	391
其他存款	Other deposits	18 819

住户存款和非金融企业存款余额
Outstanding amounts of household deposits and non-financial corporate deposits

单位：亿元
Unit: RMB 100 million yuan

年/月 Year/Month	住户存款 Deposits of households	活期及临时性存款 Demand & temporary deposits	定期及保证性存款 Time & marginal deposits	非金融企业存款 Deposits of non-financial enterprises	活期及临时性存款 Demand & temporary deposits	定期及保证性存款 Time & marginal deposits
2010.04	284 460.31	107 297.53	177 162.79	273 207.16	164 752.38	108 454.79
2010.05	285 160.48	107 540.99	177 619.49	278 099.62	167 766.41	110 333.21
2010.06	292 206.97	112 035.69	180 171.28	280 978.43	169 874.72	111 103.71
2010.07	291 781.18	111 099.38	180 681.80	279 164.37	168 218.38	110 945.99
2010.08	293 668.21	112 685.52	180 982.69	284 099.29	169 785.97	114 313.32
2010.09	304 168.16	118 611.45	185 556.71	287 569.53	166 521.00	121 048.53
2010.10	297 165.25	114 601.59	182 563.66	291 737.76	175 329.48	116 408.29
2010.11	298 534.02	116 420.60	182 113.42	297 502.74	179 483.23	118 019.51
2010.12	308 379.99	124 344.87	184 035.12	304 658.97	183 593.93	121 065.03
2011.01	315 178.24	128 972.68	186 205.56	263 540.26	119 812.67	143 727.59
2011.02	317 580.15	124 430.60	193 149.55	268 022.18	124 657.82	143 364.36
2011.03	327 629.17	130 028.63	197 600.54	281 727.06	129 574.37	152 152.69
2011.04	322 951.17	123 709.41	199 241.76	285 294.24	129 901.62	155 392.62
2011.05	323 664.14	124 690.05	198 974.08	289 998.32	131 416.82	158 581.50
2011.06	333 678.57	132 640.34	201 038.22	294 263.28	133 924.11	160 339.17
2011.07	327 022.09	125 303.09	201 719.00	290 163.11	130 545.87	159 617.24
2011.08	327 286.52	126 402.85	200 883.68	293 971.79	130 802.37	163 169.42
2011.09	337 212.27	130 681.74	206 530.53	290 918.52	124 966.85	165 951.67
2011.10	329 939.90	126 192.36	203 747.55	291 819.50	132 232.24	159 587.26
2011.11	332 043.26	127 531.68	204 511.58	295 559.82	134 061.80	161 498.02
2011.12	348 045.61	137 576.22	210 469.40	303 504.31	139 322.56	164 181.75
2012.01	365 910.06	143 134.19	222 775.88	276 303.68	116 854.04	159 449.64
2012.02	367 554.35	139 418.31	228 136.03	285 251.47	121 223.82	164 027.65
2012.03	380 498.07	145 083.50	235 414.57	299 252.89	125 784.18	173 468.72

住户存款和非金融企业存款余额
Outstanding amounts of household deposits and non-financial corporate deposits

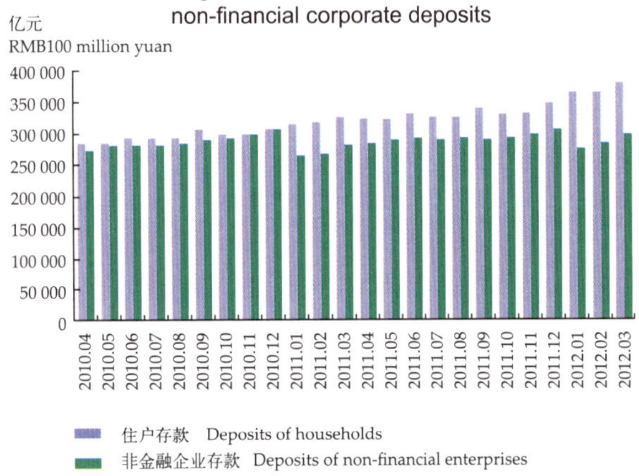

住户存款构成
Composition of households deposits

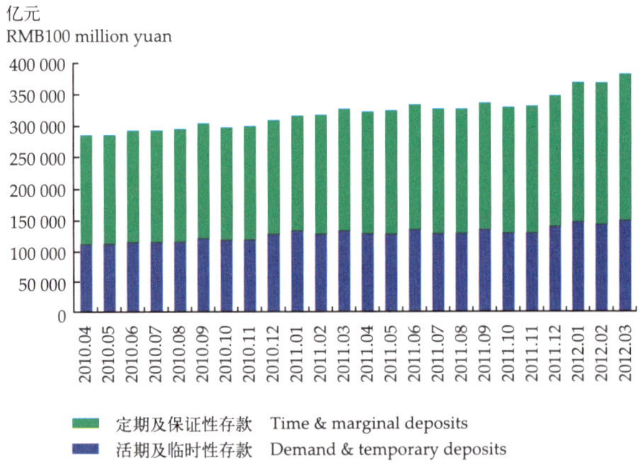

非金融企业存款构成
Composition of non-financial enterprise deposits

2012年3月末人民币存款余额构成
Composition of outstanding amounts of RMB deposits at the end of March, 2012

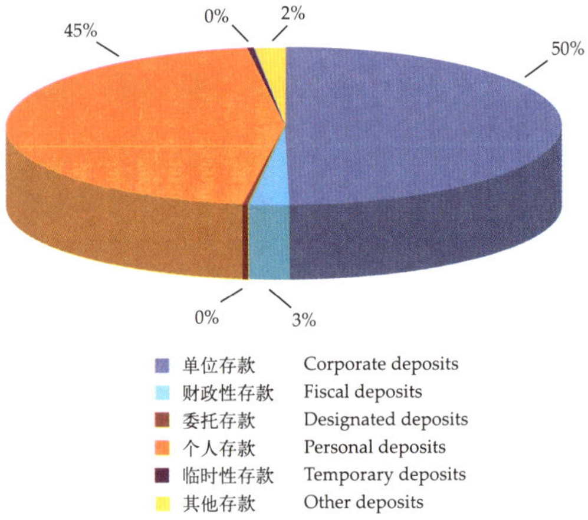

2012年3月末人民币贷款按部门分类
RMB loans issued at the end of March 2012 by sectors

单位：亿元
Unit: RMB 100 million yuan

	余额 Outstanding amounts	比年初增加 Increase over the beginning of the year
住户贷款 Loans to households	141 060	4 995
消费性贷款 Consumer loans	91 110	2 409
短期消费性贷款 Short-term consumer loans	14 340	798
中长期消费性贷款 Medium- and long-term consumer loans	76 770	1 611
经营性贷款 Business loans	49 950	2 586
短期经营性贷款 Short-term business loans	31 974	1 783
中长期经营性贷款 Medium- and long-term business loans	17 976	804
非金融性企业及其他部门贷款 Loans to non-financial institutions and other sectors	429 769	19 536
短期贷款及票据融资 Short-term loans and bill financing	187 090	13 031
中长期贷款 Medium- and long-term loans	237 746	5 906
其他贷款 Other loans	4 933	599

金融机构当年累计新增人民币贷款
Accumulated new RMB loans in financial institutions

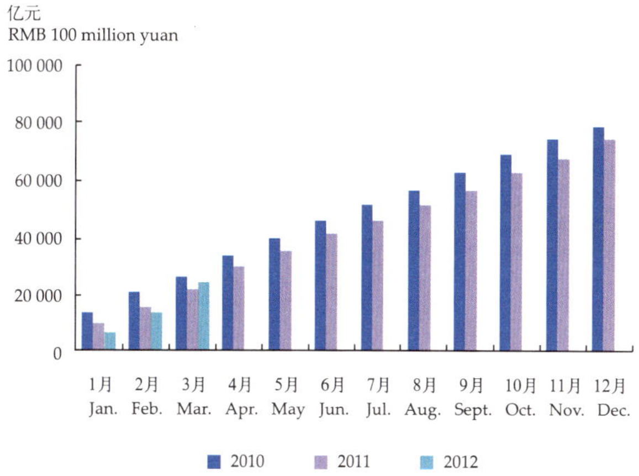

金融机构当月新增人民币贷款
New RMB loans in financial institutions by month

2012年第一季度金融机构新增人民币贷款构成
Composition of new RMB loans of financial institutions in the first quarter of 2012

单位：亿元
Unit: RMB 100 million yuan

		2012年第一季度 In the first quarter of 2012		2011年第一季度 In the first quarter of 2011	
		比年初增加 Increase over the beginning of the year	比重(%) Share (%)	比年初增加 Increase over the beginning of the year	比重(%) Share (%)
各项贷款	**Total loans**	24 531	100	22 433	100
短期贷款	Short-term loans	13 036	53	10 086	45
中长期贷款	Medium- and long-term loans	8 321	34	14 554	65
票据融资	Bill financing	2 575	10	-2 622	-12
其他贷款	Other loans	671	3	415	2

当年累计新增住户贷款
Accumulated new loans to households

当月新增住户贷款
New loans to households by month

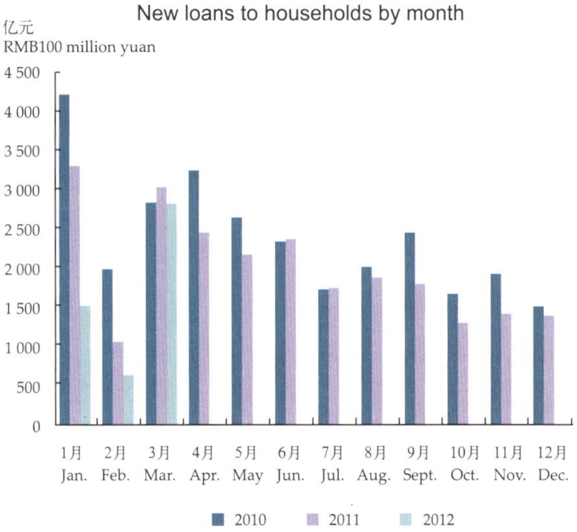

当年累计新增非金融性企业及其他部门贷款
Accumulated new loans to non-financial institutions and other sectors

当月新增非金融性企业及其他部门贷款
New loans to non-financial institutions and other sectors by month

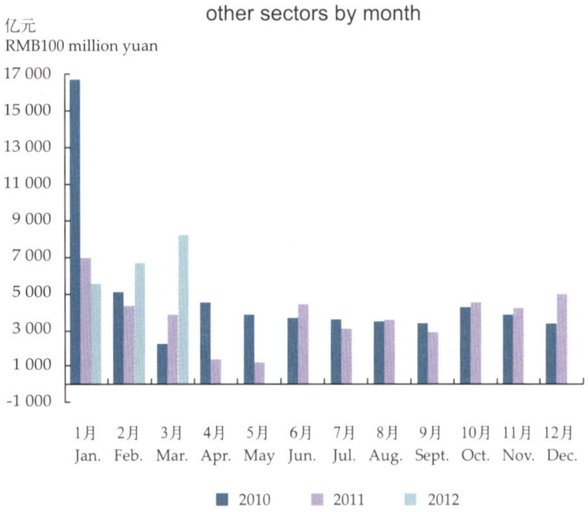

2012年3月末个人消费贷款构成
Composition of consumer loans at the end of March, 2012

单位：亿元
Unit: RMB 100 million yuan

	余额 Outstanding amounts	同比增长率(%) Growth rate (YOY)(%)	比年初增加 Increase over the beginning of the year	比上年同期 Change compared with the same period of last year
个人消费贷款 Consumer loans	**91 110**	**16.8**	**2 409**	**-1 686**
个人住房贷款 Individual housing mortgage loans	66 477	11.4	1 303	-1 507
个人汽车消费贷款 Individual auto loans	2 608	7.5	-6	-74
助学贷款 Student loans	440	15.6	-3	-7
其他贷款 Other loans	21 585	38.8	1 115	-98

2012年3月末个人消费贷款构成
Composition of consumer loans at the end of March, 2012

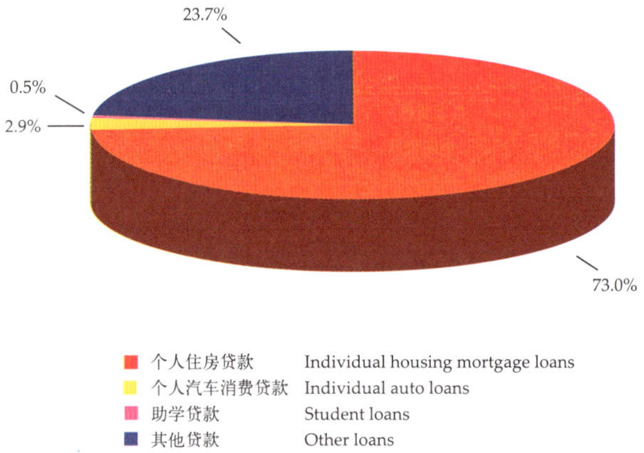

当年累计新增个人消费贷款
Accumulated new consumer loans

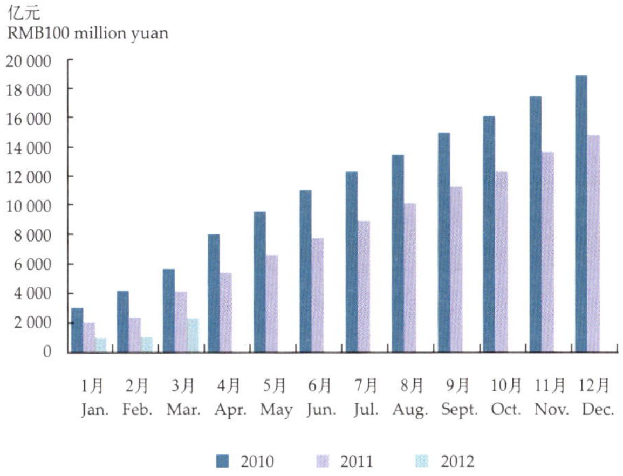

当月新增个人消费贷款
New consumer loans by month

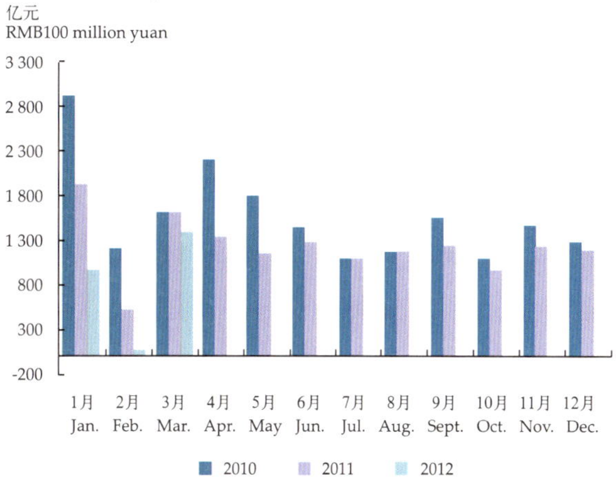

当年累计新增个人住房贷款
Accumulated new housing mortgage loans

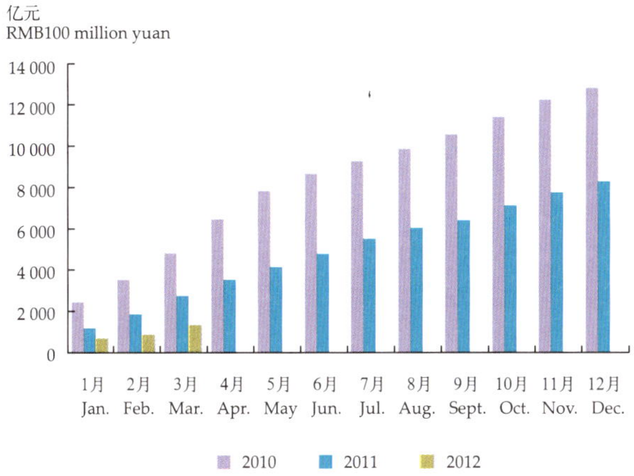

当月新增个人住房贷款
New housing mortgage loans by month

个人消费贷款余额及其增长趋势
Consumer loans and their growth

个人住房贷款余额及其增长率
Individual housing mortgage loans and their growth rates

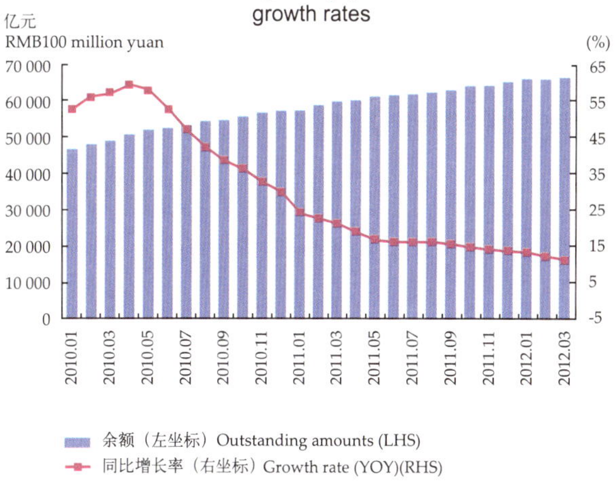

3.基础货币
(3) Monetary base

个人汽车消费贷款余额及其增长趋势
Individual auto loans and their growth

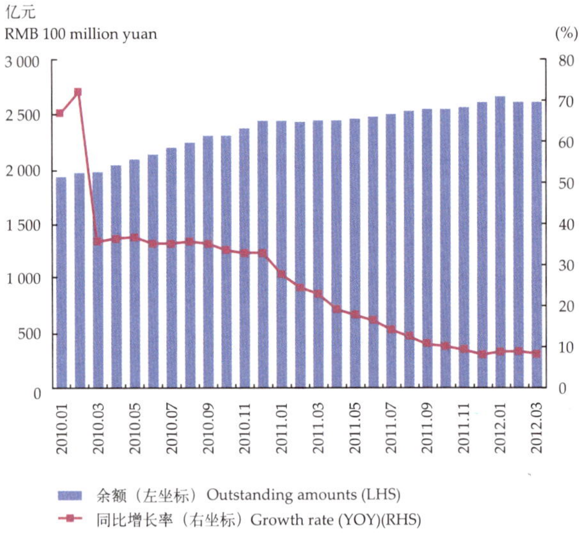

基础货币余额及其增长趋势
Monetary base and its growth

单位：万亿元
Unit: RMB trillion yuan

年/月 Year/Month	余额 Outstanding amounts	同比增长率(%) Growth rate (YOY) (%)
2010.04	14.70	18.3
2010.05	14.71	19.8
2010.06	15.42	24.5
2010.07	15.43	23.7
2010.08	15.45	24.0
2010.09	16.13	20.9
2010.10	16.61	29.0
2010.11	17.18	29.3
2010.12	18.53	28.7
2011.01	19.75	38.3
2011.02	19.15	25.9
2011.03	19.26	29.0
2011.04	19.33	32.2
2011.05	19.62	34.1
2011.06	20.35	32.7
2011.07	20.25	32.0
2011.08	20.51	33.9
2011.09	21.22	32.8
2011.10	21.28	29.9
2011.11	21.66	28.2
2011.12	22.46	23.2
2012.01	23.74	22.3
2012.02	22.33	16.8
2012.03	22.67	17.7

助学贷款余额及其增长趋势
Student loans and their growth

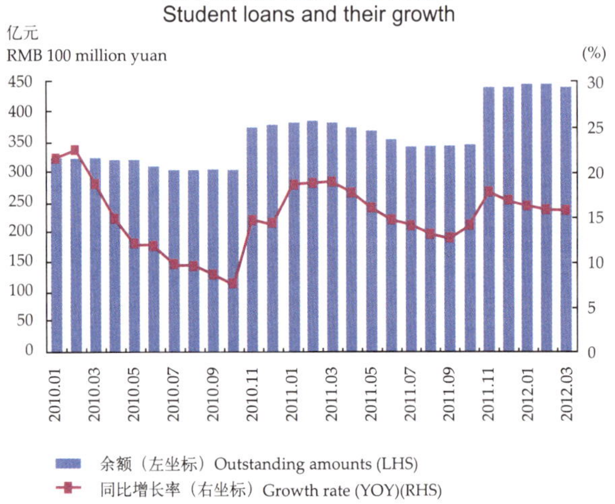

基础货币余额及其增长趋势
Monetary base and its growth

基础货币构成
Composition of monetary base

单位：亿元
Unit: RMB 100 million yuan

年/季 Year/Quarter	货币发行 Currency issue	金融性公司存款 Deposits of financial corporations	其他存款性公司存款 Deposits of other depository corporations	其他金融性公司存款 Deposits of other financial corporations
2008Q2	33 076	82 277	82 177	100
2008Q3	34 876	82 460	82 379	81
2008Q4	37 116	92 107	91 895	212
2009Q1	36 854	87 423	87 319	104
2009Q2	36 721	87 209	87 121	88
2009Q3	40 505	92 902	92 798	104
2009Q4	41 556	102 429	102 281	104
2010Q1	42 836	107 197	107 058	139
2010Q2	42 567	111 668	111 506	161
2010Q3	46 220	115 101	114 946	155
2010Q4	48 646	136 665	136 481	184
2011Q1	49 273	143 293	143 293	—
2011Q2	48 816	154 654	154 654	—
2011Q3	52 203	160 001	160 001	—
2011Q4	55 850	168 792	168 792	—
2012Q1	54 379	172 306	172 306	—

注：2011年1月起，中国人民银行采用国际货币基金组织关于储备货币的定义，不再将其他金融性公司在货币当局的存款计入储备货币。
Note: Since Jan 2011, the PBC used the definition of reserve money defined by IMF, deposits of other financial corporation are no longer included in reserve money.

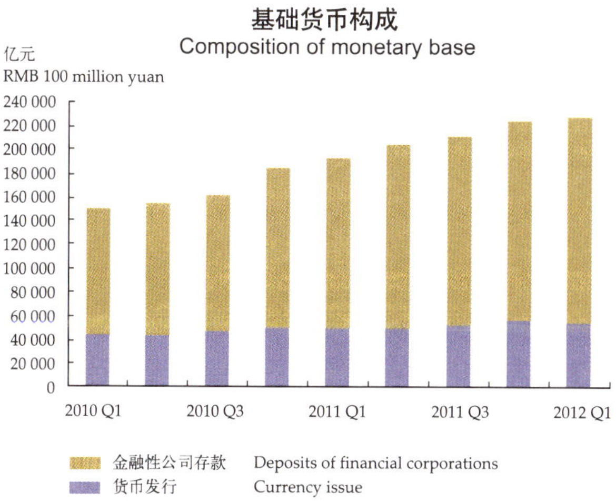

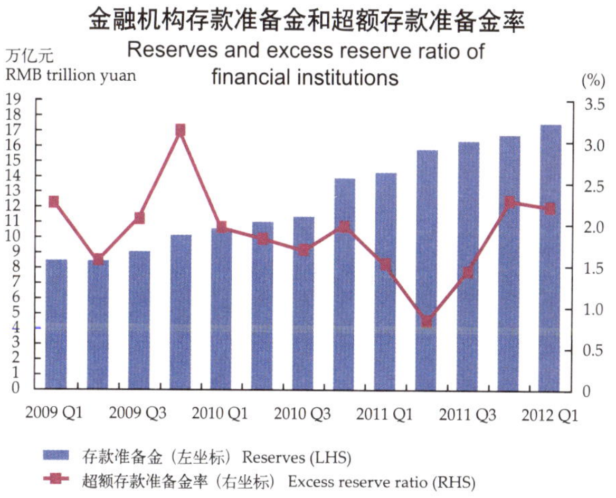

金融机构法定人民币存款准备金率
Official RMB reserve requirement ratios of financial institutions

单位：%
Unit: %

日期 Date	中资全国性大型银行① Chinese-funded large banks operating nationwide[1]	中小金融机构② Medium- and small-sized financial institutions[2]	农村合作银行 Rural cooperative banks	城市信用社 Urban credit cooperatives	农村信用社 Rural credit cooperatives
2003.09.21	7.0	7.0	—	6.0	6.0
2004.04.25	7.5	7.5	7.5	6.0	6.0
2006.07.05	8.0	8.0	7.5	6.5	6.0
2006.08.15	8.5	8.5	7.5	7.0	6.0
2006.11.15	9.0	9.0	8.0	7.5	6.5
2007.01.15	9.5	9.5	8.5	8.0	7.0
2007.02.25	10.0	10.0	9.0	8.5	7.5
2007.04.16	10.5	10.5	9.5	9.0	8.0
2007.05.15	11.0	11.0	10.0	9.5	8.5
2007.06.05	11.5	11.5	10.5	10.0	9.0
2007.08.15	12.0	12.0	11.0	10.5	9.5
2007.09.25	12.5	12.5	11.5	11.0	10.0
2007.10.25	13.0	13.0	12.0	11.5	10.5
2007.11.26	13.5	13.5	12.5	12.0	11.0
2007.12.25	14.5	14.5	13.5	13.0	12.0
2008.01.25	15.0	15.0	14.0	13.5	12.5
2008.03.25	15.5	15.5	14.5	14.0	13.0
2008.04.25	16.0	16.0	15.0	14.5	13.5
2008.05.20	16.5	16.5	15.5	15.0	14.0
2008.06.15	17.0	17.0	16.0	15.5	14.5
2008.06.25	17.5	17.5	16.5	16.0	15.0
2008.09.25	17.5	16.5	15.5	15.0	14.0
2008.10.15	17.0	16.0	15.0	14.5	13.5
2008.12.05	16.0	14.0	13.0	11.5	11.5
2008.12.25	15.5	13.5	11.0	11.0	11.0
2010.01.18	16.0	14.0	11.0	11.0	11.0
2010.02.25	16.5	14.5	11.0	11.0	11.0
2010.05.10	17.0	15.0	11.5	11.5	11.0
2010.11.16	17.5	15.5	12.0	12.0	11.5
2010.11.29	18.0	16.0	12.5	12.5	12.0
2010.12.20	18.5	16.5	13.0	13.0	12.5
2011.01.20	19.0	17.0	13.5	13.5	13.0
2011.02.24	19.5	17.5	14.0	14.0	13.5
2011.03.25	20.0	18.0	14.5	14.5	14.0
2011.04.21	20.5	18.5	15.0	15.0	14.5
2011.05.18	21.0	19.0	15.5	15.5	15.0
2011.06.20	21.5	19.5	16.0	16.0	15.5
2011.12.05	21.0	19.0	15.5	15.5	15.0
2012.02.24	20.5	18.5	15.0	15.0	14.5

注：①包括中国工商银行、中国农业银行、中国银行、中国建设银行、交通银行和中国邮政储蓄银行。
②包括中国农业发展银行、股份制商业银行、城市商业银行、农村商业银行、有关外资金融机构。

Notes: 1. Including the Industrial and Commercial Bank of China,the Agricultural Bank of China,the Bank of China,the China Construction Bank,the Bank of Communication,the Postal Savings Bank of China.
2. Including the Agricultural Development Bank of China, joint-stock commercial banks, city commercial banks, rural commercial banks and foreign-funded financial institutions.

4.利率
(4) Interest rates

中央银行基准利率
Central bank benchmark interest rates

单位：年利率%
Unit: annual interest rate%

日期 Date	法定存款准备金 Required reserves	超额存款准备金 Excess reserves	对金融机构贷款 Lending to financial institutions				再贴现 Rediscount
			1年期 1-year	6个月以内 6-month and less	3个月以内 3-month and less	20天以内 20 days and less	
1996.05.01	8.82	8.82	10.98	10.17	10.08	9.00	*
1996.08.23	8.28	7.92	10.62	—	9.72	—	*
1997.10.23	7.56	7.02	9.36	9.09	8.82	8.55	*
1998.03.25	5.22	—	7.92	7.02	6.84	6.39	6.03
1998.07.01	3.51	—	5.67	5.58	5.49	5.22	4.32
1998.12.07	3.24	—	5.13	5.04	4.86	4.59	3.96
1999.06.10	2.07	—	3.78	3.69	3.51	3.24	2.16
2001.09.11	—	—	—	—	—	—	2.97
2002.02.21	1.89	—	3.24	3.15	2.97	2.70	2.97
2003.12.20	—	1.62	—	—	—	—	—
2004.03.25	—	—	3.87	3.78	3.60	3.33	3.24
2005.03.17	—	0.99	—	—	—	—	—
2008.01.01	—	—	4.68	4.59	4.41	4.14	4.32
2008.11.27	1.62	0.72	3.60	3.51	3.33	3.06	2.97
2008.12.23	—	—	3.33	3.24	3.06	2.79	1.80
2010.12.26	—	—	3.85	3.75	3.55	3.25	2.25

注：1. 1998年3月法定存款准备金和超额存款准备金两个账户合并为准备金账户。
2. *按同档次中央银行贷款利率下浮5%～10%。

Notes: 1. The required reserves account and excess reserves account were merged into the reserves account in March 1998.
2. *The interest rate is 5%~10% below that of the central bank lending rate of the same tranche.

法定存款准备金利率和再贴现利率
Required reserves interest rates and rediscount interest rates

对金融机构贷款利率
Interest rates of central bank lending to financial institutions

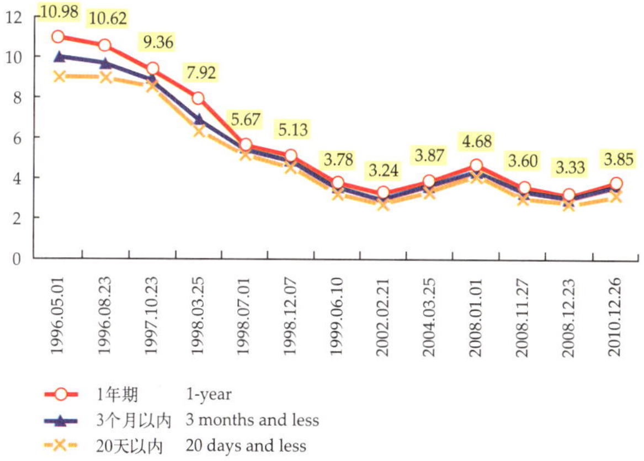

金融机构人民币存款基准利率
RMB deposit benchmark interest rates in financial institutions

单位：年利率%
Unit: annual interest rate %

日期 Date	活期 Demand deposits	定期 Time deposits 3个月 3-month	6个月 6-month	1年 1-year	2年 2-year	3年 3-year	5年 5-year
1990.04.15	2.88	6.30	7.74	10.08	10.98	11.88	13.68
1990.08.21	2.16	4.32	6.48	8.64	9.36	10.08	11.52
1991.04.21	1.80	3.24	5.40	7.56	7.92	8.28	9.00
1993.05.15	2.16	4.86	7.20	9.18	9.90	10.80	12.06
1993.07.11	3.15	6.66	9.00	10.98	11.70	12.24	13.86
1996.05.01	2.97	4.86	7.20	9.18	9.90	10.80	12.06
1996.08.23	1.98	3.33	5.40	7.47	7.92	8.28	9.00
1997.10.23	1.71	2.88	4.14	5.67	5.94	6.21	6.66
1998.03.25	1.71	2.88	4.14	5.22	5.58	6.21	6.66
1998.07.01	1.44	2.79	3.96	4.77	4.86	4.95	5.22
1998.12.07	1.44	2.79	3.33	3.78	3.96	4.14	4.50
1999.06.10	0.99	1.98	2.16	2.25	2.43	2.70	2.88
2002.02.21	0.72	1.71	1.89	1.98	2.25	2.52	2.79
2004.10.29	0.72	1.71	2.07	2.25	2.70	3.24	3.60
2006.08.19	0.72	1.80	2.25	2.52	3.06	3.69	4.14
2007.03.18	0.72	1.98	2.43	2.79	3.33	3.96	4.41
2007.05.19	0.72	2.07	2.61	3.06	3.69	4.41	4.95
2007.07.21	0.81	2.34	2.88	3.33	3.96	4.68	5.22
2007.08.22	0.81	2.61	3.15	3.60	4.23	4.95	5.49
2007.09.15	0.81	2.88	3.42	3.87	4.50	5.22	5.76
2007.12.21	0.72	3.33	3.78	4.14	4.68	5.40	5.85
2008.10.09	0.72	3.15	3.51	3.87	4.41	5.13	5.58
2008.10.30	0.72	2.88	3.24	3.60	4.14	4.77	5.13
2008.11.27	0.36	1.98	2.25	2.52	3.06	3.60	3.87
2008.12.23	0.36	1.71	1.98	2.25	2.79	3.33	3.60
2010.10.20	0.36	1.91	2.20	2.50	3.25	3.85	4.20
2010.12.26	0.36	2.25	2.50	2.75	3.55	4.15	4.55
2011.02.09	0.40	2.60	2.80	3.00	3.90	4.50	5.00
2011.04.06	0.50	2.85	3.05	3.25	4.15	4.75	5.25
2011.07.07	0.50	3.10	3.30	3.50	4.40	5.00	5.50

人民币存款基准利率
RMB deposit benchmark interest rates

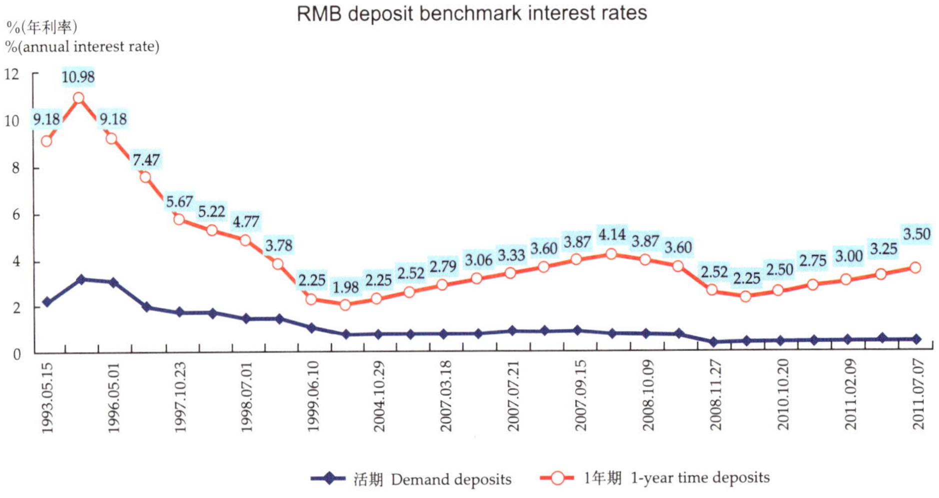

金融机构人民币贷款基准利率
RMB lending benchmark interest rates in financial institutions

单位：年利率%
Unit: annual interest rate %

日期 Date	短期贷款 Short-term loans		中长期贷款 Medium- and long-term loans		
	6个月以内(含6个月) 6-month and less (including 6-month)	6个月至1年(含1年) 6-month to 1-year (including 1-year)	1～3年(含3年) 1 to 3-year (including 3-year)	3～5年(含5年) 3 to 5-year (including 5-year)	5年以上 More than 5-year
1991.04.21	8.10	8.64	9.00	9.54	9.72
1993.05.15	8.82	9.36	10.80	12.06	12.24
1993.07.11	9.00	10.98	12.24	13.86	14.04
1995.01.01	9.00	10.98	12.96	14.58	14.76
1995.07.01	10.08	12.06	13.50	15.12	15.30
1996.05.01	9.72	10.98	13.14	14.94	15.12
1996.08.23	9.18	10.08	10.98	11.70	12.42
1997.10.23	7.65	8.64	9.36	9.90	10.53
1998.03.25	7.02	7.92	9.00	9.72	10.35
1998.07.01	6.57	6.93	7.11	7.65	8.01
1998.12.07	6.12	6.39	6.66	7.20	7.56
1999.06.10	5.58	5.85	5.94	6.03	6.21
2002.02.21	5.04	5.31	5.49	5.58	5.76
2004.10.29	5.22	5.58	5.76	5.85	6.12
2006.04.28	5.40	5.85	6.03	6.12	6.39
2006.08.19	5.58	6.12	6.30	6.48	6.84
2007.03.18	5.67	6.39	6.57	6.75	7.11
2007.05.19	5.85	6.57	6.75	6.93	7.20
2007.07.21	6.03	6.84	7.02	7.20	7.38
2007.08.22	6.21	7.02	7.20	7.38	7.56
2007.09.15	6.48	7.29	7.47	7.65	7.83
2007.12.21	6.57	7.47	7.56	7.74	7.83
2008.09.16	6.21	7.20	7.29	7.56	7.74
2008.10.09	6.12	6.93	7.02	7.29	7.47
2008.10.30	6.03	6.66	6.75	7.02	7.20
2008.11.27	5.04	5.58	5.67	5.94	6.12
2008.12.23	4.86	5.31	5.40	5.76	5.94
2010.10.20	5.10	5.56	5.60	5.96	6.14
2010.12.26	5.35	5.81	5.85	6.22	6.40
2011.02.09	5.60	6.06	6.10	6.45	6.60
2011.04.06	5.85	6.31	6.40	6.65	6.80
2011.07.07	6.10	6.56	6.65	6.90	7.05

人民币贷款基准利率
RMB lending benchmark interest rates

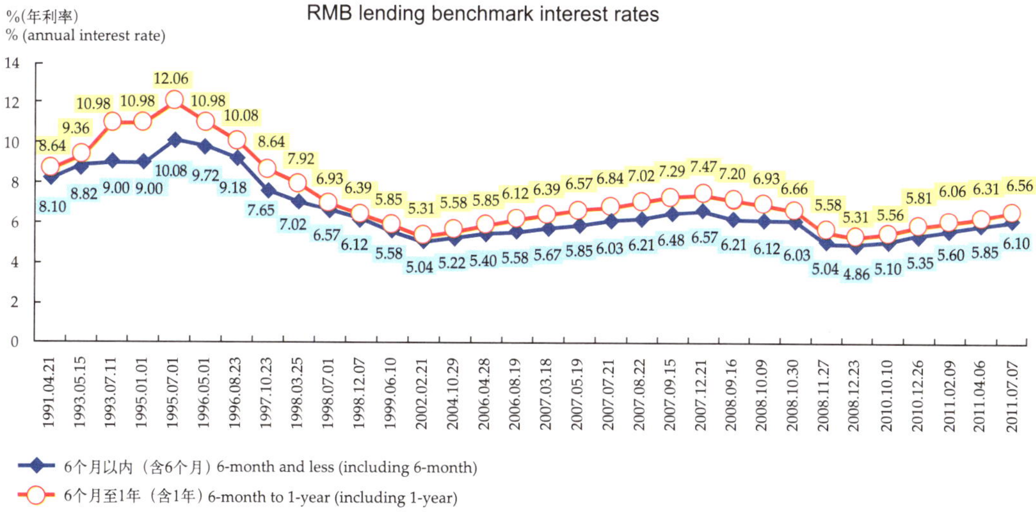

金融机构人民币贷款各利率区间占比表
Share of loans with floating rates in various ranges

单位：% Unit: %

日期 Date	下浮 Floating downward	基准 At benchmark	上浮 Floating upward					
	[0.9, 1.0)	1.0	小计 Subtotal	(1.0, 1.1]	(1.1, 1.3]	(1.3, 1.5]	(1.5, 2.0]	2.0以上Above 2.0
2009.04	26.72	33.48	39.80	12.18	11.07	5.46	7.97	3.12
2009.05	27.34	32.40	40.26	13.03	11.46	5.18	7.49	3.10
2009.06	30.47	33.70	35.83	12.66	10.24	4.70	5.82	2.41
2009.07	32.76	32.18	35.06	11.89	9.16	4.52	6.55	2.94
2009.08	30.91	30.79	38.31	13.34	10.68	5.03	6.45	2.81
2009.09	31.82	30.61	37.57	12.55	10.81	5.07	6.41	2.73
2009.10	30.27	30.90	38.83	12.40	10.85	5.25	7.16	3.17
2009.11	30.19	30.53	39.28	11.96	11.14	5.37	7.44	3.38
2009.12	33.19	30.26	36.55	11.37	10.01	5.13	6.64	3.40
2010.01	35.38	31.18	33.44	11.92	8.74	4.42	5.71	2.65
2010.02	32.65	31.95	35.41	12.77	9.21	4.31	6.09	3.03
2010.03	30.05	28.91	41.04	13.12	10.91	5.45	7.11	4.45
2010.04	26.22	31.18	42.60	13.83	11.66	5.89	7.47	3.75
2010.05	26.56	29.55	43.89	14.92	11.88	5.77	7.62	3.70
2010.06	27.72	30.89	41.39	14.44	11.63	5.34	6.80	3.18
2010.07	27.03	29.72	43.25	15.38	11.76	5.42	7.05	3.64
2010.08	25.75	29.31	44.94	14.79	12.57	5.42	7.93	4.23
2010.09	25.54	30.19	44.27	14.61	12.57	5.36	7.76	3.97
2010.10	26.69	29.80	43.51	14.80	12.14	5.27	7.44	3.86
2010.11	27.49	30.60	41.91	13.96	12.31	5.00	7.34	3.30
2010.12	27.80	29.16	43.04	13.80	11.89	5.66	8.18	3.51
2011.01	21.35	29.45	49.20	15.97	15.01	6.08	8.67	3.48
2011.02	19.94	31.80	48.26	17.91	14.55	5.61	7.29	2.90
2011.03	13.96	30.22	55.82	18.25	17.76	6.96	9.24	3.60
2011.04	12.54	28.43	59.04	18.72	20.56	7.39	9.14	3.22
2011.05	11.18	27.96	60.87	20.81	21.34	7.29	8.69	2.74
2011.06	9.94	28.91	61.15	20.56	22.70	7.22	8.08	2.60
2011.07	8.53	26.72	64.74	20.75	23.98	8.14	8.99	2.89
2011.08	6.05	25.27	68.67	22.40	25.80	8.42	9.06	3.00
2011.09	6.96	25.86	67.19	21.62	25.47	8.29	8.89	2.91
2011.10	5.06	29.96	64.99	21.54	25.02	7.81	7.87	2.75
2011.11	7.00	26.90	66.10	21.16	25.25	8.20	8.34	3.14
2011.12	7.02	26.96	66.02	21.51	24.20	8.26	8.98	3.08
2012.01	4.79	26.22	68.99	22.33	25.51	8.76	9.22	3.17
2012.02	5.53	27.59	66.88	23.12	23.76	7.98	8.61	3.40
2012.03	4.62	24.95	70.43	21.12	26.99	9.48	9.41	3.43

2012年第一季度金融机构人民币贷款各利率区间占比表
Share of loans with rates floating at various ranges in the first quarter of 2012

单位：% Unit: %

	下浮 Floating downward	基准 At benchmark	上浮 Floating upward					
	[0.9, 1.0)	1.0	小计 Subtotal	(1.0, 1.1]	(1.1, 1.3]	(1.3, 1.5]	(1.5, 2.0]	2.0以上 Above 2.0
四大国有商业银行 Four state-owned commercial banks	6.19	29.87	63.94	26.27	30.72	6.41	0.50	0.04
股份制商业银行 Joint-stock commercial banks	3.33	16.24	80.42	29.08	41.13	6.76	0.98	2.46
外资商业银行 Foreign commercial banks	18.20	27.67	54.13	24.89	22.16	5.06	1.60	0.41
城市商业银行 City commercial banks	2.48	16.30	81.21	16.58	32.95	16.93	10.88	3.88
城乡信用社 Urban and rural credit cooperatives	1.30	4.28	94.42	5.66	19.85	21.99	35.65	11.26
政策性银行 Policy banks	7.86	75.80	16.34	13.10	3.10	0.14	0.00	0.00
合计 Total	5.03	23.06	71.91	20.76	28.92	10.10	8.98	3.16

大额美元存款与美元贷款平均利率表
Average interest rates of large-value dollar deposits and loans

单位：% Unit: %

日期 Date	大额存款 Large-value deposits						贷款 Loans				
	活期 Demand	3个月以内 Within 3 months	3(含)~6个月 3~6 months (including 3 months)	6(含)~12个月 6~12 months (including 6 months)	1年 1 year	1年以上 Above 1 year	3个月以内 Within 3 months	3(含)~6个月 3~6 months (including 3 months)	6(含)~12个月 6~12 months (including 6 months)	1年 1 year	1年以上 Above 1 year
2010.04	0.15	0.92	0.87	1.69	1.99	3.83	1.94	2.12	2.14	2.53	2.50
2010.05	0.16	1.41	1.65	1.72	3.09	2.82	2.39	2.88	2.63	2.96	3.02
2010.06	0.21	1.76	1.44	2.32	1.60	3.94	2.39	2.81	2.88	3.10	3.33
2010.07	0.22	1.99	2.20	2.66	3.02	2.89	2.48	2.99	3.18	3.22	3.07
2010.08	0.31	2.04	2.18	2.65	3.42	2.19	2.37	2.72	3.03	2.78	2.12
2010.09	0.26	1.93	1.85	2.12	3.48	2.16	2.30	2.46	2.94	2.93	3.82
2010.10	0.20	1.85	2.47	1.96	1.18	1.80	2.35	2.58	2.85	2.81	3.02
2010.11	0.21	1.86	1.81	2.49	3.37	3.95	2.38	2.68	3.06	2.98	3.15
2010.12	0.33	1.84	2.19	2.27	1.91	1.80	2.57	2.85	3.13	3.16	2.74
2011.01	0.24	1.99	2.01	1.87	3.47	4.45	2.76	2.92	3.04	2.91	3.35
2011.02	0.27	2.14	2.68	2.55	3.34	3.91	2.94	3.16	3.12	3.16	3.16
2011.03	0.32	2.31	2.67	3.01	2.91	4.47	3.04	3.26	3.76	3.25	3.15
2011.04	0.28	2.61	2.58	2.96	4.19	5.20	3.02	3.25	3.57	3.41	3.16
2011.05	0.29	2.63	3.14	3.38	3.60	5.58	3.12	3.44	3.68	3.54	3.60
2011.06	0.26	2.79	2.80	2.66	1.48	3.22	3.16	3.46	3.73	3.78	3.46
2011.07	0.33	2.68	2.98	3.39	2.78	5.47	3.30	3.58	4.23	3.90	3.78
2011.08	0.31	2.95	3.47	3.44	3.58	5.36	3.34	3.69	4.03	3.97	3.58
2011.09	0.35	2.99	3.81	3.15	3.86	5.61	3.37	3.75	4.37	3.70	3.76
2011.10	0.34	2.98	3.48	3.48	1.74	5.03	3.72	4.17	4.76	3.72	4.92
2011.11	0.30	3.36	3.85	4.48	3.84	2.52	3.76	4.29	4.78	4.37	3.74
2011.12	0.31	3.29	3.97	4.08	2.82	3.37	3.85	4.31	4.57	3.89	4.26
2012.01	0.34	3.29	4.24	4.73	5.46	5.87	3.78	4.35	4.81	4.47	4.27
2012.02	0.29	3.16	3.93	4.34	4.64	4.50	3.51	4.08	4.35	4.28	4.29
2012.03	0.27	2.91	3.61	4.34	4.76	5.35	3.56	4.00	4.36	4.03	3.53

八、金融市场
8. Financial Market

1.货币市场
(1) Money market

银行间市场交易量
Transaction volume in the inter-bank market

单位：万亿元
Unit: RMB trillion yuan

年 Year	债券回购 Repurchasing	同业拆借 Inter-bank borrowing	现券买卖 Outright transactions
2000	1.6	0.7	0.1
2001	4.0	0.8	0.1
2002	10.2	1.2	0.4
2003	11.7	2.4	3.1
2004	9.4	1.5	2.5
2005	15.9	1.3	6.0
2006	26.6	2.2	10.2
2007	44.8	10.6	15.6
2008	58.1	15.0	37.1
2009	70.3	19.4	47.3
2010	87.6	27.9	64.0
2011	99.5	33.4	63.6

银行间市场月加权平均利率
Monthly weighted average interest rates in the inter-bank market

单位：% Unit: %

年/月 Year/Month	同业拆借市场 Inter-bank borrowing market	质押式债券回购 Bond-pledged repurchasing
2010.04	1.34	1.36
2010.05	1.67	1.71
2010.06	2.31	2.38
2010.07	1.67	1.68
2010.08	1.62	1.66
2010.09	1.90	1.98
2010.10	1.67	1.69
2010.11	1.76	1.81
2010.12	2.92	3.12
2011.01	3.70	4.29
2011.02	2.73	3.02
2011.03	1.93	1.98
2011.04	2.16	2.22
2011.05	2.93	3.03
2011.06	4.56	4.94
2011.07	4.44	4.61
2011.08	3.30	3.38
2011.09	3.74	3.75
2011.10	3.75	3.75
2011.11	3.49	3.52
2011.12	3.33	3.37
2012.01	4.37	4.68
2012.02	3.38	3.58
2012.03	2.58	2.66

银行间市场交易量
Transaction volume in the inter-bank market

单位：万亿元
Unit: RMB trillion yuan

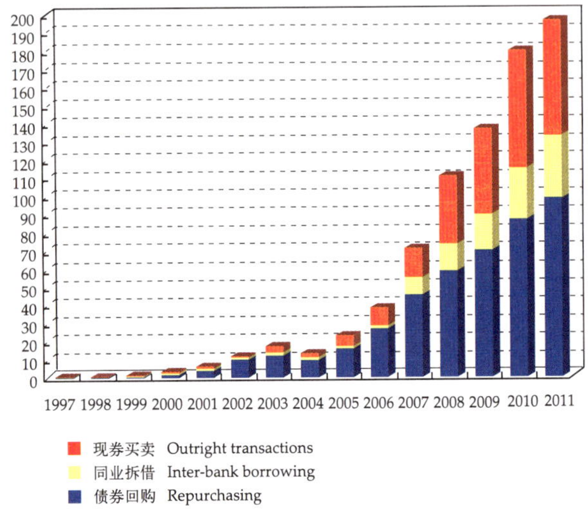

银行间市场月加权平均利率
Monthly weighted average interest rates in the inter-bank market

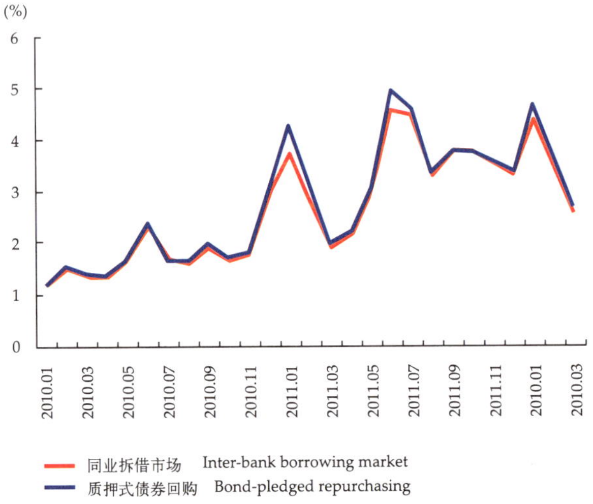

各品种Shibor走势图
Movements of the Shibor

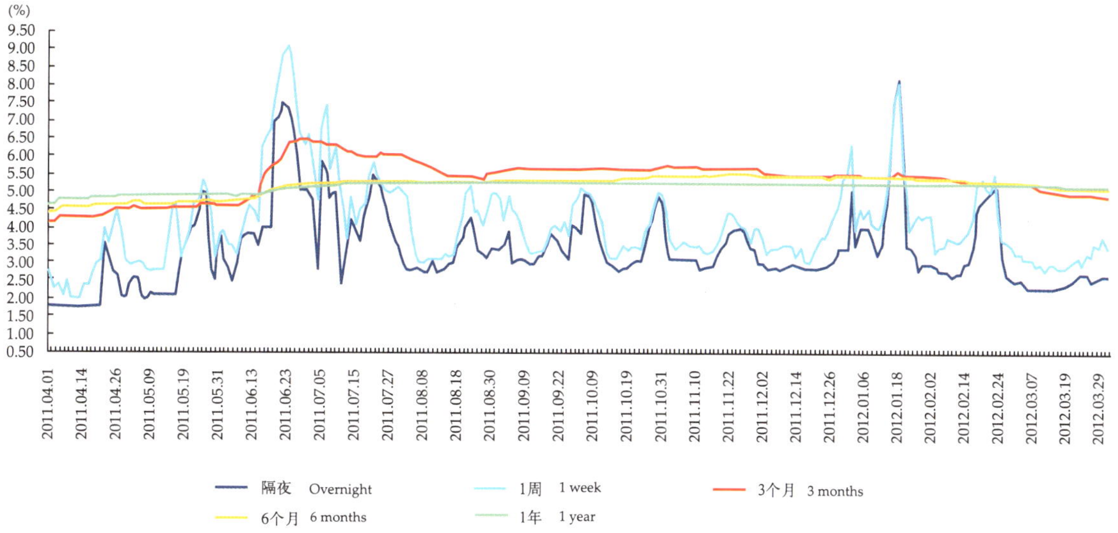

全国银行间同业拆借各期限当月交易量及月加权平均利率
Monthly transaction volume and monthly weighted average interest rates of inter-bank borrowing with different maturities

单位：亿元、%
Unit: RMB 100 million yuan, %

年/月 Year/Month	隔夜 Overnight		7天 7 days		8～14天 8 to 14 days		15～20天 15 to 20 days		21～30天 21 to 30 days		31～60天 31 to 60 days		3个月 3 months		4个月 4 months		6个月 6 months		9个月 9 months		1年 1 year	
	交易量 Volume	利率 Rate	交易量 Volume	利率 Rate	交易量 Volume	利率 Rate	交易量 Volume	利率 Rate	交易量 Volume	利率 Rate	交易量 Volume	利率 Rate	交易量 Volume	利率 Rate	交易量 Volume	利率 Rate	交易量 Volume	利率 Rate	交易量 Volume	利率 Rate	交易量 Volume	利率 Rate
2010.04	19 859.7	1.31	1 426.0	1.66	203.9	1.66	15.0	1.90	42.4	1.82	24.7	1.87	147.6	2.00	2.5	2.30	4.2	2.42	—	—	—	—
2010.05	16 873.7	1.63	1 959.9	1.95	159.8	1.79	24.4	2.05	83.0	2.00	27.8	2.01	170.6	2.06	8.1	2.37	9.4	2.62	—	—	—	—
2010.06	14 896.8	2.20	2 331.1	2.68	371.6	3.03	136.5	3.40	122.4	3.45	15.3	3.51	47.3	3.50	35.8	3.51	9.0	3.52	0.1	2.50	—	—
2010.07	22 225.7	1.60	2 233.4	2.11	421.7	2.06	16.4	2.65	180.6	2.55	16.4	2.92	113.7	2.65	11.5	2.76	31.0	2.71	24.1	2.66	0.1	2.24
2010.08	30 720.3	1.58	3 015.2	1.92	637.1	1.82	29.3	2.08	166.8	2.11	13.4	2.10	80.7	2.49	—	-	44.0	2.61	—	—	0.1	3.22
2010.09	26 899.3	1.79	2 535.0	2.48	1 128.4	2.84	146.1	3.20	266.3	3.10	16.0	2.67	92.5	2.65	11.0	3.00	11.7	2.44	—	—	—	—
2010.10	20 287.3	1.62	1 762.1	2.06	258.9	2.26	35.0	2.38	79.9	2.61	19.5	2.62	173.7	2.81	16.6	2.84	14.5	2.95	—	—	—	—
2010.11	23 669.3	1.71	2 510.7	2.06	244.5	2.22	8.3	3.27	47.4	2.89	38.4	2.72	86.5	3.22	8.0	2.93	25.2	3.32	2.0	3.55		
2010.12	23 348.1	2.69	2 478.9	4.54	353.4	4.48	131.7	3.85	208.9	4.24	89.6	4.92	142.2	4.48	75.0	3.43	2.3	4.80	—	—	0.4	3.28
2011.01	14 322.0	3.40	1 606.0	4.94	358.6	7.03	106.7	6.80	256.6	5.45	39.6	6.57	205.4	4.84	2.0	5.40	51.2	4.21	—	4.00	—	—
2011.02	13 061.6	2.45	2 099.4	3.70	549.9	4.53	12.4	4.98	47.4	4.98	27.0	5.30	133.0	4.84	21.4	4.80	43.4	4.71	0.3	4.73	0.2	4.48
2011.03	23 610.9	1.81	2 514.3	2.42	316.8	2.79	172.5	2.83	116.6	3.84	26.9	4.42	121.9	4.08	58.8	3.90	117.8	4.29	4.5	3.91	3.7	4.24
2011.04	22 683.0	2.02	2 650.2	6.01	183.7	2.94	34.2	2.75	103.5	4.03	27.0	4.53	171.6	4.08	17.6	3.65	8.6	4.72	0.8	4.40	1.0	4.95
2011.05	28 980.4	2.84	1 728.6	3.72	459.4	4.11	195.3	3.96	214.4	4.25	55.3	4.35	96.1	4.75	0.2	5.26	4.7	4.71	5.9	5.08	3.1	5.11
2011.06	23 471.8	4.31	3 149.2	5.95	287.4	6.30	23.4	6.35	501.9	5.77	162.9	4.89	159.2	6.16	5.0	5.36	20.7	4.94	13.0	4.62	4.9	5.10
2011.07	27 449.0	4.30	2 898.9	5.20	517.3	5.88	29.2	6.05	170.6	6.31	55.3	5.74	180.1	6.06	67.6	5.75	65.0	5.48	12.2	5.50	15.2	4.94
2011.08	28 006.0	3.13	4 890.6	3.83	1 342.4	4.00	49.4	3.66	143.2	5.40	244.7	5.34	123.0	5.70	2.8	5.36	21.8	5.82	1.5	5.30	11.7	3.90
2011.09	19 211.2	3.47	4 729.3	4.06	1 710.9	4.80	645.1	5.01	207.0	5.75	69.0	5.95	148.3	5.72	—	—	100.6	5.79	—	—	1.0	6.30
2011.10	20 832.3	3.61	4 850.2	3.92	1 397.0	4.23	114.6	4.90	222.4	5.42	32.3	5.81	187.3	5.70	87.3	5.86	77.7	5.83	0.5	5.90	0.7	5.60
2011.11	25 439.8	3.34	5 475.3	3.78	1 332.1	4.08	202.4	3.92	399.5	5.01	157.7	5.14	98.8	5.84	45.6	5.73	26.0	5.80	—	—	2.4	6.51
2011.12	26 132.4	3.04	5 808.9	3.94	1 530.6	4.63	697.8	4.41	322.1	4.81	211.9	5.14	49.0	5.65	42.4	5.77	63.0	5.75	—	—	9.7	5.55
2012.01	15 741.1	4.21	3 304.8	4.55	956.2	5.64	85.2	6.01	303.2	6.04	58.7	6.08	14.1	5.76	—	—	25.3	5.81	—	—	—	—
2012.02	27 771.2	3.22	3 542.5	4.06	663.6	4.38	37.4	4.67	389.5	5.03	209.2	5.14	129.6	5.32	1.4	5.40	16.5	5.09	—	—	—	—
2012.03	42 523.6	2.47	4 190.6	3.20	922.2	3.70	198.3	4.08	204.0	4.21	25.5	4.29	60.0	4.92	2.6	4.20	86.5	4.75	11.9	4.69	5.3	4.95

全国银行间同业拆借各期限月加权平均利率
Monthly weighted average interest rates of inter-bank borrowing with different maturities

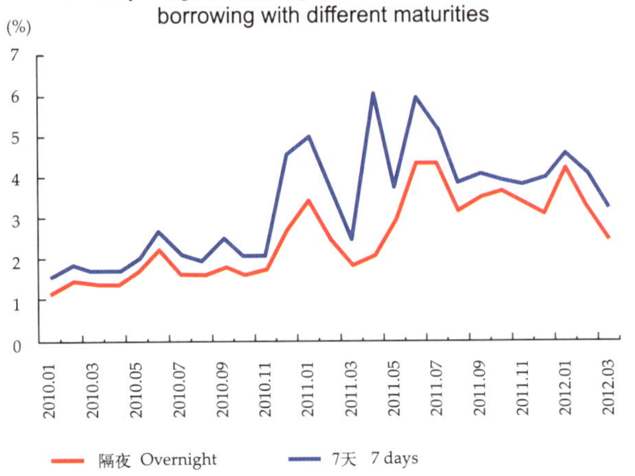

全国银行间同业拆借各期限当月交易量
Monthly transaction volume of inter-bank borrowing with different maturities

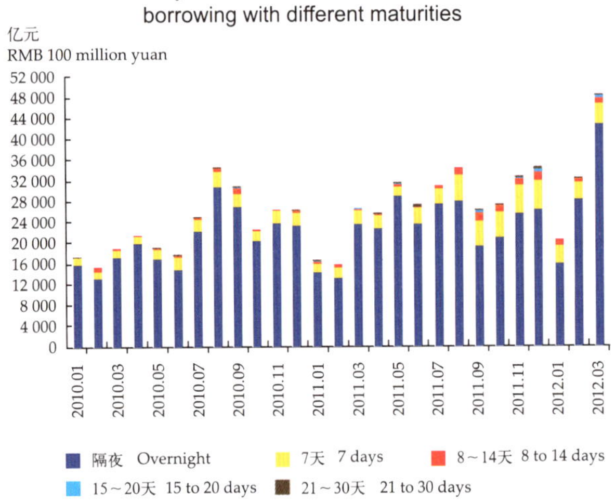

2. 债券市场
(2) Bond market

债券回购交易成交金额
Turnover of repurchasing

单位：亿元
Unit: RMB 100 million yuan

年/月 Year/Month	银行间债券市场 Inter-bank bond market	交易所 Stock exchanges
2010.04	68 354	4 850
2010.05	71 315	4 989
2010.06	73 152	5 856
2010.07	83 438	6 653
2010.08	100 903	6 950
2010.09	82 021	6 417
2010.10	66 401	4 924
2010.11	91 139	7 415
2010.12	78 825	10 319
2011.01	70 416	10 614
2011.02	53 737	8 285
2011.03	90 528	12 370
2011.04	86 319	10 966
2011.05	86 088	14 111
2011.06	77 755	17 654
2011.07	89 514	22 073
2011.08	90 811	24 301
2011.09	73 299	21 890
2011.10	73 894	17 848
2011.11	93 163	24 326
2011.12	109 010	25 073
2012.01	70 275	18 498
2012.02	100 057	27 788
2012.03	136 220	26 753

债券现券交易成交金额
Turnover of outright transactions

单位：亿元
Unit: RMB 100 million yuan

年/月 Year/Month	银行间债券市场 Inter-bank bond market	交易所* Stock exchanges *
2010.04	46 794	146
2010.05	49 623	168
2010.06	40 184	128
2010.07	63 638	120
2010.08	73 780	111
2010.09	64 958	118
2010.10	57 660	115
2010.11	69 298	139
2010.12	66 390	88
2011.01	38 604	70
2011.02	26 656	54
2011.03	60 923	148
2011.04	56 162	89
2011.05	60 771	108
2011.06	64 171	140
2011.07	62 290	100
2011.08	61 976	107
2011.09	46 071	171
2011.10	40 051	99
2011.11	54 411	102
2011.12	64 338	63
2012.01	30 850	62
2012.02	51 154	79
2012.03	66 472	89

注：*仅包含政府债券。
Note: * Only including government bonds.

债券回购交易成交金额
Turnover of repurchasing

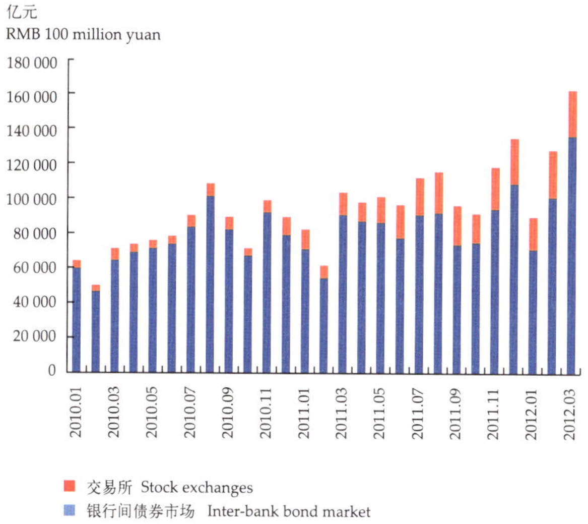

债券现券交易成交金额
Turnover of outright transactions

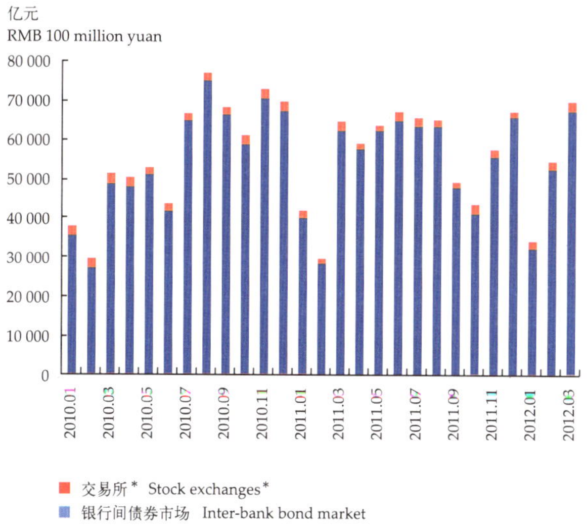

注：*仅包含政府债券。
Note: * Only including government bonds.

国债发行、兑付、期末余额
Issue and redemption values and end-period balance of government bonds

单位：亿元
Unit: RMB 100 million yuan

年／月 Year/Month	发行额 Issue value	兑付额 Redemption value	期末余额 End-period balance
2010.04	1 982.9	1 655.7	58 556.9
2010.05	1 862.8	893.2	59 526.6
2010.06	2 150.1	452.1	61 224.6
2010.07	2 193.7	803.3	62 720.1
2010.08	2 591.6	856.9	64 454.7
2010.09	1 826.0	1 042.9	65 237.8
2010.10	1 243.4	1 196.2	66 285.0
2010.11	2 251.0	876.1	66 660.0
2010.12	1 376.8	351.9	67 684.9
2011.01	900.0	1 118.1	67 466.8
2011.02	580.0	374.7	67 672.1
2011.03	1 780.0	1 676.7	67 775.4
2011.04	1 712.4	1 177.3	68 310.5
2011.05	1 763.1	1 225.8	68 847.9
2011.06	1 642.5	465.5	70 024.9
2011.07	1 999.2	849.1	71 175.0
2011.08	2 552.6	1 078.3	72 649.3
2011.09	1 087.3	974.2	72 762.4
2011.10	1 252.4	783.2	73 231.6
2011.11	1 270.6	1 192.2	73 310.0
2011.12	560.0	43.5	73 826.5
2012.01	280.0	680.2	73 426.3
2012.02	840.0	641.8	73 624.5
2012.03	1 058.7	1 974.2	72 709.1

国债发行与兑付
Issue and redemption values of government bonds

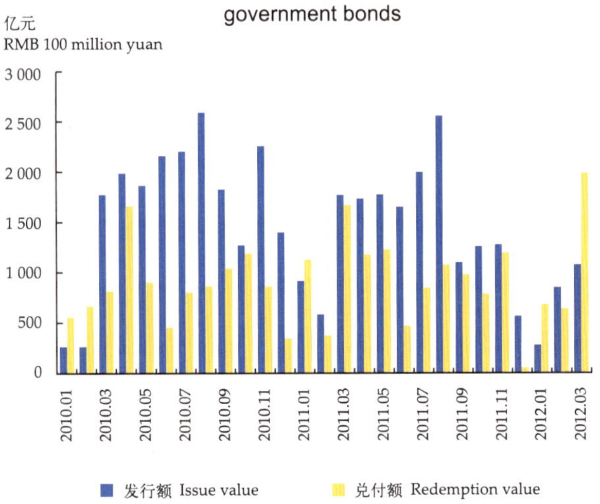

国债期末余额
Outstanding amounts of government bonds at end-period

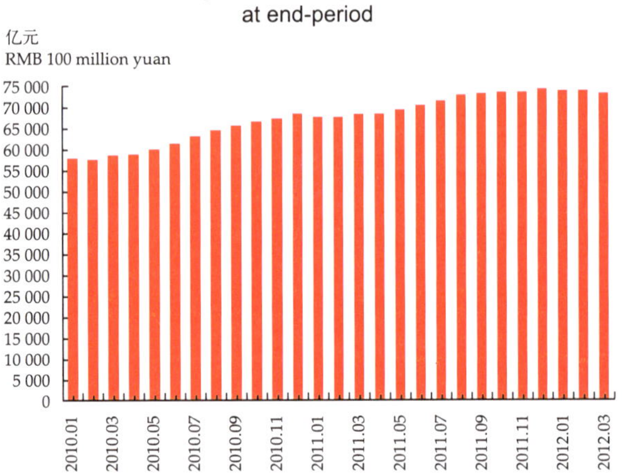

3.股票市场
(3) Stock market

股票成交、发行筹资额
Turnover of stock trading and funds raised in the stock market

年/月 Year/Mont		成交金额（亿元） Turnover of stock trading (RMB100 million yuan)		A股筹资（亿元） A-shares capital raised (RMB100 million yuan)					B股筹资（亿美元） B-shares capital rasied (USD100 million)	H股筹（亿美元） H-shares capital rasied (USD100 million)	
		上海证券交易所A股 A-shares on the Shanghai stock exchange	深圳证券交易所A股 A-shares on the Shenzhen stock exchange	首次发行金额 Initial public offering	公开增发 Additional offering	定向增发（现金） Placement (Cash)	配股 Allotment	权证行权 Exercise warrant		首次发行金额 Initial public offering	再筹资金额 Refinancing
2011	1	20 198	7 770	454.1	35.1	141.7	99.7	0.0	0.0	0.0	0.0
	2	21 593	8 928	242.9	1.3	19.4	6.8	0.0	0.0	0.0	0.0
	3	36 920	14 965	342.6	25.3	208.7	6.1	0.0	0.0	0.0	0.0
	4	27 271	11 583	259.7	6.9	270.0	113.7	0.0	0.0	0.0	7.7
	5	20 431	8 438	222.9	0.0	128.4	0.0	0.0	0.0	22.5	0.0
	6	18 480	7 431	204.8	0.0	111.4	3.3	0.0	0.0	8.5	24.9
	7	22 994	9 716	113.6	14.6	145.3	175.6	0.0	0.0	0.0	12.8
	8	19 128	7 821	260.7	21.5	240.5	0.0	29.5	0.0	0.0	0.0
	9	12 099	4 661	182.2	0.0	53.5	0.0	0.0	0.0	0.0	0.0
	10	11 151	4 271	212.4	0.0	31.6	0.0	0.0	0.0	18.3	0.0
	11	16 285	6 220	163.0	27.4	68.5	9.0	0.0	0.0	0.0	0.0
	12	10 260	3 821	166.5	0.0	245.6	7.7	0.0	0.0	18.6	0.0
2012	1	9 052	3 466	63.6	0.0	17.2	0.0	0.0	0.0	0.0	0.0
	2	17 706	7 007	73.6	84.8	48.7	22.1	0.0	0.0	0.0	3.2
	3	20 278	7 577	214.3	19.9	375.4	73.0	0.0	0.0	0.0	14.4

月末加权平均市盈率
Weighted average price-earnings ratio at month-end

年/月 Year/Month	上海证券交易所A股 A-shares on the Shanghai stock exchange	上海证券交易所B股 B-shares on the Shanghai stock exchange	深圳证券交易所A股 A-shares on the Shenzhen stock exchange	深圳证券交易所B股 B-shares on the Shenzhen stock exchange
2010.04	25.4	18.0	36.3	16.7
2010.05	19.9	16.2	34.3	15.3
2010.06	18.5	16.4	31.5	15.7
2010.07	19.9	18.6	36.0	18.3
2010.08	19.9	20.0	39.7	19.1
2010.09	20.0	20.4	40.1	21.3
2010.10	22.6	22.8	45.1	23.6
2010.11	21.5	23.4	45.5	22.7
2010.12	21.6	23.9	45.3	23.1
2011.01	21.6	24.1	41.6	23.3
2011.02	22.6	24.6	44.3	23.1
2011.03	22.8	24.9	35.9	14.8
2011.04	22.7	23.9	32.0	13.6
2011.05	16.3	15.8	29.7	12.6
2011.06	16.5	15.1	30.7	12.2
2011.07	16.1	15.7	31.4	12.4
2011.08	15.4	14.7	30.6	11.5
2011.09	14.2	13.5	27.0	9.4
2011.10	15.0	14.4	28.0	10.4
2011.11	14.2	13.1	26.8	9.7
2011.12	13.4	12.3	23.5	9.6
2012.01	14.0	12.7	23.1	10.0
2012.02	14.9	13.8	25.7	11.3
2012.03	13.9	13.2	22.6	9.6

股票成交金额
Turnover of stock trading

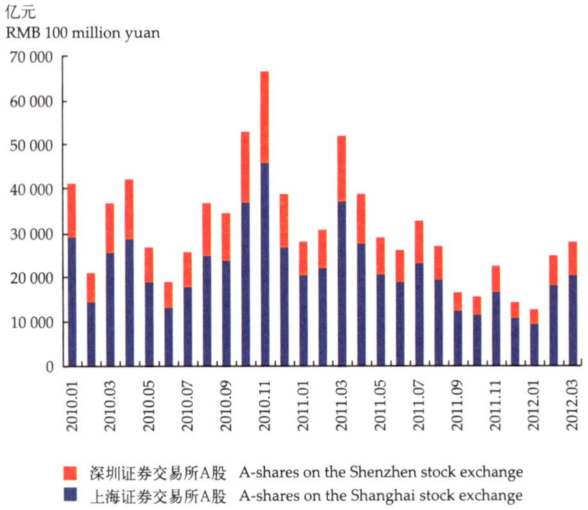

月末加权平均市盈率
Weighted average price-earnings ratio at month-end

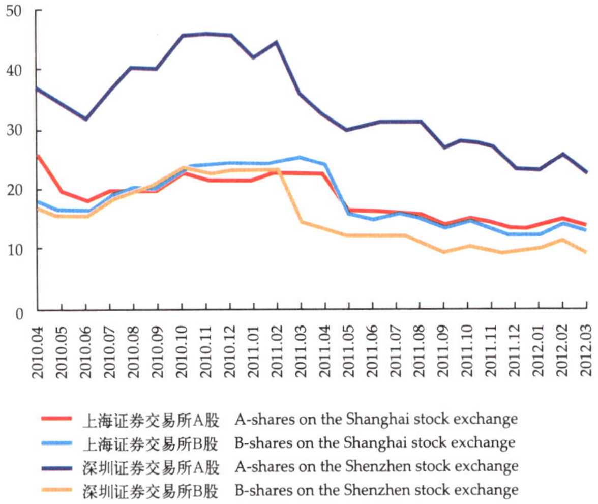

月末收盘指数
Closing index at month-end

4. 票据市场
(4) Commercial paper market

票据市场交易额与期末余额
Transactions and outstanding balance of commercial paper market

单位：亿元
Unit: RMB 100 million yuan

年/月 Year/Month	商业汇票 Drafts	贴现 Discount bills	再贴现 Rediscount bills
	发生额 Transactions during the period		
2010.04	9 443	18 922	91
2010.05	9 388	19 553	116
2010.06	8 434	19 526	177
2010.07	10 493	24 704	115
2010.08	10 444	18 079	122
2010.09	10 370	17 707	193
2010.10	10 254	20 754	123
2010.11	11 815	25 407	190
2010.12	11 227	22 503	343
2011.01	12 757	21 998	220
2011.02	7 481	17 075	111
2011.03	16 177	30 366	220
2011.04	13 216	20 642	167
2011.05	13 975	24 339	190
2011.06	12 604	17 417	264
2011.07	10 943	14 033	116
2011.08	11 768	14 608	116
2011.09	12 668	21 207	131
2011.10	10 824	15 600	103
2011.11	13 486	21 141	134
2011.12	14 653	31 902	174
2012.01	10 946	12 481	109
2012.02	12 211	17 143	144
2012.03	17 060	27 288	254
	期末余额 Outstanding balance at the end of the period		
2010.04	46 584	17 736	298
2010.05	48 093	17 679	357
2010.06	46 890	14 866	386
2010.07	48 689	16 900	498
2010.08	52 299	16 693	542
2010.09	50 345	15 767	599
2010.10	53 902	15 767	583
2010.11	54 342	15 611	605
2010.12	56 075	14 810	791
2011.01	56 948	14 167	833
2011.02	55 755	13 421	782
2011.03	59 417	12 387	766
2011.04	62 893	12 679	727
2011.05	65 862	13 338	707
2011.06	67 467	13 589	817
2011.07	64 808	12 703	746
2011.08	69 620	14 301	705
2011.09	65 307	14 001	608
2011.10	64 150	13 425	504
2011.11	65 704	14 600	438
2011.12	66 565	15 120	445
2012.01	68 130	15 194	437
2012.02	70 826	16 304	454
2012.03	72 242	17 700	602

商业汇票交易情况
Draft transactions

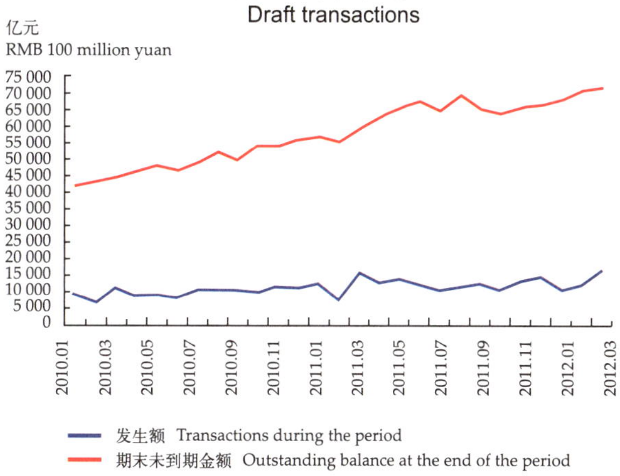

贴现情况
Discount bills

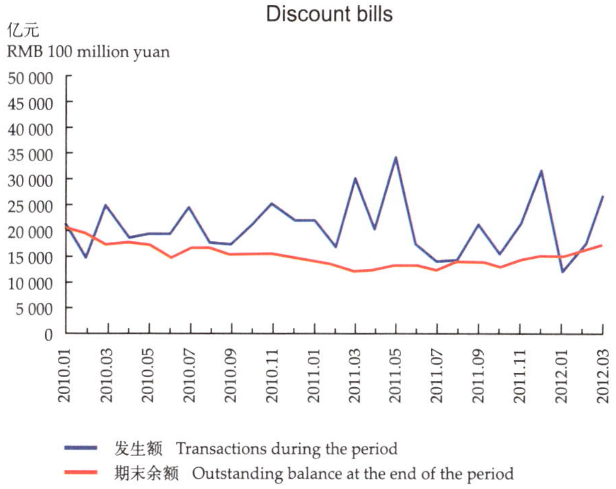

再贴现情况
Rediscount bills

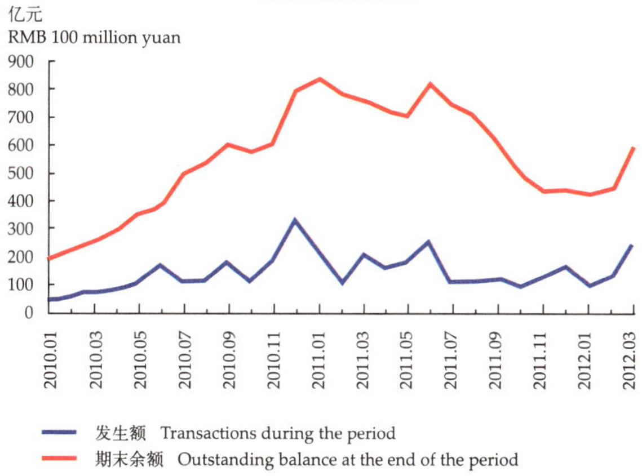

5.外汇市场
(5) Foreign exchange market

世界主要货币兑人民币月平均汇率
Monthly average exchange rate of the RMB against major foreign currencies

年/月 Year/Month	人民币元/美元 RMB yuan/USD	人民币元/欧元 RMB yuan/EUR	人民币元/100日元 RMB yuan/100JPY	人民币元/港元 RMB yuan/HKD	人民币元/卢布 RMB yuan/RUB
2010.04	6.8262	9.1696	7.3100	0.8794	—
2010.05	6.8274	8.5604	7.4245	0.8768	—
2010.06	6.8165	8.3220	7.5087	0.8753	—
2010.07	6.7775	8.6438	7.7306	0.8714	—
2010.08	6.7901	8.7624	7.9418	0.8739	—
2010.09	6.7462	8.7692	7.9957	0.8686	—
2010.10	6.6732	9.2909	8.1884	0.8600	—
2010.11	6.6558	9.1078	8.0725	0.8583	4.6995
2010.12	6.6515	8.7837	7.9809	0.8556	4.6377
2011.01	6.6027	8.8127	7.9868	0.8487	4.5664
2011.02	6.5831	8.9838	7.9494	0.8450	4.4415
2011.03	6.5662	9.1921	8.0326	0.8426	4.3304
2011.04	6.5292	9.4444	7.8460	0.8400	4.2984
2011.05	6.4988	9.3100	8.0084	0.8359	4.2990
2011.06	6.4778	9.3161	8.0423	0.8320	4.3217
2011.07	6.4614	9.2385	8.1321	0.8296	4.3214
2011.08	6.4090	9.1876	8.3075	0.8219	4.4873
2011.09	6.3833	8.8010	8.3100	0.8189	4.7952
2011.10	6.3566	8.7809	8.2999	0.8174	4.8668
2011.11	6.3408	8.6018	8.1736	0.8148	4.8599
2011.12	6.3218	8.3347	8.1261	0.8136	4.9686
2012.01	6.3168	8.1178	8.2213	0.8135	4.9912
2012.02	6.3000	8.3312	8.0409	0.8124	4.7300
2012.03	6.3081	8.1178	7.6487	0.8127	4.6483

世界主要货币兑人民币期末汇率
Exchange rate of the RMB against major foreign currencies at the end of the period

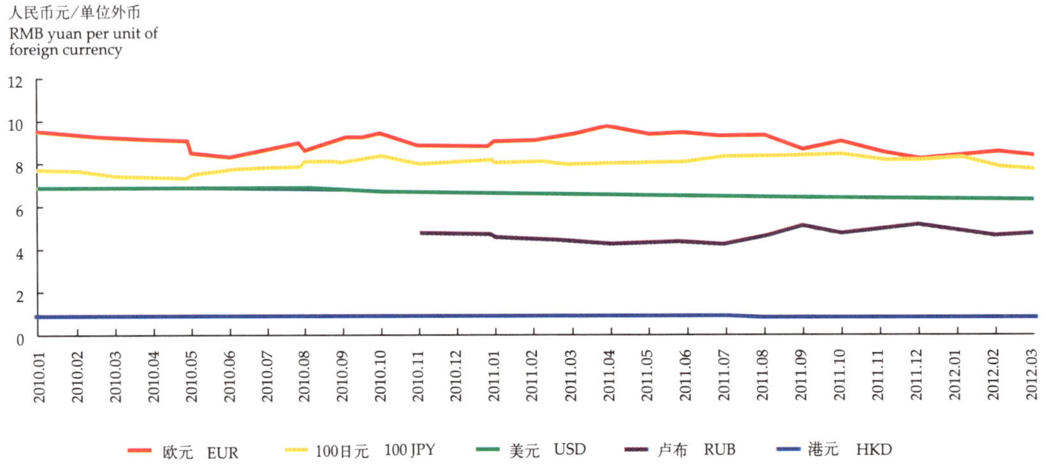

人民币元/美元中间价

Central parity of the RMB yuan against the USD

2005年7月21日至2012年3月30日
From July 21, 2005 to March 30, 2012

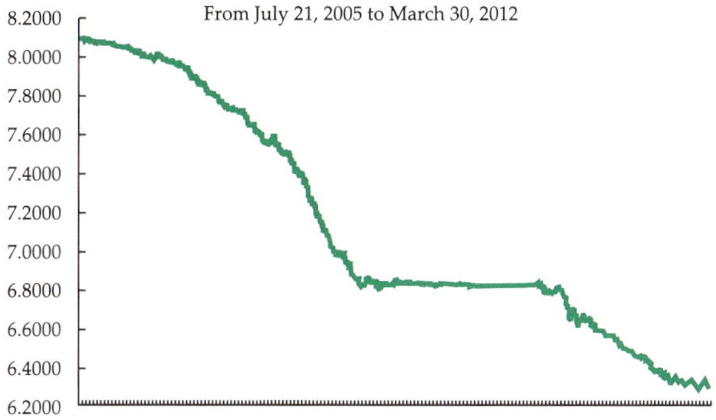

人民币元/日元中间价

Central parity of the RMB yuan against the JPY

2005年7月21日至2012年3月30日
From July 21, 2005 to March 30, 2012

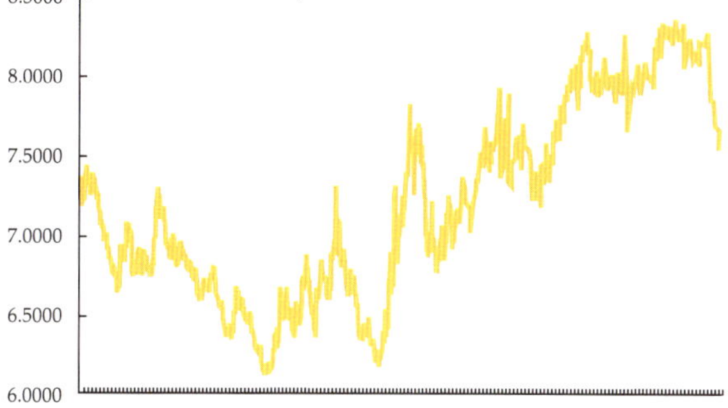

人民币元/欧元中间价

Central parity of the RMB yuan against the EUR

2005年7月21日至2012年3月30日
From July 21, 2005 to March 30, 2012

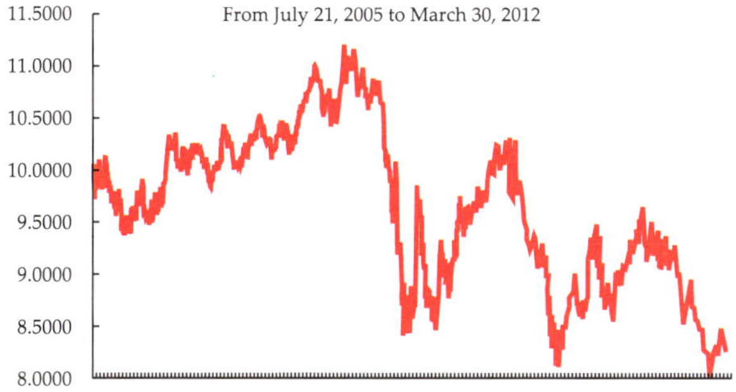

人民币元/港元中间价

Central parity of the RMB yuan against the HKD

2005年7月21日至2012年3月30日
From July 21, 2005 to March 30, 2012

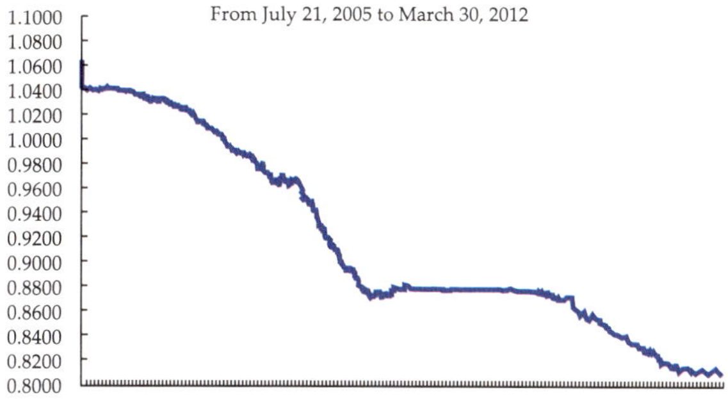

人民币元/卢布中间价

Central parity of the RMB yuan against the RUB

2005年7月21日至2012年3月30日
From July 21, 2005 to March 30, 2012

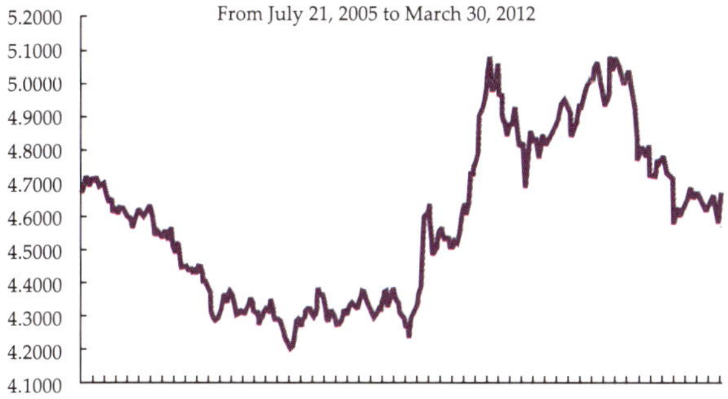

2012年1月4日以来人民币汇率中间价

Central parity of RMB against major foreign currencies
Since January 4, 2012

日期 Date	人民币元/美元 RMB yuan/USD	人民币元/欧元 RMB yuan/EUR	人民币元/100日元 RMB yuan/100JPY	人民币元/港元 RMB yuan/HKD	人民币元/卢布 RMB yuan/RUB
2012.01.04	6.3001	8.2204	8.2198	0.8111	5.0383
2012.01.05	6.3115	8.1668	8.2229	0.8127	5.0526
2012.01.06	6.3166	8.0777	8.1816	0.8135	5.0750
2012.01.09	6.3236	8.0221	8.2162	0.8142	5.0643
2012.01.10	6.3171	8.0650	8.2168	0.8134	5.0464
2012.01.11	6.3155	8.0491	8.2121	0.8131	5.0035
2012.01.12	6.3230	8.0372	8.2218	0.8140	5.0218
2012.01.13	6.3201	8.1021	8.2288	0.8136	4.9964
2012.01.16	6.3306	8.0104	8.2381	0.8150	5.0429
2012.01.17	6.3250	8.0217	8.2330	0.8143	5.0071
2012.01.18	6.3205	8.0653	8.2314	0.8140	5.0033
2012.01.19	6.3173	8.1225	8.2283	0.8139	4.9795
2012.01.20	6.3138	8.1865	8.1886	0.8135	4.9528
2012.01.30	6.3056	8.3199	8.2152	0.8130	4.7720
2012.01.31	6.3115	8.3006	8.2649	0.8136	4.8115
2012.02.01	6.3103	8.2536	8.2796	0.8136	4.7971
2012.02.02	6.3075	8.3186	8.2846	0.8134	4.7822
2012.02.03	6.3102	8.2875	8.2795	0.8136	4.7889
2012.02.06	6.3108	8.2719	8.2478	0.8138	4.7813
2012.02.07	6.3116	8.2815	8.2445	0.8140	4.8145
2012.02.08	6.3027	8.3552	8.1954	0.8128	4.7191
2012.02.09	6.3009	8.3408	8.1740	0.8126	4.7220
2012.02.10	6.2937	8.3590	8.1026	0.8115	4.7207
2012.02.13	6.2939	8.3161	8.0945	0.8115	4.7710
2012.02.14	6.2947	8.2848	8.1164	0.8117	4.7587
2012.02.15	6.2958	8.2620	8.0258	0.8120	4.7740
2012.02.16	6.2991	8.2137	8.0279	0.8124	4.7763
2012.02.17	6.2951	8.2658	7.9766	0.8118	4.7744
2012.02.20	6.2938	8.3210	7.9053	0.8117	4.7521

日期 Date	人民币元/美元 RMB yuan/USD	人民币元/欧元 RMB yuan/EUR	人民币元/100日元 RMB yuan/100JPY	人民币元/港元 RMB yuan/HKD	人民币元/卢布 RMB yuan/RUB
2012.02.21	6.2960	8.3224	7.8991	0.8119	4.7333
2012.02.22	6.2988	8.3374	7.8898	0.8123	4.7305
2012.02.23	6.3031	8.3475	7.8470	0.8128	4.7148
2012.02.24	6.2965	8.4181	7.8652	0.8119	4.5772
2012.02.27	6.2985	8.4768	7.7534	0.8122	4.6336
2012.02.28	6.2961	8.4409	7.8402	0.8118	4.6055
2012.02.29	6.2919	8.4799	7.8107	0.8113	4.6018
2012.03.01	6.3016	8.4016	7.7630	0.8125	4.6286
2012.03.02	6.2980	8.3899	7.7490	0.8121	4.6340
2012.03.05	6.3121	8.3323	7.7378	0.8136	4.6525
2012.03.06	6.3141	8.3507	7.7512	0.8133	4.6501
2012.03.07	6.3213	8.2932	7.8287	0.8143	4.6929
2012.03.08	6.3235	8.3113	7.7823	0.8145	4.6901
2012.03.09	6.3073	8.3647	7.7272	0.8130	4.6553
2012.03.12	6.3282	8.2953	7.6929	0.8157	4.6660
2012.03.13	6.3259	8.3258	7.6766	0.8154	4.6765
2012.03.14	6.3328	8.2773	7.6157	0.8160	4.6556
2012.03.15	6.3359	8.2490	7.5445	0.8162	4.6632
2012.03.16	6.3200	8.2650	7.5630	0.8143	4.6373
2012.03.19	6.3082	8.3057	7.5525	0.8126	4.6272
2012.03.20	6.3029	8.3447	7.5583	0.8119	4.6179
2012.03.21	6.3092	8.3695	7.5419	0.8127	4.6331
2012.03.22	6.3004	8.3339	7.5522	0.8115	4.6323
2012.03.23	6.2891	8.3010	7.6075	0.8099	4.6683
2012.03.26	6.2858	8.3400	7.5938	0.8093	4.6532
2012.03.27	6.2840	8.3957	7.5770	0.8089	4.6111
2012.03.28	6.2912	8.3881	7.5802	0.8102	4.5788
2012.03.29	6.2932	8.3829	7.6074	0.8106	4.6635
2012.03.30	6.2943	8.3944	7.6690	0.8106	4.6749

九、中央银行公开市场业务
9. Central Bank Open Market Operations

中央银行公开市场业务交易
Central bank open market operations

日期 Date		操作工具 Mode of transaction	招标方式 Mode of bidding	期限品种(天) Maturity (Day)	招标数量(亿元) Bidding amount (RMB 100 million yuan)	实际发行量/买入面额(亿元) Actual issue/purchasing face value (RMB 100 million yuan)	发行价格(元)/买入金额(亿元) Issue price (RMB yuan)/purchasing amount (RMB 100 million yuan)	中标利率/参考收益率(%) Interest rate of successful bidding/reference yield (%)
2012.01.17	周二 Tuesday	逆回购 Repurchase	利率招标 Interest rate bidding	14天 14-day	1 690	1 690	0	5.47
2012.01.19	周四 Thursday	逆回购 Repurchase	利率招标 Interest rate bidding	14天 14-day	1 830	1 830	0	6.05
2012.02.07	周二 Tuesday	正回购 Reverse repurchase	利率招标 Interest rate bidding	28天 28-day	260	260	0	2.80
2012.02.09	周四 Thursday	正回购 Reverse repurchase	利率招标 Interest rate bidding	91天 91-day	200	200	0	3.16
2012.02.14	周二 Tuesday	正回购 Reverse repurchase	利率招标 Interest rate bidding	28天 28-day	60	60	0	2.80
2012.02.16	周四 Thursday	正回购 Reverse repurchase	利率招标 Interest rate bidding	91天 91-day	100	100	0	3.16
2012.02.28	周二 Tuesday	正回购 Reverse repurchase	利率招标 Interest rate bidding	28天 28-day	100	100	0	2.80
2012.03.01	周四 Thursday	正回购 Reverse repurchase	利率招标 Interest rate bidding	91天 91-day	200	200	0	3.16
2012.03.06	周二 Tuesday	正回购 Reverse repurchase	利率招标 Interest rate bidding	28天 28-day	300	300	0	2.80
2012.03.08	周四 Thursday	正回购 Reverse repurchase	利率招标 Interest rate bidding	91天 91-day	300	300	0	3.16
2012.03.13	周二 Tuesday	正回购 Reverse repurchase	利率招标 Interest rate bidding	28天 28-day	660	660	0	2.80
2012.03.15	周四 Thursday	正回购 Reverse repurchase	利率招标 Interest rate bidding	91天 91-day	200	200	0	3.14
2012.03.20	周二 Tuesday	正回购 Reverse repurchase	利率招标 Interest rate bidding	28天 28-day	500	500	0	2.80
2012.03.22	周四 Thursday	正回购 Reverse repurchase	利率招标 Interest rate bidding	91天 91-day	200	200	0	3.14
2012.03.27	周二 Tuesday	正回购 Reverse repurchase	利率招标 Interest rate bidding	28天 28-day	700	700	0	2.80
2012.03.29	周四 Thursday	正回购 Reverse repurchase	利率招标 Interest rate bidding	91天 91-day	200	200	0	3.14

附录四 世界主要经济体经济和金融指标

Appendix 4 *Economic and Financial Indicators of Major Economies*

一、经济增长率

1. Economic Growth Rate

世界经济增长率

World economic growth rate

单位：% Unit: %

		2009	2010	2011	2012年1月预计 Projection in January, 2012		2012年4月预计 Projection in April, 2012	
					2012	2013	2012	2013
国际货币基金组织 IMF	按购买力平价方法计算的实际GDP增长率 Real GDP growth rate based on PPP	-0.7	5.2	3.9	3.3	3.9	3.5	4.1
	按市场汇率法计算的实际GDP增长率 Real GDP growth rate based on market exchange rate	-2.3	4.2	2.8	2.5	3.2	2.7	3.3
世界银行 World Bank	按2005年不变价及市场汇率法计算的实际GDP增长率 Real GDP growth rate based on 2005 constant price and market exchange rate	-2.3	4.1	2.7	2.5	3.1	2.5	3.0

数据来源：国际货币基金组织《世界经济展望更新》（2012年4月），世界银行《全球经济展望》（2012年6月）。

Source : *World Economic Outlook Update*, IMF,April, 2012; *Global Economic Prospects Forecast*, The World Bank, June, 2012.

世界经济增长率

World economic growth rate

单位：% Unit: %

年 Year	国际货币基金组织按购买力平价方法计算的实际GDP增长率 Real GDP growth rate based on PPP (IMF)	国际货币基金组织按市场汇率法计算的实际GDP增长率 Real GDP growth rate based on market exchange rate (IMF)
1985	3.6	3.6
1986	3.5	3.3
1987	3.7	3.5
1988	4.5	4.5
1989	3.7	3.7
1990	2.9	2.8
1991	1.5	1.0
1992	2.0	1.2
1993	2.0	1.2
1994	3.4	3.0
1995	3.3	2.9
1996	3.7	3.2
1997	4.0	3.5
1998	2.5	2.1
1999	3.5	3.1
2000	4.7	4.1
2001	2.2	1.5
2002	2.8	1.9
2003	3.6	2.6
2004	4.9	4.0
2005	4.4	3.4
2006	5.1	3.9
2007	5.2	3.7
2008	3.0	1.8
2009	-0.7	-2.3
2010	5.3	4.2
2011	3.9	2.8
2012*	3.5	2.7
2013*	4.1	3.3

注：*为预测数。

Note: * Projection.

世界经济增长

World economic growth

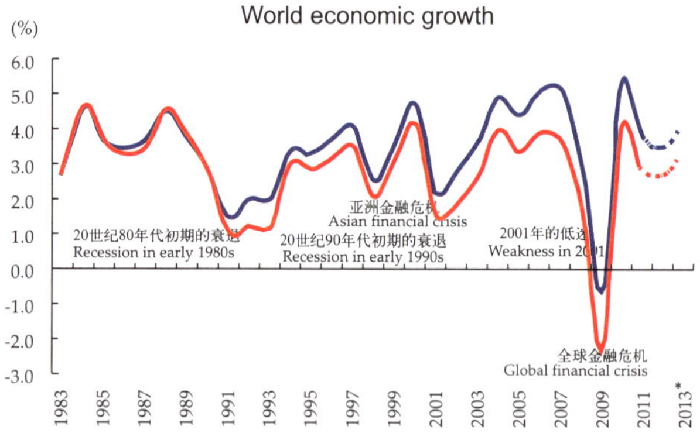

国际货币基金组织按购买力平价方法计算的实际GDP增长率
Real GDP growth rate based on PPP (IMF)

国际货币基金组织按市场汇率法计算的实际GDP增长率
Real GDP growth rate based on market exchange rate (IMF)

注：*为预测数。

Note: * Projection.

GDP年度增长率
Annual growth rate of GDP

单位：% Unit: %

年 Year	美国 U.S.	日本 Japan	欧元区 Euro Area	英国 U.K.
2000	3.7	2.9	3.8	3.8
2001	0.8	0.2	1.9	2.4
2002	1.6	0.3	0.9	2.1
2003	2.5	1.4	0.8	2.8
2004	3.6	2.7	2.1	3.3
2005	2.9	1.9	1.6	1.8
2006	2.8	2.4	2.8	2.8
2007	2.1	2.3	2.7	2.6
2008	0.0	-1.2	0.5	-0.1
2009	-3.5	-6.3	-4.3	-4.9
2010	3.0	4.4	1.9	2.1
2011	1.7	-0.7	1.4	0.7
2012*	2.1	2.0	-0.3	0.8
2013*	2.4	1.7	0.9	2.0

注：*为预测数。
Note: *Projection.

GDP季度同比增长率
Year-on-year growth rate of GDP

单位：% Unit: %

年/季 Year/Quarter	美国 U.S.	日本 Japan	欧元区 Euro Area	英国 U.K.
2008Q2	1.3	-0.1	1.4	0.6
2008Q3	-3.7	-0.6	0.6	-2.6
2008Q4	-8.9	-4.7	-1.5	-5.4
2009Q1	-6.7	-9.4	-4.9	-6.9
2009Q2	-0.7	-6.6	-4.8	-5.9
2009Q3	1.7	-5.6	-4.0	-3.8
2009Q4	3.8	-0.5	-2.0	-0.8
2010Q1	3.9	4.9	0.8	1.2
2010Q2	3.8	4.4	2.0	2.5
2010Q3	2.5	5.5	2.0	3.0
2010Q4	2.3	3.1	1.9	1.7
2011Q1	0.4	-0.2	2.4	1.5
2011Q2	1.3	-1.8	1.7	0.4
2011Q3	1.8	-0.5	1.3	0.3
2011Q4	3.0	-0.6	0.7	0.5
2012Q1	1.9	2.8	-0.1	-0.1

GDP年度增长率
Annual growth rate of GDP

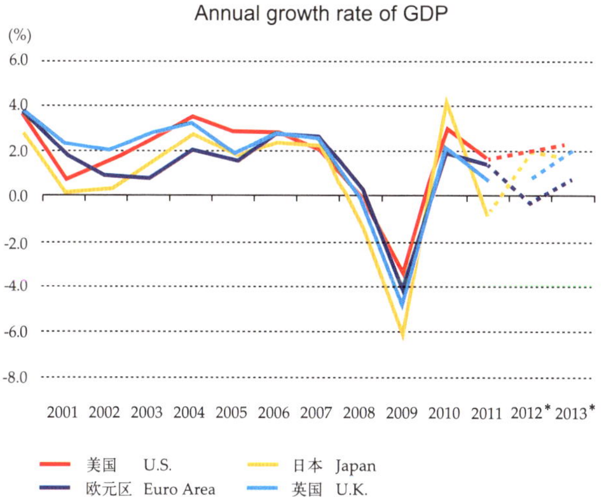

注：*为预测数。
Note: * Projection.
数据来源：国际货币基金组织《世界经济展望更新》(2012年4月)。
Source: *World Economic Outlook Update*, IMF, April, 2012.

GDP季度同比增长率
Year-on-year growth rate of GDP

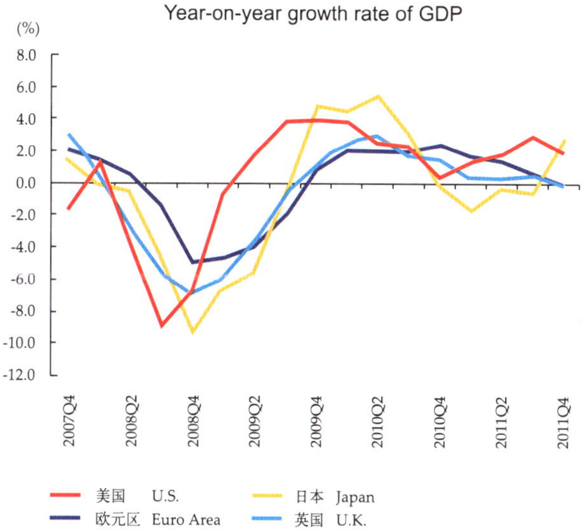

注：美国GDP增长率为环比折年率季节调整后的数据，折年率方法为 $[(GDP_1/GDP_0)^4-1]x100$。
Note: The U.S. GDP growth rate is an annualized rate after a seasonal adjustment. It can be written as $[(GDP_1/GDP_0)^4-1]x100$.
数据来源：各经济体官方统计网站。
Source: Official Statistical Websites of the Economies.

二、消费价格指数
2. CPI

消费价格当月同比指数
Monthly CPI (YOY)

单位：% Unit: %

年/月 Year/Month	美国 U.S.	日本 Japan	欧元区 Euro Area	英国 U.K.
2011.01	1.7	-0.6	2.3	4.0
2011.02	2.2	-0.5	2.4	4.4
2011.03	2.7	-0.5	2.7	4.0
2011.04	3.1	-0.4	2.8	4.5
2011.05	3.4	-0.4	2.7	4.5
2011.06	3.4	-0.4	2.7	4.2
2011.07	3.6	0.2	2.6	4.4
2011.08	3.8	0.2	2.5	4.5
2011.09	3.9	0.0	3.0	5.2
2011.10	3.6	-0.2	3.0	5.0
2011.11	3.5	-0.5	3.0	4.8
2011.12	3.0	-0.2	2.7	4.2
2012.01	2.9	0.1	2.7	3.6
2012.02	2.9	0.3	2.7	3.4
2012.03	2.6	0.5	2.7	3.5

数据来源：各经济体官方统计网站。
Source: Official Statistical Websites of the Economies.

三、失业率
3. Unemployment Rate

失业率（季节调整后）
Unemployment rate
(after seasonal adjustment)

单位：% Unit: %

年/月 Year/Month	美国 U.S.	日本 Japan	欧元区 Euro Area	英国 U.K.
2011.01	9.1	4.9	10.0	7.7
2011.02	9.0	4.6	10.0	7.7
2011.03	8.9	4.6	10.0	7.7
2011.04	9.0	4.7	9.9	7.9
2011.05	9.0	4.5	10.0	7.9
2011.06	9.1	4.6	10.0	7.9
2011.07	9.1	4.7	10.1	8.3
2011.08	9.1	4.3	10.2	8.3
2011.09	9.0	4.2	10.3	8.3
2011.10	8.9	4.4	10.5	8.4
2011.11	8.7	4.5	10.6	8.4
2011.12	8.5	4.5	10.7	8.4
2012.01	8.3	4.6	10.8	8.2
2012.02	8.3	4.5	10.9	8.2
2012.03	8.2	4.5	11.0	8.2

数据来源：各经济体官方统计网站。
Source: Official Statistical Websites of the Economies.

消费价格当月同比指数
Monthly CPI (YOY)

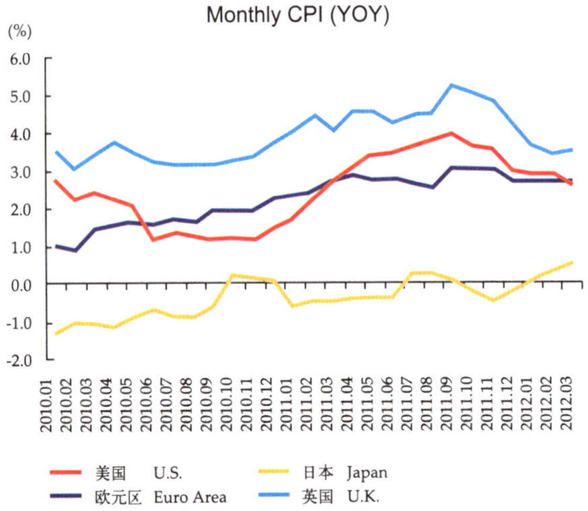

数据来源：各经济体官方统计网站。
Source: Official Statistical Websites of the Economies.

失业率（季节调整后）
Unemployment rate
(after seasonal adjustment)

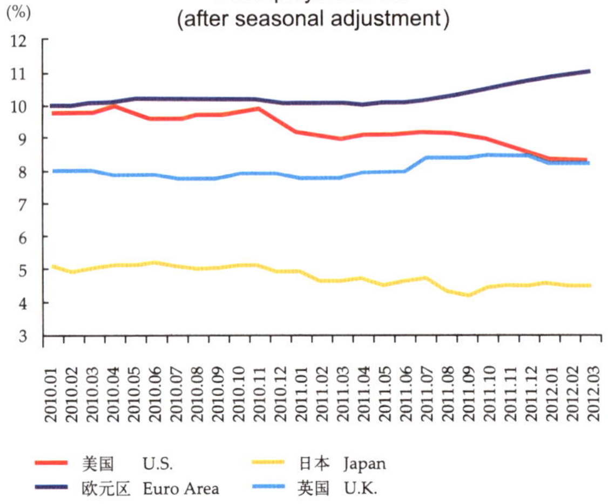

数据来源：各经济体官方统计网站。
Source: Official Statistical Websites of the Economies.

四、国际收支
4. BOP

经常项目差额
Current account balance

单位：10亿美元
Unit: USD billion

年/季 Year/Quarter	美国 U.S.	日本 Japan	欧元区 Euro Area	英国 U.K.
2007Q1	-179.42	57.19	8.08	-22.30
2007Q2	-190.21	46.41	-5.54	-17.85
2007Q3	-183.96	58.23	13.76	-25.57
2007Q4	-164.50	48.66	12.55	-5.36
2008Q1	-151.72	62.55	-51.44	-1.47
2008Q2	-175.36	36.73	-68.30	-13.33
2008Q3	-191.63	38.98	-54.52	-15.07
2008Q4	-150.15	18.38	-42.63	-11.29
2009Q1	-80.22	27.07	-41.29	-7.08
2009Q2	-83.15	33.42	-39.96	-16.78
2009Q3	-110.83	43.68	8.35	-9.73
2009Q4	-103.20	38.02	20.98	-3.46
2010Q1	-97.32	55.50	-28.20	-16.98
2010Q2	-122.09	39.25	-22.82	-15.28
2010Q3	-139.54	56.83	-9.29	-22.99
2010Q4	-111.96	44.17	4.34	-19.98
2011Q1	-94.88	48.44	-41.29	-10.72
2011Q2	-128.12	18.81	-30.15	-3.36
2011Q3	-128.52	39.84	-1.63	-20.70
2011Q4	-121.93	—	30.77	-11.26

资本项目差额
Capital account balance

单位：10亿美元
Unit: USD billion

年/季 Year/Quarter	美国 U.S.	日本 Japan	欧元区 Euro Area	英国 U.K.
2007Q1	0.00	-2.09	5.22	0.71
2007Q2	0.44	-0.18	3.89	0.91
2007Q3	-0.06	-0.60	3.64	1.26
2007Q4	0.00	-1.16	-6.74	2.29
2008Q1	-0.01	-1.54	6.76	1.83
2008Q2	-0.02	-0.72	2.93	1.93
2008Q3	6.04	-1.10	2.39	1.12
2008Q4	-0.01	-2.11	2.21	1.17
2009Q1	-0.02	-1.04	2.70	1.05
2009Q2	-0.03	-0.76	2.47	1.43
2009Q3	-0.04	-1.98	1.89	1.25
2009Q4	-0.06	-1.21	1.58	1.41
2010Q1	0.00	-1.34	3.21	1.74
2010Q2	0.00	-0.75	1.22	1.28
2010Q3	-0.15	-1.91	0.97	1.12
2010Q4	0.00	-0.96	1.40	1.60
2011Q1	-0.03	-2.04	3.28	1.03
2011Q2	-0.83	-0.06	0.85	1.64
2011Q3	-0.30	-0.10	2.54	1.83
2011Q4	0.00	—	6.86	1.26

经常项目差额
Current account balance

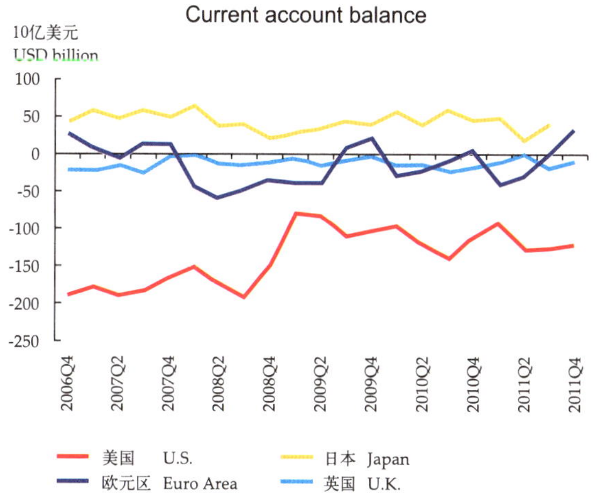

数据来源：国际货币基金组织《国际金融统计》(2012年5月)。
Source: *International Finance Statistics*, IMF, May, 2012.

资本项目差额
Capital account balance

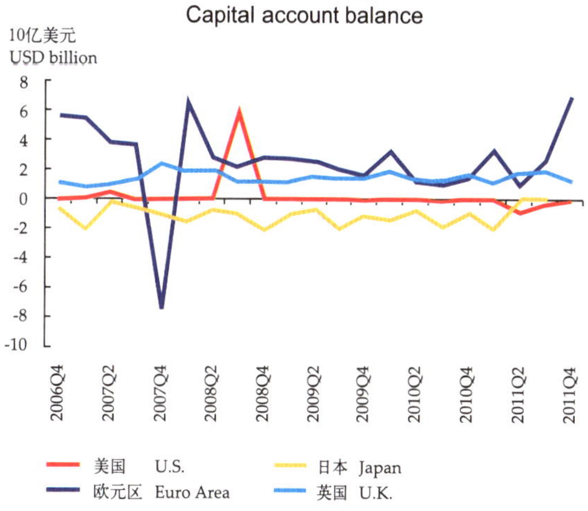

数据来源：国际货币基金组织《国际金融统计》(2012年5月)。
Source: *International Finance Statistics*, IMF, May, 2012.

金融项目差额
Financial account balance

单位：10亿美元
Unit: USD billion

年/季 Year/Quarter	美国 U.S.	日本 Japan	欧元区 Euro Area	英国 U.K.
2007Q1	239.17	-59.10	-9.21	4.20
2007Q2	171.19	-36.70	-6.93	9.77
2007Q3	64.58	-50.32	15.29	11.36
2007Q4	163.33	-41.12	-17.57	27.18
2008Q1	155.47	-66.17	49.35	-11.24
2008Q2	153.14	-37.24	59.00	9.92
2008Q3	137.71	-28.34	78.00	16.74
2008Q4	136.39	-40.88	50.05	25.59
2009Q1	1.41	-63.40	45.61	-6.83
2009Q2	15.20	-20.55	35.28	30.80
2009Q3	99.56	-28.18	40.24	44.43
2009Q4	179.29	-18.02	-20.09	2.72
2010Q1	25.97	-61.60	23.82	13.78
2010Q2	23.50	-16.74	18.84	3.70
2010Q3	162.93	-40.75	15.67	21.76
2010Q4	43.72	-11.38	15.99	34.42
2011Q1	149.46	-39.64	37.42	-2.33
2011Q2	39.31	11.01	20.01	1.63
2011Q3	153.70	6.00	8.49	27.47
2011Q4	67.54	—	-36.59	25.83

金融项目差额
Financial account balance

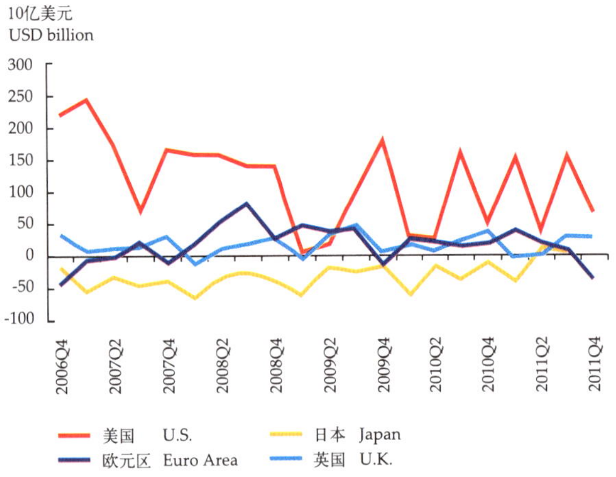

数据来源：国际货币基金组织《国际金融统计》(2012年5月)。
Source: *International Finance Statistics*, IMF, May, 2012.

五、利率
5. Interest Rates

1. 中央银行目标利率
(1) Central bank base rates

中央银行目标利率
Central bank base rates

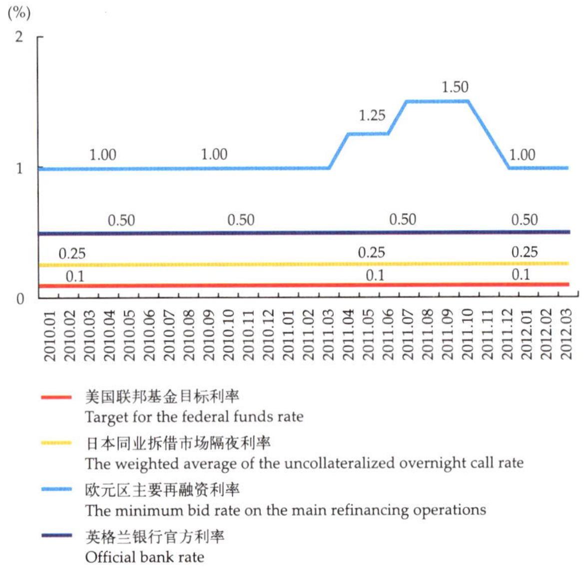

数据来源：各经济体中央银行网站。
Source: Central Bank Websites of the Economies.

2.短期利率
(2) Short-term interest rates

3个月期银行间市场拆借利率
(年率，月平均)
3-month inter-bank rate (annualized, monthly average)

单位：% Unit: %

年/月 Year/Month	美元 USD	日元 JPY	欧元 EUR	英镑 GBP
2011.01	0.30	0.19	1.02	0.78
2011.02	0.31	0.19	1.09	0.78
2011.03	0.31	0.20	1.18	0.78
2011.04	0.28	0.20	1.32	0.80
2011.05	0.26	0.20	1.43	0.80
2011.06	0.25	0.20	1.49	0.85
2011.07	0.25	0.20	1.60	0.86
2011.08	0.29	0.19	1.55	0.89
2011.09	0.35	0.19	1.54	0.97
2011.10	0.41	0.19	1.58	1.02
2011.11	0.48	0.20	1.48	1.05
2011.12	0.56	0.20	1.43	1.09
2012.01	0.57	0.20	1.22	1.11
2012.02	0.50	0.20	1.05	1.10
2012.03	0.47	0.20	0.86	1.08

3.长期利率
(3) Long-term interest rates

10年期国债收益率（年率，月平均）
10-year government bond yield
(annualized, monthly average)

单位：% Unit: %

年/月 Year/Month	美元 USD	日元 JPY	欧元 EUR	英镑 GBP
2011.01	3.39	1.21	3.94	3.84
2011.02	3.59	1.24	4.48	4.00
2011.03	3.42	1.31	4.49	3.85
2011.04	3.46	1.30	4.66	3.87
2011.05	3.17	1.13	4.37	3.61
2011.06	3.00	1.17	4.37	3.53
2011.07	3.00	1.17	4.59	3.43
2011.08	2.30	1.04	4.21	2.87
2011.09	1.98	1.08	4.04	2.56
2011.10	2.15	1.00	4.09	2.61
2011.11	2.02	1.03	4.41	2.36
2011.12	1.98	1.09	4.11	2.24
2012.01	1.97	0.97	3.92	2.17
2012.02	1.97	0.96	3.75	2.29
2012.03	2.17	0.97	3.29	2.38

3个月期银行间市场拆借利率（年率，月平均）
3-month inter-bank rate
(annualized, monthly average)

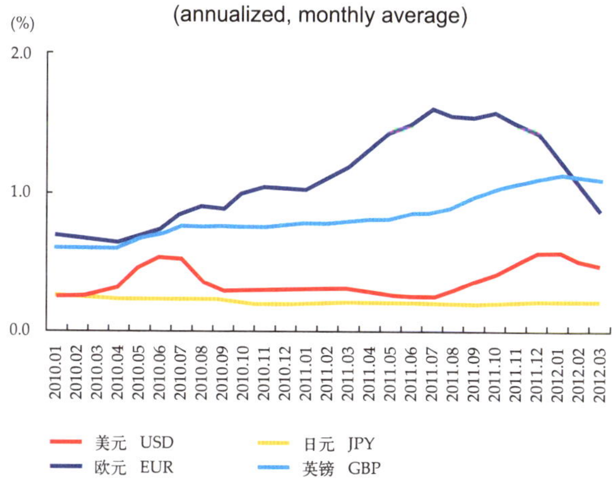

数据来源：《欧洲中央银行统计月报》及CEIC。
Source: *Monthly Bulletin of ECB*, CEIC.

10年期国债收益率(年率，月平均)
10-year government bond yield
(annualized, monthly average)

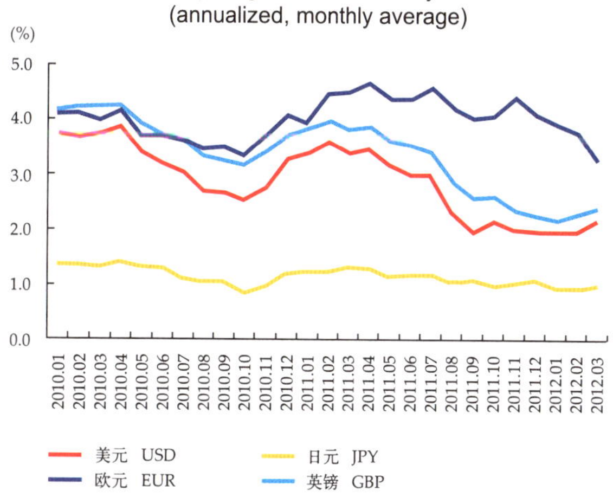

数据来源：CEIC。
Source: CEIC.

六、汇率
6. Exchange Rates

汇率（月平均）
Exchange rates (monthly average)

年/月 Year/Month	美元/欧元 USD/EUR	美元/英镑 USD/GBP	日元/美元 JPY/USD
2011.01	1.3360	1.5774	82.61
2011.02	1.3649	1.6124	82.50
2011.03	1.3999	1.6168	81.79
2011.04	1.4442	1.6343	83.35
2011.05	1.4348	1.6320	81.26
2011.06	1.4388	1.6369	80.51
2011.07	1.4251	1.6125	79.40
2011.08	1.4342	1.6373	77.22
2011.09	1.3749	1.5785	76.84
2011.10	1.3706	1.5762	76.77
2011.11	1.3556	1.5838	77.58
2011.12	1.3176	1.5606	77.86
2012.01	1.2905	1.5521	76.98
2012.02	1.3224	1.5799	78.39
2012.03	1.3201	1.5817	82.44

实际有效汇率（月平均，2005年=100）
Real effective exchange rates
(monthly average, year 2005=100)

年/月 Year/Month	美元 USD	欧元 EUR	日元 JPY	英镑 GBP
2011.01	89.5	94.5	104.8	83.1
2011.02	88.5	94.3	104.5	83.5
2011.03	87.7	95.1	103.4	86.3
2011.04	86.8	96.8	103.1	85.1
2011.05	85.5	98.4	99.4	84.2
2011.06	85.5	97.3	101.7	84.3
2011.07	85.0	97.6	102.2	83.5
2011.08	84.6	96.4	103.3	83.4
2011.09	84.9	96.7	105.6	84.5
2011.10	87.5	96.0	107.7	84.5
2011.11	88.3	96.6	108.2	84.8
2011.12	88.9	95.9	106.9	86.0
2012.01	89.9	94.2	107.3	86.5
2012.02	89.7	91.9	108.4	86.8
2012.03	88.3	92.7	105.3	86.9

汇率（月平均）
Exchange rates (monthly average)

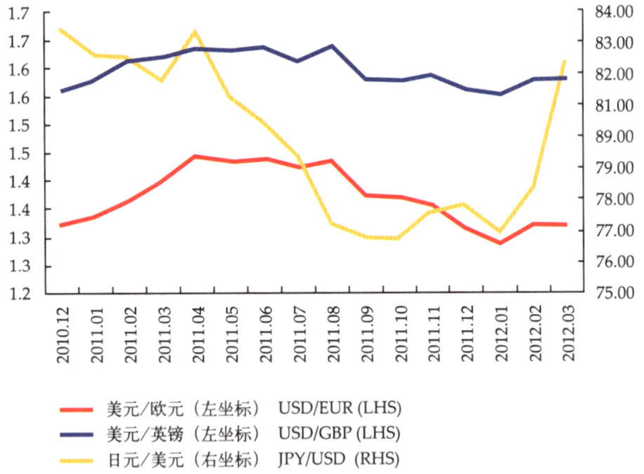

数据来源：国际货币基金组织《国际金融统计》(2012年5月)。
Source: *International Finance Statistics*, IMF, May, 2012.

实际有效汇率（月平均，2005年=100）
Real effective exchange rates
(monthly average, year 2005=100)

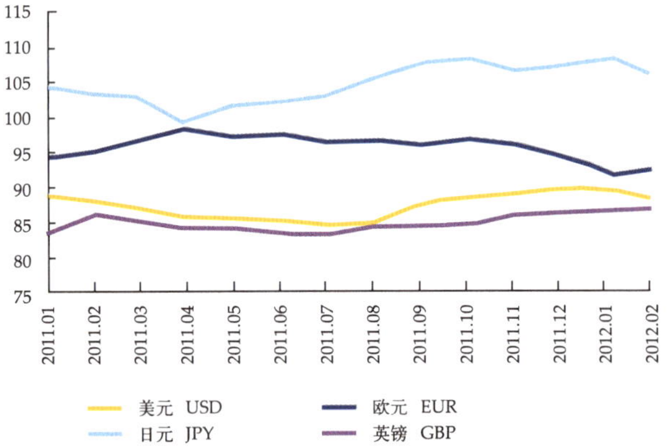

数据来源：国际货币基金组织《国际金融统计》(2012年5月)。
Source: *International Finance Statistics*, IMF, May, 2012.

七、股票市场指数
7. Stock Market Indices

主要股票市场指数(期末)
Major stock market indices (end-period)

年/月 Year/Month	美国道琼斯30种股票平均价格指数 Dow Jones 30	纳斯达克综合指数 NASDAQ	日本日经225种股票平均价格指数 Nikkei 225	道琼斯欧元区STOXX50股票指数 Dow Jones EURO STOXX 50
2011.01	11 892	2 700	10 238	2 954
2011.02	12 226	2 782	10 624	3 013
2011.03	12 320	2 781	9 755	2 911
2011.04	12 811	2 874	9 850	3 011
2011.05	12 570	2 835	9 694	2 862
2011.06	12 414	2 774	9 816	2 849
2011.07	12 143	2 756	9 833	2 670
2011.08	11 614	2 579	8 955	2 302
2011.09	10 913	2 415	8 700	2 180
2011.10	11 955	2 684	8 988	2 385
2011.11	12 046	2 620	8 435	2 330
2011.12	12 218	2 605	8 455	2 317
2012.01	12 633	2 814	8 803	2 417
2012.02	12 952	2 967	9 723	2 512
2012.03	13 212	3 092	10 084	2 477

主要股票市场指数(期末)
Major stock market indices (end-period)

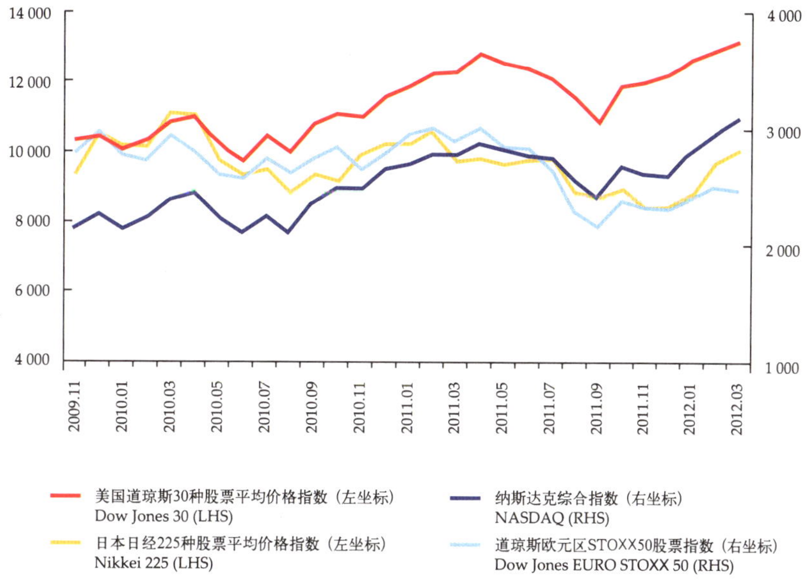